◎ 中国现代文化世家丛书

赵金钟 著

倚树听流泉

——唐河冯氏家族文化评传

郑州大学出版社

图书在版编目（CIP）数据

倚树听流泉：唐河冯氏家族文化评传/赵金钟著—郑州：
郑州大学出版社，2013.12（2014.1重印）

（中国现代文化世家丛书）

ISBN 978-7-5645-0968-2

Ⅰ.①倚⋯　Ⅱ.①赵⋯　Ⅲ.①家族－文化研究－唐河县

Ⅳ.①K820.9

中国版本图书馆CIP数据核字(2013)第209907号

郑州大学出版社出版发行

郑州市大学路40号　　　　　　　　邮政编码：450052

出版人：王　锋　　　　　　　　　　发行部电话：0371-66966070

全国新华书店经销

河南省瑞光印务股份有限公司印制

开本：710 mm×1 010 mm　1/16

印张：16.75

字数：272 千字

版次：2013年12月第1版　　　　　　印次：2014年1月第2次印刷

书号：ISBN 978-7-5645-0968-2　　　定价：42.00 元

本书如有印装质量问题，请向本社调换

中国现代文化世家丛书
编辑委员会名单

◎

·代总序·
贯通时空的力量

◎

　　在中华民族五千年的文明史上，"家"与"国"总是作为一个不可分割的社会有机体相伴而存。历史的长河滚滚向前，更迭不已的朝代衍生的名门望族难计其数。这些显赫家族中的一部分在繁衍存续中以文化为纽带，形成独特的群体，成为文化世家。这些文化世家及其杰出人才为华夏文化的传承与发展发挥过巨大的示范作用，在一定程度上影响着中国历史与文化发展的进程。如，齐鲁大地上以孔子肇始的孔氏世家，享誉儒林两千余年，堪称"中国第一文化世家"；义宁的陈氏家族以陈宝箴、陈三立、陈寅恪而富盛名；杭州钱塘的钱氏家族，因千余年来文风昌盛、人才辈出而被誉为江南望族；安徽桐城方氏家族，自明末至今一直享誉文坛，有"中国近世三百年第一文化世家"之称。

　　改革开放以后，特别是20世纪90年代以降，中国进入新的文化复兴时期，国人比以往任何时代都更加重视科技、教育和文化，也更加珍视人才。事实表明，代表先进文化最高水平的社会群体，正是那些位居学术最高领域的专家、学者等文化精英。中国现代转型以来，那些文化、思想领域的领军人物，对推动社会变革和学术创新等方面贡献巨大。研究发现，这些专家、学者和精英人物，大都出身于文化世家，有着良好的家庭文化背景和丰厚的学养。文化世家所呈现的人才辈出的现象，成为中国现代史上一道亮丽的景观。

在我国文化典籍中，"世家"一词早有所见，其注解也多有不同。《孟子·滕文公下》中出现"仲子，齐之世家也"①之说；《史记》以"世家"记述王侯诸国大事，有《世家》30篇；欧阳修所撰《新五代史》，沿用司马迁《史记》的体例，书中也开举《列国世家》10篇。我国古代王侯开国，子孙世代承袭，所以称世家。后来，人们将世代显贵、以某种专业世代相承的家族或大家泛称为世家。《现代汉语词典》第6版对"世家"有如下三种解释："封建社会中门第高，世代做大官的人家"；"《史记》中诸侯的传记，按着诸侯世代编排"；"指以某种专长世代相承的家族"。

根据研究和多方因素理解，"世家"当指有特殊职业或专长、社会地位显赫，或代表某一领域、阶层特色并世代传承的家族。考虑到文化的特殊性，文化世家则是文化在家庭、家族中长期积淀，并经过多代人不断赓续、传承而形成的特有文化现象，是以家风、家训、家教等文化单元为标志，以家族杰出人物群体为代表的世代相传的家族体系。

现代文化世家则是源自19世纪末，成长于20世纪初，繁盛于20世纪中期并延续至今的，以家族文化传承为基本特色的不同家族的集成。中国现代文化世家总是以家族的一个或多个、能够影响或引领某一时代或某一领域发展的杰出人物为代表，进而形成一个具有浓郁的家族特色、对社会产生广泛而重要影响的群体。

中国现代文化世家的兴起和成长大致在19世纪末20世纪初至今100年左右的时间。历史地看，20世纪以来的中国文化留给我们许多值得深思的空间。1840至1949年这段充满屈辱的历史，国人经受的痛苦是空前绝后的；然而，这一时期的中国却呈现出文化多姿、人才辈出的局面，

---

　① 《孟子》，中华书局，2006年9月北京第1版，第142页。

所谓"国破山河在，家脉代代传"。这是中国根亲文化的魅力和生命力之所在。

实际上，中国现代文化世家的家族脉络根须还可以上溯至更早300余年的明末清初。那时，中国开始出现资本主义萌芽。商业资本的发达不仅带来经济繁荣和人口大量流动，也促使人们思想的开放和转变。封建的小农经济依然占统治地位，人们在获取物质的有限满足后，也伴随着精神上更加新异的追求。特别是到了清朝末年和民国年间，西方列强的入侵和洋务运动的助推，让许多有钱人家对家族的振兴和子女的抚养有了颠覆性的设想。尽管"学而优则仕"的思想根深蒂固，但富家子弟求学读书并非单一的科举及第。由于视野的开阔，富裕人家往往不惜重金聘请名师对子女进行一对一的培养，或让年幼的子女体面地进入私塾，或挤进洋人的教堂，甚至远渡重洋，为的是让子孙后代冲出家门，获取更加宽阔的人生发展空间，去施展抱负，光宗耀祖。这样，官富子弟不仅躲避了战乱的袭扰，更能浸染异域文化，从而成就了大批人才。

晚清至民国时期，中国历史经历了前所未有的动荡局势。一方面，清廷的腐败无能引起民众造反，另一方面，外族入侵加剧了中国的贫弱。相对而言，社会贫富悬殊，阶层急剧分化。当时的局面应当是，寻常百姓不仅生活窘迫，甚至生死难测；富豪家族生活安逸，甚至花天酒地，更可破财消灾，让自己的子弟躲避人祸，享受现代优质教育。即使是落草为寇的军阀，也往往处心积虑地让自己的亲属弃武从文，期望发迹于文化世家。时局动荡，社会倒退，却难以遏制文化的萌动与繁荣。而乱世时期的富家子弟往往不乏有志之士，他们倾心文化功名，客观上造就了家族文化的繁荣，使文化世家风起云涌。

从人才学的角度进行考察，文化世家的整体成长往往又伴随国运兴衰而行，其历程也往往变幻纷呈，瑰丽多姿。中国的历史就是这么怪异，有时越是动荡不安，文化越是奇异多姿。春秋战国时期是这样，三国两晋南北朝是如此，近代的清末民国时期也概莫能外。

20世纪初，中国最后一个封建皇帝被赶出宫廷，伴随频仍的天灾和人祸（战乱和政治腐败），裹挟中西文化泥沙的巨浪席卷中国大地，中国彻底沦为半殖民地半封建社会。民国时期虽时局动荡，军阀混战，但文化却一直未能断裂，反而出现极度繁荣的景观。这一时期，军阀的利益、地盘纷争不断，文化的发展空间相对宽松；军阀的粗野庸俗，反而衬托出文化的精细高雅与尊贵，追求风雅成为时尚，文人地位也随之攀升，这在客观上促进了人才成长和文化繁荣的局面。现有史料足以证明，即使在1928年那样战火纷飞的动荡年月，成立伊始的国民政府"中央研究院"仍然做着遴选院士的长远计划，并终于在20年后的1948年成功地评选出中国首届81名院士。首届院士不乏文化世家子弟，如梁思成、梁思永兄弟，冯友兰、冯景兰兄弟等。这一现象值得我们研究和探讨。

1949年中华人民共和国的成立，标志着一个新时代的到来。由于时局稳定，加上国家恢复生产和经济建设都亟需大批各行各业的人才，许多流亡于海外的专业人才多为旧时代文化世家子弟纷纷回国。他们在参加新中国建设的同时，因为其卓越成就和高尚品德，成为科技文化领域的典范，从而使家族文化成为优化社会环境的重要因素，促进了家族文化繁荣时期的来临。随着时局的动荡变迁，特别是"十年动乱"，许多家庭遭遇灾难，甚至出现家族内部政治斗争，相互陷害，亲戚无存、文化割裂；加上中国计划生育政策的实施、家庭结构的变化，家族文化遭遇内外夹击，影响了家族文化的繁荣与发展。时至今日，已经难以见到中国传统家庭四世同堂、子孙满院的格局，而文化的一度断裂，也从根本上影响了文化世家的发展，我们也很难见到20世纪中期那样的文化世家了！

沉舟侧畔千帆过，病树前头万木春。20世纪90年代至今，随着科教兴国战略的实施，中国对科技和人才的重视程度前所未有，迎来了科技发展和人才成长的最佳机遇。同时，随着时局的稳定、和谐社会的发展，人们在享受现代科技带来的现代化便捷生活的同时，也渴望回归自然，怀念旧日民族文化传统。从20世纪乡土文学受热捧，到同乡会、同学会、恳亲会、姓氏寻根、家谱赓续等活动，无不带有浓郁的中华民族传统文化色彩，同时也为家族文化的凝练创造了良好的氛围。中国家族文化在和谐发展的当世焕发出勃勃生机。

随着人类社会的不断进步，家族文化必然也会有新的发展。虽然嫡亲家族还需等待时日，而松散的家族联系必然也能够成就新兴的文化世家，成为新的人才成长的独特环境。况且，随着国家计划生育政策的调整和综合国力的不断增强、人们生活水平的不断提高、和谐社会的健康发展，新时期中国文化世家也必然会以新的形态展现并在人才成长链中发挥出榜样和示范的作用。

中国现代文化世家根植于中华民族的肥沃土壤，浸润着民族文化的深厚根基，有着鲜明的特色。

中国现代文化世家中的家族文化根基源自中华民族传统文化。我们选入的所有现代文化世家，都弥漫着中华民族的文化氛围。不管是新会的梁氏家族，还是无锡的钱氏家族，或者是唐河的冯氏家族、湘乡的曾氏家族、义宁的陈氏家族，他们首先是以中国传统文化为主要特征的书香门第。这些家族的杰出人物不仅有着良好的家风和深厚的家学渊源，而且其中的杰出代表人物从私塾开始多有大师引路，并大都出国留学，深受异域文化的影响，可谓学贯中西，所以在他们身上总能闪现出新异文化的光芒，通透着文化的锐气。如东至周氏家族中的周一良，在其出生的次日，母亲萧琬即患急病猝然离开人世，幸被父亲周叔弢的德国朋友牧师卫礼贤抱回家让夫人用牛奶喂养了一年才送还周家，再由周一良的三姑母（旧式的文化女性、孀居而又无子女）扶养。周叔弢对儿子煞费苦心，不惜重金请来名宿大儒坐馆家塾。周一良的老师如张惠、毓康、温肃、唐兰等，或为当世鸿儒，或是文化名流，或与"大清天子同学少年"（陈寅恪语），还有外籍教师教学外语，使其通晓英、德、日等国语言，成为中国著名的历史学家。又如，义宁的陈氏家族中，陈寅恪是中国现代最负盛名的诗人之一，还是中国现代历史学家、古典文学研究家、语言学家，被称为清华百年历史上四大哲人之一。其父陈三立是著名诗人，"清末四公子"之一；其祖父陈宝箴曾任湖南巡抚。因陈寅恪身出名门而又学识过人，在清华任教时被称作"公子的公子，教授之教授"。

综观中国现代文化世家展示的家族文化，有着明显的世代传承特色。每一个家庭中的杰出人物都不是单打独斗的，而是呈现出群英荟萃、相映生辉的局面（这一点在梁启超的子女中展示得更加明显）。他们或是科举精英，或是乱世怪才，有人甚至当上了皇帝的老师（翁同龢曾是同治、光绪两代帝师）。这些家族成员文化层次极高，职业新潮，特色明显。比如东至周氏家族中的周馥为一品监生，周学海为两榜进士的良医，周学熙曾任民国时期的财政大员，周明爰（叔迦）为佛学大师，周绍良是著名的红学家、敦煌学家、佛学家、收藏家和文物鉴赏家，周一良是著名的历史学家。又如新会梁氏家族中的梁启超自然是国学大师，他的子女梁思顺、梁思成、梁思永、梁思忠、梁思庄、梁思达、梁思懿、梁思宁、梁思礼等，也都成为当世英才。再如唐河冯氏家族的冯沅君、冯友兰、冯景兰、冯宗璞，分别在文学、哲学、史学、地质学等方面成就卓著。这些代表人物堪称时代精英，他们从事的职业、徜徉的领域都留下了时代光辉；他们的成果都能够荣登当世的最高境界。他们身上的人文精神也成为时代楷模，激励了一代甚至数代人在人生的道路上健康成长，并在后人的追捧中不断发展、完善。

中国现代文化世家中的家族动辄几十甚至几百年的家族史，在当地声名显赫、德高望重，也大多恭行自律、家教严谨、讲究门风，形成独特的家训。如无锡钱氏家族的"姓钱但不爱钱"，常熟翁氏家族的"读书""为善"，湘乡曾氏家族的"耕读传家"等。中国现代文化世家以姓氏血缘为纽带，各个家族都有自己严格的宗祠家谱，家族特色明显，重视独特文化的凝练和世代延续，在传承中注重创新。如湘乡的曾氏家族能够在继承中兴名将遗风的同时，不仅人才辈出，还使良好的家风得以传承和创新。家族文化的兴衰与家族精英关系密切，一个家族的文化兴盛与衰落往往都离不开精英人物引领潮头、发扬光大。

中国现代文化世家的兴盛年代处于晚清、民国向现代转型时期，许多世家穿插了家学深厚、贤良德高的优秀女性。旧式中国社会，虽说女性的地位总体不高，但人们往往又把家风的树立、门户的筑垒寄望于良家女子，所谓"妻贤夫祸少，子孝父心宽"。这些家族中的女性不仅践行家族文化，而且以卓越的成就承担起家族文化的传承与创新。那时，相对稳定的大家庭模式和女性主内的家庭管理方式，客观上给女性施展管理才能提供了平台。殷实的家境使妇女可以免于生计所迫，让她们安心在家操持家务，教育孩子；有些女性从幼年即经受先进文化的熏陶，接受良好教育，成为女中豪杰。同时，女性受到的良好教育，形成更加浓郁的文化氛围，并通过生活中悉心关心幼年家庭成员，以其无微不至的人文关怀、女性崇高的品德和良好的言行举止，影响家族成员健康成长。

在家庭成员成长过程中，女性发挥作用最典型的当属曾氏家族中曾国藩次子曾纪鸿之妻郭筠（字诵芳）。郭筠一岁即由父亲郭沛霖（曾国藩好友）做主许配曾家，12岁不幸丧父，幼年已成曾家女主人。因忙于家务无暇读书，直到和曾纪鸿完婚郭筠才有饱读诗书的机会。更为不幸的是，郭筠34岁又丧夫成寡。令人钦佩的是，郭筠持家教子有方，成为曾家富厚堂拿得起放得下的第一夫人。在富厚堂，曾家子孙几十口人都听她的号令! 郭筠写有《曾富厚堂日程》，并有以自己的艺芳馆书斋名目、王闿运作序而传世的《艺芳馆诗存》。郭筠晚年立有六条"家训"，策勉男女儿孙谋求自强自立，同时不要求年幼女性缠足，不赞成八股文章，也不愿孙辈去考秀才，却要他们学外国文字，接受新式教育。①正是曾家有了这位贤惠的郭夫人，使得曾氏家族能够在曾国藩等长辈中的晚清中兴名将虽过世经年，仍然呈现一派繁荣昌盛的景象，并且这种景象在传承曾国藩治家精神的同时，又有新的、与时俱进的历史性转变。

中国现代文化世家的精神动力来自兼容并蓄的开放心态和中西贯通的文化精神，这种精神催生人才的花丛枝繁叶茂，使得家族文化总能跟上时代的步伐，文化生命力强健。

中国现代文化世家开放的文化心态使得家族文化深受异域文化浸染，形成文化锐度，易于人才的脱颖而出。由于其时间跨度正处于中国社会的转型时期，时局的动荡、中西文化的碰撞，彻底颠覆了国人一贯的保守矜持、故步自封的性格，生存的需要逼迫他们在被动了解西方文化（其实早期更应该是科学和宗教文化）的同时，开始审视中国传统文化。他们发挥了自己的聪明才智，溅出奇异的光华，形成高锐度的思想和科学成果。这样，这些家族的子弟往往能够在同一时代、同一群体中或特立独行，或鹤立鸡群，或脱颖而出。

---

① 岳南《南渡北归·南渡下》，湖南文艺出版社，2013年第1版，第521~522页。

中国现代文化世家宽阔的文化视野形成兼容并蓄的文化发展路径，使得家族文化总能跟上时代的步伐，文化生命力强健。经济实力的增强往往能够带动精神境界的进一步提高，国家是这样，民族是这样，家庭也同样如此。成长于跨世纪的中国现代文化世家，由于世代显赫，随着经济、政治地位的提高和家族影响力的增强，其文化心态也逐步开阔。其家族代表不仅对中国传统文化批判、审视和合理吸纳，也同时关注西方文化，做到兼容并蓄；同时，新的事物、新的思想也成为他们的关注对象，所以他们总能成为时代的弄潮儿，紧跟时代步伐，在守成的同时不乏创新，使家族文化具有极强的生命力。现代文化世家群体彰显的中国家族文化，是中国现代文化的主要组成部分。其涵盖的勤奋进取、艰苦奋斗、自强不息、爱国爱家、亲情友谊等人类先进文化的重要因素，将贯通时空，成为民族富强、家庭兴旺、个人成才的重要动力。

"中国现代文化世家"丛书已列入国家出版基金项目。根据策划者的总体目标，这套丛书要汇集20～30个在中国现代史上文化渊源比较深厚、影响力巨大的家族。这是一项内容丰富、任务艰巨的工程。为兼顾学术高度，丛书所选作者大都在各自承担家族的研究方面积累有丰富的史料和扎实的学术功底，具有较强的书稿撰写和文化品位把握能力。在承担丛书任务时，他们对前人已有的研究成果认真梳理，并多有创新。这些，都为丛书的品牌形成打下了坚实的基础。

"中国现代文化世家"丛书将影响中国现代历史进程的文化世家集中整理并大规模展示，以史学和传记文学的视角进行研究，意义重大。以家庭作为社会细胞进行文化解剖，以大量鲜活的中国现代杰出人物群体和翔实的史料展示跨世纪文化环境，表现健康向上、和谐进步的优秀文化，必将丰富和创新社会主义先进文化内容，对整个社会产生积极的影响。以展示影响中国历史的文化家族及其杰出人物群体为追求目标，不仅对国人产生示范效应，在世界范围内也会引起关注，从而丰富国际文化内涵，具有更加长远的文化战略意义。以时代、家族、人物作为研究、建设和传播中国文化的方法和路径，不仅创新了文化研究和文化传播的方法，也为民族文化的传承与创新提供了参考依据。深刻挖掘家族文化的伦理内涵、凝练和传承家族文化中的传统文化、通过家族文化与现代文化的冲突与融会，能够全新缔造中国人文精神，丰富国学内涵，推动民族文化复兴。

文化世家中的家族文化是中华民族优秀传统文化的重要组成部分，它源自中国传统文化，又富于创新，是民族文化传承创新的重要典范。从目前关注的这些文化世家看，其之所以能够在所处时代世代显赫，最重要的原因是这些家族沉淀了最精华的民族文化，吸收了最富于生命力的民族精神；同时，这些家族往往又能够冲破中国传统文化藩篱，吸收异域文化精华，其家庭成员往往能够进取守成，跨世系、跨时代延续发展。可以毫不夸张地说，中国现代文化世家的存在和发展，最典型地体现了中国文化的传承与创新。

中国现代文化世家展示的人才群体及其依存的文化体态，是国家和谐文化建设的重要载体。文化世家在历史上的成长和发展，曾经为中国社会的和谐稳定以至崛起发挥重要作用，也是传统文化中不可或缺的构成要素。这些家族中优秀人物的荣辱沉浮以及家族的兴衰变迁，从一个侧面展示中国近代社会发展的痕迹，透视了中国知识分子忧国忧民的心路历程。我们完全可以通过中国现代文化世家的发展史去了解中国社会生态发展演变的梗概和脉络。

家庭教育、家族文化传承及其凝成的文化环境等对培养和造就杰出人才的重要作用，传承和创新民族文化，在更广阔视野下探寻优秀文化对人才的影响，都是当今不可忽视的文化命题。"中国现代文化世家"丛书首次以家族文化的形式作为切入点，系统挖掘中国传统文化和世界先进文化碰撞产生的独特文化，探究在这一背景下的中国家族文化及其对人才成长、家族兴起、国家富强的影响，推动我国学界对中国现代家族文化的重视和研究，其学术意义非同寻常。

党的十八大报告中明确指出，"文化是民族的血脉，是人民的精神家园。全面建成小康社会，实现中华民族伟大复兴，必须推动社会主义文化大发展大繁荣，兴起社会主义文化建设新高潮，提高国家文化软实力，发挥文化引领风尚、教育人民、服务社会、推动发展的作用。"中共中央十七届六中全会通过的《中共中央关于深化文化体制改革推动社会主义文化大发展大繁荣若干重大问题的决定》指出，"优秀传统文化凝聚着中华民族自强不息的精神追求和历久弥新的精神财富，是发展社会主义先进文化的深厚基础，是建设中华民族共有精神家园的重要支撑。"党中央高度重视包括中国优秀传统文化在内的先进文化建设，确定了文化大发展大繁荣的宏伟目标，肯定了优秀传统文化在"文化强国"战略中的基础性地位，倡导传承与创新文化。我们试图通过"中国现代文化世家"丛书的出版，并通过遴选出来的在中国现当代具有代表性的文化家族群体，挖掘中华民族传统文化中的精髓，展现中国文化在近代社会的传承与发展，理清中国传统文化血液流淌和分布的脉络，进而为当下的文化大繁荣大发展提供有益的借鉴和参考，为实现中华民族复兴的梦想发挥积极作用。

骆玉安

2013年10月，郑州

倚树听流泉——唐河冯氏家族文化评传

第三章
哲学泰斗

第四章
艰难跋涉

第五章
兄妹齐飞

第六章
作家宗璞

◎

回首纵目望南阳

朝涉白水源，暂与人俗疏。
岛屿佳境色，江天涵清虚。
目送去海云，心闲游川鱼。
长歌尽落日，乘月归田庐。

——李白《游南阳白水登石激作》

这是诗仙李白登石激、游白河留下的精美诗句。它把我们带进了南阳——一个神奇的地方。

在伏牛山南侧，桐柏山—大别山脉西北侧，有一个由西、北、东三面呈环状向东南部倾斜的广阔而平缓的盆地，这就是著名的南阳盆地。盆地内有两条河。一条叫唐河，自东北向南流；一条叫白河，自北向南流。两条河在湖北境内交汇，称唐白河，注入汉江。正是这盆地，孕育着南阳千古文化。同时，正是这河流，流淌着盆地与荆楚永远也割不断的文化姻缘。

《释名》说："南阳在中国之南，而居阳地，故以名地。"可见，南阳古已神奇。据考，早在原始社会，就有人群劳作生息于此，创造着远古文明。周时曾为申、吕国。中国时期还颇有影响，以至于声名赫赫的郑武公都要迢迢千里到此讨妻，以求门当户对。春秋时属楚。战国时，先属楚，后归秦，置南阳郡，治于宛县(今南阳市)。从此拉开了"南阳郡"的历史序幕。在以后两千余年的历史中，虽也曾改国更府(晋时改为南阳国)，但以"南阳郡"为中心形成的文化气韵却世代传承，绵延不衰。

南阳地灵人杰，自古以来人才辈出，并有不少亘古奇才。如：先秦时代的著名政治家、思想家，一身"奇气"的范蠡；东汉时期才高于世、性情高雅的科学家张衡；彪炳千古、世代景仰的"医圣"张仲景；"策杖扶炎汉，奇勋迈昔贤"，年仅二十四岁就官拜大司徒的军事家邓禹；南北朝时期以十几岁的稚龄便才震京都，博得朝廷赏识的神童作家庾信……更为"奇"者，是三国时期的诸葛孔明。此卧龙公身处纷乱之世而能心若止水，躬耕垄亩，抚琴吟诗，本一"奇"也；而一旦走出山林，又能率千军万马，驰骋疆场，羽扇纶巾，谈笑间，击溃敌军万千铁骑，改变历史格局，则又"奇"上加"奇"。文人雅士啧啧之声万世不绝。不仅生长于斯的雅士武人有着奇气奇才，即便稍居于此的士人大夫往往也得其"奇"气，神奇一番。北宋名将范仲淹，贬官于邓州，居然能凭着想象，逼真地摹写出巴陵洞庭的万千气象，留下了千古奇文《岳阳楼记》，为万世所心仪！

这奇地，这奇人，形成了一种厚重的文化传统：耕时不忘读，退时不忘进，羁于山林时胸怀天下，居于庙堂中心系黎民，既奋力进取，又修身养性。这传统哺育着代代英杰。他们带着它行走天涯，让不同时代的人们时时闻见股股似淡似浓似烟似霞的"南阳风"。

本书中的传主们正是此性情中人。

"耕读"家风

冯友兰在《三松堂自序》中说，南阳唐河祁仪冯氏家庭是"书香之家""耕读传家"。这一家风的形成，经过了五代人的努力。冯氏自清朝初年从山西高平迁入祁仪时，并不"耕"，只是"商"。后来，经商致富，才陆续购置田产，转入以经营土地为主的"耕"的生活。随着田产不断增多，经济基础日趋雄厚，便延师教育子弟，家庭生活才又增添了"读"的内容。渐渐地，冯氏也跻身于"书香门第"之列。

"耕读"，顾名思义，是以"耕"持家，援助读书，然后又以"读"荫翳门庭，加重"耕"的砝码。两者相辅相成。这是古时一般殷实之家所尊崇的一种家风。一般的乡绅、财主，总希望多置田产，仔细耕作，以雄厚的资产作后盾，请当地名师给子弟施教，以使其中举人，中进士，做官入仕，光宗耀祖。

冯氏由经商转而"耕读"，大概有两方面的原因：一是当地风俗的影响；一是为改变冯家在当地的地位。南阳一带自古即有"耕读"之风，清中叶以来更盛。光祁仪的各种学馆私塾就有许多。镇内的赵氏、黄氏、邵氏、李氏、王氏，镇西的孔氏，东南的张氏、桂氏等均延师办私塾。尤其是孔氏，以人才辈出而享有盛名。这种风气对刚刚兴起的冯家影响很大，带动其家风由"俗"向"雅"转变。另一方面，冯氏虽然在经济上跻身于祁仪富人之列，然而在人们心目中的地位却不高，并时有遭人欺凌的事情发生。如五世冯玉文，幼时就常受镇上恶棍的欺负。这也促使冯氏子弟痛下决心，培养明事理、能做官的学子。冯玉文自己正是致力于这项工作的首要人物。

自玉文之后，冯氏子弟一直很重视这件事。玉文公的次子、中了进士的冯台异，即明确表示：不希望子孙代代出翰林，但希望子孙代代有秀才。只有这样，才可以称"书香门第"，"耕读传家"的家风才能够传下去。在封建社会，一个人作了秀才，虽然不是登上仕途，但是可以算是进入士林，成为斯文中人，在社会中就有一种特殊的地位了。

纵观冯氏家族，"耕读"家风的奠基人是冯玉文，高举"耕读"大旗、倡明这一家风的是他的两个儿子云异、台异和儿媳妇吴清芝。他们之后自然也有冯家子弟相互传承，然而真正意义上的"耕读"时间并不长久，三世左右而已。

自一世冯泰携子迁入祁仪(泰后来又重返山西高平)，至"广"字辈，祁仪冯氏不过十世。前几世是"耕"而不读，后来又渐渐重"读"轻"耕"。大概自友兰一辈即开始转入治学为事，至友兰的下一辈，几乎无人再"耕"了。因此，从表面上看，冯氏家风很难说是"耕读"。然而，从内质上看，它又确实是冯氏的家风，是冯氏子弟奋斗不息的一面旗帜。

他们虽然一个个最终都离开了祁仪，然而这种"耕读"精神却没有根本改变。这或许就是"耕读"家风的真正内涵，与"南阳古风"一脉相承。或许正是从这里我们才能真正理解，冯友兰何以能在八十高龄、耳目不明的情况下奋力著述，至九十五岁时完成其浩浩一百五十万言的旷世奇书《中国哲学史新编》；才能真正理解冯氏后世子孙虽遍及世界各地，饱受欧风美雨的浸淋，却仍然完整地保留着家族的谱系，没有丝毫的错乱。这是因为，他们每一个人的心中都有一个太阳——衍生于祁仪小镇上的"耕读"家风。

让我们带着这种精神走进南阳，走进祁仪，走进冯氏子弟的生活历程。

第一章
书香之路

◎

———※———

大文豪鲁迅说过：其实地上本没有路，走的人多了，也便成了路。很久以前，山西高平有一个农夫，带着儿子南下河南，在一个没有名气的小镇祁仪走了一遭，没想到竟真的趟出了一条路。

那是一条绵长而宽阔的书香之路……

———※———

冯氏原籍为山西省高平县，清朝初年，冯泰带着儿子冯珽玙，南下到河南省唐河县祁仪做小生意。从此，冯氏家族的一支在河南南阳发展、繁衍了起来。

不久，冯泰又返回高平，珽玙独自留了下来，他筚路蓝缕，开始了艰苦卓绝的创业活动。由经营小摊贩开始，发展为开花布行。做生意发了财，就开始购置田产。毕其一生，大概置田产七八十顷，在当地已是相当有实力的地主了。

珽玙有两个儿子，长子名汝南，次子名耀南。长子分得天台号、高庙一带的田产，次子继承了祁仪的财产。二子的详细情况已不可考证。唯耀南的次子殿吉，还有些史料可查。

殿吉，字石泉。他是祁仪冯氏的第四代。清道光年间的武秀才。由于他乐善好施，喜欢交游，不事生产，祖上传下来的许多田产都被典当出去了。死后，他的妻儿省吃苦干，才陆续赎了回来。因此，对于冯氏通向"书香之家"，形成"耕读"家风，他实际上没有起到多大作用。不过，他留下了另一传统：习武强身。由于他是武秀才，家中的刀、枪、剑、锤齐全。为了不使武功失传，也为了健身自卫，练武的习惯便一直延续了下来。以至于他的曾孙子，文质彬彬的大哲学家冯友兰，都染上了收藏旧兵器的嗜好。他曾在北京收藏过几百件旧兵器，并在清华搞过一次展览。据他说，北京军事博物馆内旧兵器中，有许多是他收藏过的。

殿吉的独生儿子冯玉文，在家道中落的情况下，励志图强，艰苦创业，才又开始了冯氏的中兴之路。他在祁仪镇上开"复盛馆"，酿酒致富。"复盛"者，盖曾经有过盛衰也，故须"复盛"。今祁仪人称冯友兰一支为"复盛馆冯家"，原因就在这里。

玉文在中兴家道之后，首要的事是延师教子。他有三个儿子：长子云异，次子台异，三子汉异。在他的严格教育下，三个儿子都中了秀才，其中次子连中举人、进士。至此，冯家的大门上正式挂上了"耕读"二字，跻身于"书香门第"之列。冯氏才真正登上了祁仪"望族首富"的宝座。

冯氏南迁

祁仪镇在河南省唐河县东南部，距县城五十五华里，与湖北省毗邻。南为湖北枣阳，东南为湖北随州，东临河南桐柏县，处两省四县边缘地带。鸡鸣两省晓，犬吠四县闻。其地处桐柏山西麓，多山多水。其山，东有石柱山、四方山、画山；南有马武山、晒山、龙山；西有午山、草山；北部为丘陵岗地。其水，东部为秋水，又名丑河，源出枣阳东北境的邢川，入唐河县境后折而北流，注入唐河支流的三家河。西部为清水河，源出祁仪镇的南山。它有两个源头：东边的叫祁河，发源于马武山的北麓；西边的叫仪河，发源于大寺山西侧。二河北流，至祁仪镇外汇合后称清水河。祁仪镇恰在两河之间，因两河而得名。

祁仪属北亚热带湿润气候区，盛产水稻、小麦、棉花。物产虽不十分丰富，但却无大旱、大涝之灾；商业虽不十分繁荣，然因其位置特殊，便自然地成为出山之大集镇。尤其是，此地居民多喜"耕读"，并辗转相学，积久成习，人才辈出。真所谓山不高而秀雅，水不深而澄澈，山水毓秀，人杰地灵。

清朝初叶，从山西高平南来的一支冯氏子弟，便选择这块"宝地"安家落户。

谋生南下

明清时期，中国封建社会逐渐走向没落，社会日趋黑暗。明朝初期实行猛政，已弄得人人自危，民怨沸腾，社会矛盾已相当激化。明朝中叶，朝廷更加腐败，皇族、宦官及一些有权势的地主大量侵占土地，加紧搜刮民财，造成百姓大量流亡，史称"流民"。因迫于生计，流民起义不断发生，如1445年、1447年，江西叶宗留两次起义；1448年，福建邓茂七、广东黄萧养起义；1456年，广西侯大苟发动瑶、壮人民起义。

发生在鄂、陕、豫交界地带大的流民和农民起义有三起：一次是1465年发生的刘通、石龙流民起义(起于郧阳)；一次是1470年发生的李原、王洪流民起义(起于南漳、内乡)；一次是1509年在汉中爆发的蓝廷瑞、鄢本恕农民起义。这些起义都遭到了明王朝的血腥镇压，人民死亡流离不计其数。伏牛山、桐柏山、荆山一带，多成丘墟。祁仪在河南、湖北两省交界处，当然不能幸免。据当地老人说，当时血流成河，路断人绝。祁仪土著仅板仓桂芳一人，躲于山中一石洞里，才得以死里逃生。此洞后来被称为"桂芳避难处"。

此后，明王朝便从湖广、江南、四川、山西、陕西等地移民内实，祁仪一带才又有了鸡犬之声。旋即又有李自成起义，明清交替，中原、襄楚一带再次人烟稀少。清初又从各省移民于此。"问我祖先在何处，山西洪洞大槐树。"——这是中原地区流传已久、范围很广的民谚。明初至清初，从山西等地移民于中原，达十数次。祁仪镇附近，至今尚有"回子庄""侉子营""找子庄""蛮子营"等村名，即是明、清两朝迁民于此定居的明证。

冯氏并非移民于此，而是主动来这里做生意。他们为什么会选择此地，今人很难找出具体的答案。但似乎与移民有关，当是无可置疑。山西人大量被迁移到这里，其中肯定会有他们的族人、亲戚或朋友、熟人，经他们的援引，来此经商或做些别的事，当是情理之中的事情。

定居祁仪

清康熙五十五年(1716年)，冯泰决定带着儿子珽玙，离开祖籍到河南谋生。亲朋好友劝他不要做此冒险之举，说河南人生地疏，哪会有好的生计?冯泰觉得，外地虽然难混，但故乡也很难熬，出去闯闯总会有些希望，何必在这里活守死撑呢?俗话说："树挪死，人挪活。"很有道理。

于是，他收拾行囊，带着儿子，义无反顾地离开了山西高平，千里迢迢来到河南唐河。茫茫中原，与故乡比确实别有一番滋味。父子二人站在唐河边上，望着汩汩南逝的河水，嗅着田野上飘来的阵阵泥土的芳香，想到就要在这里扎根，心情好不爽朗。但是这里也确非人间天堂。他们上无片瓦遮天，下无寸土立锥，生活的艰难相在他们来了不久就显现了出来。冯泰开始后悔贸然来到这里。年轻气盛的儿子却不愿走回头路。

冯泰左思右想还是决定返回祖籍，他用粗糙的大手抚摸着珽玙的头，有好多话要向儿子交代。然而喉结嚅动了一下，一句话也没说出来。儿子看到，有两颗浑浊的泪滴滚动在父亲那沟壑纵横的脸上。

冯泰走后，珽玙独自一人来到祁仪，租了间房子住了下来。这一带，按政治区域划分属于河南，按经济区域划分属于湖北。其地，从气候到农作物都具有交接地带的特点；其人，从口音到习俗也明显地具有这样的特点。人们以耕种土地为主，也有人做些小生意。珽玙没有土地，只有做生意。这也是他南下的初衷。

距祁仪约十五华里，有一个很有名的小镇，叫马振抚。此镇在两个半世纪后，出了一个名叫张玉勤的女孩子，她的遭遇搅动了整个中国大地。二镇均有集市，祁仪逢单，马振抚逢双。珽玙就利用这一情势，搞起贩买贩卖的小生意。他特别勤奋，单日子坐镇祁仪，双日子奔赴马振抚，起早贪黑，经年不辍。他又非常节俭，早上出摊时，做一碗小米和高粱面稠粥带着，如果生意好，就全部吃掉；如果生意不好，就只吃一半，剩下来的第二天再吃。这样十几年下来，居然积攒了不少钱。

有了钱，珽玙便决定不再经营摊贩，而改开花布行。于是，冯氏花布行的字号出现在了祁仪镇上。珽玙也告别了又累又脏的"小贩"生活，颇为体面地当上了花布行的掌柜，在人生的旅途上上了一个不小的台阶。他坐在那把崭新的雕花太师椅上，嘴角漾起了一波会心的笑纹。此时，他想起唐河的流水，想起了老父在唐河边上滴下的两颗浑浊的泪珠，想起了高平老家门口的那棵参天的大槐树，还有常常站在大槐树下凝思的父亲。现在，他老人家在做什么?是不是还站在大槐树下沉思，抑或为儿子祈祷，企盼他事业成功，早日旋里?……想着想着，珽玙的眼内闪出了几片晶莹的泪花。"该给他老人家道个平安了!"他用手绢轻轻揩揩眼泪，喃喃地说道。

　　珽玙真是个做生意的好手，花布行开得十分红火。银子像汩汩流水，源源不断地流进他的钱盒里。银子越来越多，珽玙却无意再在商海中发展了。他决定购置土地，过过地主兼财主的生活。

　　精明的珽玙之所以要在生意红火时改弦易辙，主要基于两方面的考虑：一是那时在当地有声望的人都是地主，不是商人，商人再富有，总不能成为人们敬重的"正经人"。这是受老祖宗"重农抑商"传统影响的结果。二是要扎根祁仪，必须有自己的土地。否则，钱再多，也只能是无根的浮萍。孩子们一天天长大了，还让他们做无根飘絮，实在是愧对祖宗、愧对子孙。他必须多置土地，让冯氏子孙永世定居于斯，安居乐业，繁衍生息。

　　珽玙风风火火，一口气置下了七八十顷田产，成为当地有实力的地主。这些田产分布于郝庄、高庙、天台号、街西庄以及翟桥、徐冲等地。从此，在祁仪望族的名单里，又多了一个"冯"字。

冯玉文："耕读"家风的奠基人

> 君自故乡来，
> 应知故乡事。
> 来日绮窗前，
> 寒梅著花未?
> ——王维《杂诗》

　　也许山西人特别钟爱梅花。我们方吟罢盛唐时山西人王维的这首《杂诗》，神游于其雕花窗前，欣赏那凌寒怒放的腊梅时，又走进了一个梅的世界。这一株梅出自山西人的后裔之手。

冯玉文当年栽的腊梅树透露着历史的斑斑古迹

在祁仪镇东边有一座古宅大院，这即"复盛馆"冯家人院。斗转星移，历经沧桑，大院已不见了昔日的青砖楼榭，失却了往日的凛凛威风。它的主人也早已遍居海内外，半个多世纪未曾归居。大院现已成为祁仪乡党政机关，旧式建筑已为新式高楼所代替，出入于此的是乡镇的工作人员。然而，历史的变迁似乎未曾波及这株腊梅，它依然那么枝繁叶茂、雍容华贵，透露着历史的斑斑古迹。

据说这株腊梅是祁仪冯氏第五代传人冯玉文栽的。他同时在梅旁栽了一株白果树。栽它们的时候还伴随着屈辱。而今，虽经历朝代更迭，雷劈风削，它们竟还生气勃勃地并肩站立着，像两位"方外"的童男玉女。造化之力如此神奇。

冯玉文，字圣徵，生于清道光五年十二月二十四日(1826年1月31日)，卒于清光绪十八年十二月二十七日(1892年2月13日)。他是冯殿吉的独生儿子。殿吉习武好游，以致家道衰弱。他死后，经遗孀节俭苦熬，儿子勤奋操持，方才走向"复盛"。

玉文母亲茹氏特别节省。为了重振家业，她含辛茹苦地支撑着日渐破落的大家庭，把儿子拉扯大。儿子长大后，又同她一起苦干。人们只看到她干粗活，没看到她吃"细饭"，竟都认为她吃斋。后来有一次请客，盘子里剩下些肉块，厨子要把它作为剩菜倒掉，她慌忙阻止，将肉块拣出来吃了。人们这才知道她不是吃斋，而是俭省。

辛酸的童年

玉文出生不久，家庭即开始衰落，家传的土地被大量卖掉。本来他们的土地就不很多，祖上斑玙公虽置下了七八十顷，然而经过二次分家，到他父亲殿吉继承时只有十八顷了。

更不幸的是，玉文八岁时，殿吉又去世了，玉文成了孤儿。殿吉在世时，虽有些"不务正业"，但他是个武秀才，当地人并没有敢轻视他们一

010

家人。而今，孤儿寡母支撑门庭，世态炎凉，常常遭受歧视，甚至凌辱。

带头的就是李汉非。他也是武秀才出身，当地一霸。村镇上什么事他都要管。特别是对冯家，常常是手持大刀，打上门来，要这要那。有一次，郝庄佃户往镇上送粮食、柴草，李汉非竟锁上北门，不让进来。佃户们只好从东寨墙外用绳索吊上来。还有一次，玉文要择地盖宅子，经过一番周旋，李汉非总算答应给他划一片宅基地，然而竟是街东北清水河边的一片乱坟岗。他还为此硬讹走了冯家一笔地契钱。

这真是奇耻大辱。玉文性情忠厚，遇到这种事只好忍气吞声。看着垒垒土坟，一阵阵心酸。这里埋的都是些买不起坟地的苦命人和客死于此的外乡人，他难道为了自己盖房而让这些可怜的坟主抛骨曝尸？善良的玉文尽量设法避开坟头，实在没有办法的，就垒在院墙里。房子盖好后，大略平整了一番，种些桃树、槐树，还种了一株腊梅和一棵小白果。他没有想到的是，这株腊梅和小白果竟成为冯家由衰转盛的历史见证。

经过几年修整，这里竟成为一个相当不错的院落了。又兼大门之外，顺斜坡下去约十余米，有一条常年不断清流的清水河。花木掩映着清水，清水映射着花木，鸡鸣河畔，鱼跃水中，颇有些田园风光的韵味。为做生意方便，玉文又面西开了一排门面房，牌号就叫"复盛馆"。做酒、卖布、作客栈，什么生意都做。由于他经营有方，生意很快就兴隆了起来。

李汉非一伙心中嫉恨，又来捣乱了。一天清早，生意铺的伙计打开店门，一根旗杆倒进门里，竟是送葬的幡杆。伙计吓了一跳，赶快进去禀报。冯玉文明知是李汉非一伙使坏，仍然采取息事宁人的态度，忍了下去。他不仅没有吵闹下去，而且吩咐伙计们："快把神杆请进来，供在堂屋桌上，这是财神爷来了。"接着，他噼噼啪啪放了一通鞭炮，又烧香，又磕头，煞有介事地庆祝了一番。

这件事过后，"复盛馆"的生意依旧红火。众人见冯家财运亨通，什么晦气都妨碍不了他们发财，就传出了两个故事。一个故事说：由于冯玉文建房怜悯乱坟岗里的孤魂，得了好报，一天夜里来了一个客商，天亮时变成了一个大银人，冯家一下子发了大财。另一个故事说：一天夜里来了一帮布商，十来辆独轮车推来了一大批绫罗绸缎，天明时不见一个人影，只见这些绸缎，冯家白白进了一大笔财。从此，人们都说，冯家有鬼神保佑，谁也别想扳倒他们。

这当然是迷信的说法。但它却说明了人们对忠厚善良的冯玉文的同情。

正是这种受人欺凌的生活，培养了冯玉文忍辱负重、广结善缘的性格。同时，也正是这种性格，使其卧薪尝胆，成为冯氏家族的中兴之主。

延师教子

冯家的遭遇使玉文意识到，必须有一个取得功名的人出现，方能荫佑门庭，摆脱恶流的欺凌。于是他痛下决心，不惜成本，教育子弟。

他在宅院里专门辟出一个家塾院，俗称"学屋院"。然后不惜重金，聘请名师执教。他对老师非常尊重，每天早上总是早早起床，穿好长衫，到老师床前施礼，恭请老师起床就餐。每顿饭他都要亲自作陪。家里人吃饭十分简单，而对老师的饭食却从不马虎，总是想方设法招待好老师。有一次吃绿豆面条，老师无意中谈到，黑豆比绿豆对人体更有益。从此他就吩咐家人改做黑豆面条。其尊师作风可见一斑。

在冯家，教师地位之尊崇还可以从以下两个方面得到证明：一是无论家里来了什么客人，款宴时教师坐首席；一是开学时，家长要亲自带着学生向先生行大礼。行礼程序是：家长向孔子神位上香，焚裱纸，让先生先向孔子行礼，然后家长向孔子行礼，最后学生向孔子行礼。向孔子行罢了礼，学生再向先生行礼。到端阳、中秋等重要节日，家长还要带着学生向老师"叩节"，也行跪拜大礼。同时呈上节礼钱，节礼钱是在聘金之外的。

20世纪90年代初，在祁仪乡东南古山下，发掘出了冯玉文的墓碑。碑文说冯玉文"素食不兼味"，而为子女"延师训读诚敬尽礼则不惜"。他的孙子、大哲学家冯友兰晚年在《三松堂自序》中，也有这样的回忆："照老家的规矩，教书先生的地位是很高的，每顿饭必须家里有一个主要人陪着吃。"这成了冯家一个不成文的家规。尊师重教也即渐渐形成传统，成为冯氏的家风。

对待赵一士，最能反映冯玉文延师重教的虔诚。赵一士，字谔卿，南阳新野县人，举人出身，是当时地方上的一个名士。在封建社会里，举人的地位是很高的。因为科举功名分三级：县一级的是秀才，省一级的是举人，中央一级的是进士。成为"秀才"就很不容易，算是斯文中人了。为"举人"更是不易，已是身近官衙，再前进一步，就要登堂入室，凛凛然端坐高堂了。即使不然，亦是地方上的雅士名流。非儒雅、殷实之士，是难以近得其身的。为了聘请到这位举人，冯玉文亲自奔赴百里之遥的新野，效仿刘备，三顾茅庐，费了许多心血和资财。

一士果然不负众望。他恪尽职守，鞠躬尽瘁。又加上学识渊博，能文善诗，讲起课来，旁征博引，深刻生动。玉文的三个儿子在他的调教之下，日渐斯文起来，肚里的学问如雨后春笋般地增长。

玉文非常高兴，当即决定增加束脩。一士本是豪爽之士，并不在乎钱财，只图知遇之情。他已年过半百，还未入仕出宦，一身学问眼见要葬入黄泉，不免常常抚须长叹。如今幸遇知己之人，又恰逢三个聪颖好学的生徒，已觉十分惬意。见玉文如此礼遇，当即赋诗一首，赠予玉文：

> 身处人世间，心怀太古春。
> 风流伊上叟，击壤作尧民。

玉文本也是斯文中人，曾经考过秀才，只是不知怎的得罪了县官，又不愿意去疏通，便被搁了下来。好在他对于仕途功名，一向淡泊，便弃了举业，奋力持家，间或研读古文辞。而今一士赠诗，也触发了他的诗兴，遂提笔写了一首，回赠一士：

> 富贵何足荣，清贫岂为苦。
> 试观富贵人，谁免一抔土。
> 我无旷达识，至理颇先睹。

二人一来一往，朝和夕吟，以诗词抒发淡泊名利、追求人格自由和精神纯洁的情怀，竟忘了主客关系，成为清水河畔的诗友。

功夫不负有心人。由于一士的潜心训导，玉文的三个儿子齐齐成才。长子云昇和三子汉昇考上了秀才，次子台昇中了进士。

冯家的地位顿时改观。朱红的大门前，冲天般地竖起了"进士"大旗，风起云涌，彩旗猎猎，好不威风。

冯家从此成为祁仪的首户，唐河望族，真正步入了"耕读之家""书香门第"。

赵一士死后，冯玉文非常悲伤。他用上好的棺木装殓了赵一士，然后把棺材放在卸了车厢的车梯上，令三个儿子披麻戴孝，拉着车子，一直拉到新野赵一士家的祖坟上安葬。赵一士死后受到的哀荣，至今在当地传为佳话。

斯文中人

宋代诗论家严羽说："诗有别材，非关书也。"作诗需要天赋。有的人学问很大，可以出口成章、下笔千言，然而就是作不成诗。勉而为之，即使合法顺律，也缺乏诗味。

冯玉文属于那种有"别材"的人。他不仅精于商道，善于理家，也颇会作诗。冯友兰说："我们这一门有一种作诗的家风。"冯玉文即是这一家风的奠基人。

冯玉文的一生虽然以耕作、经商为主，但他更具文人气质。其父殿吉是个武秀才，喜欢舞枪弄棒，玉文却没有继承这一点。他的性格正如他的名字所示：喜文。他外表文弱，处事待人仁义平和，温良恭让，但骨子里却有着中国文人的那种不肯折腰摧眉的特质。从他的"秀才"落第一事来看，正说明了这一特点。

父亲的作为，家道的衰落，使心存大志的玉文从小就立下刻苦攻读、博取功名、振兴家业的志愿。基于此，他参加了秀才考试。论考试成绩，他本来可以被录取，因为不肯摧眉折腰事权贵，名落孙山。这件事不仅关系他自己一生的前途，更重要的是，关系着冯家的兴衰。有人劝他灵活一些，与上面疏通疏通，他硬是不肯，其倔强竟至于此。要命的是，他从此不再经营举业，而是改弦易辙，隐于垄亩酒肆之中，把靠举业振兴门庭的事交给了儿孙。幸好，儿孙们都很争气。

虽然没有传承父亲的武略，但父亲乐善好施的秉性倒是被玉文继承了下来。乡亲邻里有困难，他总是解囊相助，从不吝啬。清光绪三年（1877年）大旱，赤地千里，民不聊生。玉文节衣缩食，赈济乡民，还为无力葬埋亲人的人施舍棺木。人称其为"冯善人"。当时社会，世态炎凉，嫌贫爱富，恃强凌弱，风习十分恶浊。玉文对此深有体会，非常反感。这从他的诗中可以得到清晰的反映。如《读国策》：

倚树听流泉——唐河冯氏家族文化评传

君不见苏秦金尽自秦归，

妻不下机嫂不炊。

又不见游燕说赵相六国，

妻嫂匍匐迎道侧。

不重亲情重黄金，

苟无黄金亲不亲。

一家骨肉犹白眼，

何况悠悠陌路人！

古往今来概如此，

岂只当年苏季子！

以故举世争名争利不知止，

泥首胶漆盆中忘生死。

　　冯玉文一生没有取得任何功名，却作出了不少好诗。他作的不是应付科举的试帖诗，而是抒情散怀、有感而发的文学作品，留传下来的六十余首，结集为《梅村诗稿》。其诗得古文辞之精华，冲淡闲适，平和率真，反映了他的性格特征和人生态度。从这个意义上说，赵一士说他"风流伊上叟，击壤作尧民"，倒是十分恰当的。

　　玉文的这一天赋与爱好对其家风影响很大。三个儿子都能作诗。其中，长子云异有《知非斋诗集》存世，次子台异有《复斋诗集》存世；三子汉异还擅长书法。

　　女儿中也有两三个会吟诗作赋的。其中一个名叫"士均"的女子更是才情出众，诗艺超群，为南阳冯氏家族的第一代才女。士均之后，冯氏又出了两代才女。一是玉文的孙女，"五四"时期红极一时的作家沅君；一是玉文的曾孙女，驰名中国的当代女作家宗璞（冯钟璞）。这些才女的卓然业绩，使得冯氏家族的"书香门第"更加光彩灼人。

　　1892年2月13日，冯玉文在自己苦心营造的冯家高宅内安详地闭上了眼睛。俗话云"六六大顺"，冯玉文正好活了66岁。他一生励志图强，艰苦创业，使冯家由衰弱走向复兴，并培养了一个进士、两个秀才，将世代人们梦寐以求的"耕读传家""书香门第"的匾额，牢牢地挂在了冯家的门楣上，也算是功德圆满、西去无虞了。

　　三年之后，他的一个取名友兰的孙子出世。他使玉文亲手树起的"书香门第"的匾额大放异彩，同时将冯氏家族的声名推向极致。

才女士均

玉文大概有八个女儿。其中有七个女儿分别适于李、郑、赵、郝、徐等家。一个女儿未曾出嫁。她就是士均。

士均自幼活泼、聪颖，娇巧可爱，被玉文视为掌上明珠，常常亲自以诗文调教。两个兄长云异和台异更是喜爱这个小妹妹。总是带着她一起进学，聆听先生杨贤堂的教诲。她年纪虽小，却聪明绝顶，过目不忘。先生布置的任务，她常常先于兄长们完成。八九岁时，能将经书背得滚瓜烂熟。稍长，即博览群书，熟谙古代诗文，尤其是对《诗经》《楚辞》及陶渊明、李白、杜牧、韦庄、司空图等人的诗词深有体悟。

士均童年时期，冯家几乎成了女儿国。单是她的姊妹们就有八个，再加上一大群堂姊妹，几乎处处可闻莺声燕语。她们常常聚在一起，嬉耍笑闹，打发时光。但士均很少参与其中。她的大部分时间用在读书吟诗上。她的闺房旁边有一株腊梅花，正好掩映着窗户，她据此给窗户取个雅号，叫"梅花窗"。平日里就坐在窗前读书，或邀三两个对脾气的兄弟姊妹吟诗。她读书非常刻苦，常常读至深夜。正如她在《冬夜读书》中所写的那样：

兰釭独对抚遗编，闭户潜修学圣贤。
夜久寒闱银海泛，梅香窗外月飞天。

士均在十二三岁时就能作一手好诗文。其诗文清新俊逸，热情奔放，飘飘然有凌云之气。长兄云异说她"尤长于诗，清辞丽句，得晚唐风味"。她性情高雅，不染尘俗，总是以清纯的目光打量世事，抒发少女情怀及对家乡父老和美丽风光的热爱。下面辑录的几首小诗，可以窥见其这一胸襟与心性——

溪边即景
偶至芦花岸，东南极目游。
半溪红树外，鱼钓夕阳舟。

春　山

钓罢绿波舟，青山著屐游。

芳兰香谷口，细草翠峰头。

莺燕花千树，人家竹半楼。

悬岩春更好，夕照碧泉流。

咏樵夫

苍松翠竹峭岩东，樵子归途画未工。

红叶半肩人三两，南腔北调夕阳中。

秋游东溪

偶向街东更向东，一湾秋水蓼花红。

两三渡口浣纱女，砧杵声喧落日中。

　　摘引的这四首诗中，前两首是写景的，后两首是写人的。写景的，景中有人，景因人得意；写人的，人中有景，人因景着色。二者相得益彰，衬映生辉。诗中的"东溪""春山"即是其家乡的清水河、石柱山。它们是士均童年的摇篮。她常年戏嬉其中，感受自然的神韵，陶冶高洁的性情。她以此为素材创作了大量的诗词，勾画出了一幅幅美丽的山水画卷，令人心驰神往。从文学的角度看，她的这些诗歌，艺术水平已相当高，并形成了自己独特的风格，不少诗句异常精粹，值得传诵。如"春风杨柳绿波前，叠叠山含淡淡烟""唯有黄金堤畔柳，风丝仍拂茜窗纱""日落千山净，烟开万景清""篱花翻紫豆，山稻动红莲""桂林金粟满，香绕小楼前""杨柳溪唇翠，桃花洞口鲜""归来麦涨平原里，万顷波翻碧接天""入夜蛙声喧月下，依稀鼓吹韵悠扬"……或画自然景观，或写丰收景象，十分精湛。

　　士均才华横溢，冰清玉洁。遗憾的是生不逢时，又天不假年，方妙龄十七，即兰摧玉折。对于她的英年早逝，兄长云昇非常惋惜。他在《梅花窗诗草·序》中写道：

　　余尝读《周南》矣，《关雎》《葛覃》《卷耳》《茉莒》诸篇，说者以为女子所作。美哉！世之盛也，其若此乎！其大人君子皆蓄道德、能文章，而闺秀芳年亦多抒写性灵，形诸歌咏，虽格调攸殊，而才未易及矣。周室衰，大道隐，世拘于女子无才是德之说，以汤睢州之贤，而不重女学，宜二千年来风雅稍稍替矣。……妹之作，初不敢方南国淑媛才女，然与鲍照所称"妹才亚于左芬，臣愧不如太冲"者亦庶几焉。若天假之年，使不懈而及于古，安知不如《断肠》《漱玉》诸作，长留天地间耶？

士均短暂的一生创作了大量的诗篇。可惜的是，多数已散失。这很可能是冯氏遭匪灾所致。幸赖云昇有思："倘若辀轩采风所不弃，妹亦足以千古矣！"乃收拾残零，结集为《梅花窗诗草》，才使这八十余首诗得以流传下来。

第二章
进士门庭

◎

公元1866年，春雷落地，战事纷起：捻军一分为二，两路进击……清王朝，如风中危楼，摇摇欲坠。

这一年，冯台异也于南阳祁仪降世。隆隆而至的催生风潮，并未惊动这个刚刚兴起的封建大家族。当孙逸仙风尘仆仆，赴东洋，游欧美，酝酿革命风暴的时候，冯台异正在厉兵秣马，取秀才，中举人，冲刺进士……

—※—

冯玉文未能活到儿子考上进士，就撒手西去了。然而，六年后儿子的成功，毕竟是他奠定的基础，既包括经济基础，也包括教育基础。可以说，在他的晚年，冯氏家族已经"身登青云梯"了。

在冯家兴起的前后，祁仪邵家、李家也皆取得了功名，门上都悬挂了匾额。邵家门上为"选拔"，李家门上为"岁进士"，都成了祁仪之名门望族。尽管如此，一门三子都有了功名的，却只有冯府一家。

此时，冯家已是大家族了，家里经常有二三十口人吃饭。为了管好这个大家庭，冯玉文集其一生的经验，制定了一些办法，形成了一些家规。单就子女教育，就规定：男孩七岁上学(家里请来先生)；女孩七岁以后，也同男孩子一起上学，但过了十岁就不准上了。读书的程序是：先读《三字经》，再读《论语》，接着读《孟子》，最后读《大学》和《中庸》。一本书要从头背到尾，才算 "读" 完，叫作"包本"。这是知识教育。除此之外，还进行"思想"教育，告诫子弟艰苦朴素、不忘稼穑。

云异、台异、汉异和士均等即是这样教育出来的。他们长大以后又延续了这一家风。如冯台异和吴清芝夫妇，在对子女进行教育的过程中，结合着家族的传统经验，形成了一套相当科学的教育方法，成功地培养出了冯友兰、冯景兰、冯淑兰(沅君)三位驰名海内外的子女，是继云异、台异、汉异第一代"唐河三冯"之后，新一代的"唐河三冯"，而成就和名气远远超过了上一代。

冯云异一生基本上未曾远足，继玉文之后，独自支撑着大家族。他秉承耕读家风，加强对子弟的教育，集其一生的实践，有效地承传和发展了玉文以来形成的教育原则，并加以系统化，作《训子侄四章》以明示。

冯家虽是封建大家庭，但并不僵化、暮气，而是相当自由，焕发着勃勃生机。子女教育也是如此。当时一般的私塾，叫学生死记一些典故和辞藻，以备作八股文和试帖诗之用。但他们并不这样要求，相反，倒是常常让子弟读些新书。而且，随着时代的进步，送子弟们进入新的学校。如清朝末年，民间办的"公学"兴起，这类学校一般是由比较进步的绅士兴办的，具有新的教学气息。冯家并未因其非官办而予以鄙视，而是积极地送子弟投考这类学校。这都说明，这个新兴的封建家族是锐意进取、充满活力的。

没有物质的支持难以培育英才，没有科学的教育方法也难以培育英才。冯氏家族的成功，在于其兼而有之。

树侯：家风承传的关键人物

公元1866年，战事纷起，清王朝如风中危楼，摇摇欲坠。

是年1月，太平天国遵王赖文光率部攻克湖北黄陂，进逼汉口。在此之前，他与梁王张宗禹已于河南邓州、鲁山连败清钦差大臣僧格林沁，并在山东曹州(今菏泽)西北高楼寨伏杀僧氏，大败清军。清廷命曾国藩为钦差大臣，追剿捻军。

10月，遵王在河南中牟将全部捻军分为东、西两支。一支由遵王赖文光、鲁王任柱、首王范汝增和魏王李蕴泰率领，在中原地区活动，为东捻军；另一支由梁王张宗禹、幼沃王张宗爵和怀王邱远才率领，西进陕甘，为西捻军。捻军节节胜利，势如破竹。曾国藩"追剿"无力，请求朝廷别派钦差接办军务。不久，李鸿章接任钦差大臣。东捻军攻克湖北麻城，西捻军进逼西安。

在捻军节节胜利的形势下，吟唎的著作《太平天国革命亲历记》在英国伦敦出版。吟唎是太平军中的英国人，名Augustus F．Lindleg。他曾在上海附近俘获"常胜军"的"飞而复来"号轮船，改称为"太平号"。后来在保卫无锡的战斗中，"太平号"缴获清军炮船五十一艘，立下了赫赫战功。

这一年，孙逸仙在广东香山翠亨村诞生。他终生致力于推翻帝制的斗争，终于迫使清帝国梦断魂销。漫长的封建帝制在中华大地上落下了那黑纱般的帷幕，退出了历史舞台。

这一年，冯玉文的次子冯树侯（台异）也在南阳祁仪诞生。连天接地的革命炮火，隆隆而至的催生风潮，似乎未曾惊动这个刚刚兴起的大家族。他们依然关上坚厚的朱红大门，做清朝皇帝的忠孝子民。其子弟正在"学而优则仕"的信条驱使下，熟读圣贤书，而备将来科试之用。当孙逸仙风尘仆仆，赴东洋，游欧美，酝酿革命风暴的时候，冯树侯正在厉兵秣马，取秀才，中举人，准备冲刺进士。当时的情形下，对于一个处于偏僻之所，又是刚刚兴起的封建家族来说，这或许是最合情合理的选择。

"三异"功名

不管外界发生怎样的变化，冯玉文都不会改变其既定的方针，他必须要儿子们去博取科举功名。因为只有这样，才不枉费他几十年的艰苦创业和苦心孤诣的筹划。

玉文有三个儿子，起名"三异"：长子名"云异"，字鹤亭；次子名"台异"，字树侯；三子名"汉异"，字爽亭。"异"者，"奇"也。他希望儿子个个是奇才，长大之后大放异彩。

三个儿子确也不同凡响，他们没有辜负其父的厚望。青春年少之时，个个考中秀才，兰桂齐芳，声震唐南。据说，当他们高歌旋里时，道路两旁人头攒动。人们擦耳摩肩，争睹三位公子的玉容。三位少年神采奕奕，款步慢行，身后扬起微微尘烟。人群中滚动着一片赞美之声。待他们走进冯府时，那啧啧称叹的议论仍久久未息。

三子之中最"奇"者是次子。他不仅名字有"异"，而且台甫有"侯"。说来也巧，他取得的功名也最大。他考中秀才之后，又连中举人，再中进士，一应功名，频频得手。

台异中进士后，出湖北武昌、崇阳做官；云异成为当地绅士。民国时期，唐河成立"劝学所"，管理全县的新式学校，云异又当了一阵"所长"；汉异亦曾在乡里做过绅士，因其擅长书法，常常为当地的大小庆典涂朱书丹，并编写过《唐河县志》。民国初年当选河南省参议员，出入省府开封。

汝坟桥题诗

冯台异于清光绪十五年（1889年）己丑科乡试中举，至光绪二十四年（1898年）成为戊戌科进士，其间九年时间。九年中，他除了继续苦心研读经书，以备考进士之外，就是在县城里做教谕。当时，县里有一个民办的讲学机构，名气很大，叫"崇实书院"，是秀才们继续深造的学校。台异在这所学校里当过一任"山长"，即"院长"。

科举是封建时代考选文武官吏后备人员的一种制度，始于隋唐，终于清末，绵延一千三百余年。唐代文科的科目很多，而且每年举行一次考试。至明清两代，文科只设进士一科，考八股文，每三年举行一次。这对举子们是个严峻的考验。千里迢迢赶到京城，稍有不慎，败下阵来，又得再受三年寒窗之苦，方能再往京城，捕捉一次应试机会。若命运不济，还得再来。连来几个回合，就首生华发、龙钟显现了。

台异科举不顺，往返走了三趟，才把"进士"的桂冠捧到冯府。

当时交通不便，进京赶考需坐马车，甚至步行。旧时的大路，每隔四十五里一站，一天规定走两站。走完两站，即使天气尚早，也不再走了。因为再走，天黑前走不到下一站，就要"破站"。时人走路的规矩，"赶早不赶晚"。早上四五点钟出发，上午十一点左右到一站。稍事休息，人吃点饭，马喂些料，叫作"打尖"。"打尖"之后再走四十五里，到下一站，找个旅馆住下来，待第二天再走。

台异每次赶考，都需在汝坟桥住上一夜。有一次不巧，天降大雨，而且连阴数天，路不能通，只好在旅店里待下去，等待天晴。人在旅途，半道搁浅，那焦灼苦闷无聊之情，真是难以名状。绵绵细雨容易触发伤感思绪。台异想着几年来，科场上连番受挫，累及慈母、妻儿挂念，那感伤思念之情竟如窗外细雨，沥沥滑落。于是，他研墨挥毫，在旅店的墙壁题起诗来：

　　　　　年来事事不如人，惯逐群仙步后尘。

　　写到这儿，他鼻子一酸，想起常年在家中劳作的贤妻，德才俱佳，可惜是个女儿身。心中直为她鸣不平。于是又补了两句道：

　　　　　才藻如卿堪第一，奈何偏现女儿身！

　　一提起贤妻，台异直觉得无限愧疚。她代自己奉养父母，养育子女，使自己"两耳不闻窗外事，一心只读圣贤书"，而自己竟一事无成。想起贤妻的好处，台异的思绪竟如开了闸的河水，奔涌而下：

　　　　　记得新春话别时，临歧温存挽征衣：
　　　　　曾闻天上玉堂好，莫为思侬愿早归。

　　　　　萱堂辞罢感长征，晨馐夕膳代奉迎。
　　　　　归去慈帏仍健羡，晓妆台下谢卿卿。

　　写这两首诗的时候，台异仿佛觉得爱妻就在眼前，临别时的温存，妆台下的蜜语，历历在目。他由伤而感，由感而思，由思而益爱，由益爱而生哀怨。一番思绪之后，仿佛不是台异在愁思，而倒成了爱妻在"忏悔"，她后悔让丈夫去博取功名：

　　　　　珠玑才调锦年华，久别当知初念差。
　　　　　一掬临风相思泪，而今应长海棠花。

苦教夫婿觅封侯，柳色青青怕上楼。

谁料天涯仍落拓，相逢莫问黑貂裘。

文场一战竟抛戈，知尔同声唤奈何！

料得相逢应慰藉：妾家薄命累郎多！

　　台异一口气题了几首诗，觉得有些累了，便搁下笔，躺在床上休息。

　　台异的这几首诗虽为一时戏作，却是有感而发，抒写的是真性情，当时就传抄开来。旅店主人不仅不认为它们有污斯墙，反而觉得蓬荜增辉，就精心保存了下来。

　　1911年辛亥，台异已谢世数年，其长子友兰自河南省府开封求学还乡，恰巧也宿于此店，见老父题诗，睹物思人，无限感慨，便展纸提笔，抄回家中。家人见了，无不唏嘘慨叹。

武昌候缺

　　台异中进士后，以知县任用。照今天的说法，就是取得了当县长的资格。但并没有得到实际职位，而是被分发到湖北省"候缺"。所谓"候缺"，就是等着哪一个县的县官有了缺，就去补那个缺。补上了，就称为"得补"；补不上，就接着"候"。

　　起先，台异没有得到固定的差使，一个人闲居武昌，静静地"候"着。大概在光绪三十年（1904年），才得到了一个固定的差使。当时张之洞坐镇武昌，任两湖总督。他办洋务，搞新式教育，在武昌办了一所外语学校，叫"方言学堂"。学堂的监督(相当于后来的校长)由大名鼎鼎的武昌府知府梁鼎芬兼任，委派台异为会计庶务委员(相当于后来的总务长)。由于梁鼎芬不经常来校办公，冯台异实际上成了学堂的总负责人。

　　有了固定的差使，每月就有了固定的收入。于是，冯台异写信同母亲刘氏商量，叫妻子吴氏带着三个孩子到武昌居住。这件事在冯府引起很大争议。因为在封建大家庭中，家眷向来是"足不出户"的。经过一番争议，最终同意吴氏携子女到武昌。但不能坐火车，只能坐包船；因为火车上男女混杂，不成体统。这样的处理方式，说明了封建家族固有的保守，同时也可以明显地看出，冯氏家族思想中有着较为开明的一面。

吴氏到武昌几个月以后，台异又得了一个兼差，被派跟着粤汉铁路的勘测队去勘测粤汉铁路的路线。名义是"弹压委员"，实际的职务大概是替勘测队办一些同地方上交涉的事。这个队一直勘测到湖北与湖南交界的地方，才回武昌。回来不久，又被派担任川汉铁路勘测队的"弹压委员"。这两条铁路都是张之洞"新政计划"的一部分。但在当时，并未实施。粤汉铁路到抗战开始才修成，其中汉口经襄樊至重庆20世纪末才始通火车。

台异虽然名义上是"弹压委员"，但实际上他所关心和所做的事远远超出了这一职务的范围。他写了几大本日记，记录了他随勘测队勘测铁路路线的经过。在日记中，他还写了大量按语。有些按语写得文通理顺，才情横溢，颇有文采。

崇阳知县

清朝末年，官吏制度非常腐败。照历朝规矩，选拔任用官吏是通过科举考试进行的，考上了进士，就有资格候缺。而清朝末年又搞了个"捐官"的把戏——可以不参加科举考试，直接向朝廷捐钱，视捐钱多少而定"得缺"级别。这样一来，候缺的人越来越多，而"缺"还是那么多，所以"得缺"越来越难。有鉴于此，朝廷又开了一个"妙方"：候缺的人可以再花一笔钱，买到一个优先补缺的权利，称为"遇缺先"。没有取得这一特权的，自然就成了"遇缺后"了。

正是由于这个原因，台异中进士后候了九年，才得到了个崇阳县知县的"缺"。这使他颇为心酸。正如他在《秋柳》中所言：

> 游子年年望染衣，一经摇落景全非。
> 莺花三月随流水，金粉六朝腾落晖。
> 笛裹关山人易老，楼边风雨客初归。
> 我亦蹉跎伤迟暮，相怜相见尚依依。

秋风潇潇，杨柳依依，睹柳返身，长叹嘘嘘。想自己十年寒窗，博取功名，一经得到，竟是面目全非。不觉有关山人老岁月迟暮之感。

苍天有眼，1907年春夏之交，四十一岁的冯台异总算得到了个实缺，任崇阳县知县。听到这个消息，家人都很兴奋。太太吴氏，本已携子女乘舟还里，闻夫君得缺，又返回武昌。

经过一个多月的筹备，冯台异带着他的一班子人马（清朝规矩，新县官到任，须自带衙门班子），雇了两艘大船，沿水路浩浩荡荡开赴崇阳。

在崇阳，台异除了临时到一些地方巡察之外，主要的是审阅诉讼状子和其他公文稿子。诉讼的事最为麻烦，不仅要审阅，而且要判决。这是县官的职责。当时的县官包揽一切，自然也包括诉讼、审判。

台异审问官司，总是坐大堂公开审问，无论什么人都可以到大堂前边旁听。一件案子结束，他就用朱笔写个"堂谕"。"堂谕"就是判决书。台异书写堂谕，并不引用法律条文，而只凭情理了断。当时有个案子，其基本情节，照今天的说法，是三角恋或多角恋，在当时属于淫乱败俗，应治重罪。台异审讯之后，用四六骈体写了一篇情文并茂的堂谕。他先叙述了事情的经过，然后作出判决。这"判决"写得十分有趣：

呜呼！玷白璧以多瑕，厉实阶离魂倩女；焚朱丝而不治，罪应坐月下老人。所有两造不合之处，俱各免议。此谕。

夫妻不和而偷情外遇，罪不在他们。如若治罪，罪在月老，是老天造化不当。治丝益棼，以后再有这样的诉讼，统统免议。休庭！——这样的堂谕若被蒲松龄看见，定当请入"聊斋"，相携步入松下，对月酌饮，共话杨柳岸晓风残月。而在今天，从法律的角度来看，这简直是个笑话。不过，从另一角度来看，一个封建时代的官吏，能作此判决，倒显现了其思想意识力图挣破封建思想的罗网。

打好中文底子

冯台异很重视子女的教育。他曾经对妻子吴氏说，不希望子孙代代出翰林，但希望代代要有一个秀才。只有这样，"书香门第"才能延续下去。

正是鉴于此，他在武昌一有了固定的工作就把家眷接了去。当时"方言学堂"很好，但孩子们的岁数不够；进住地附近的小学，又怕孩子染上不良风气。于是他决定在家自己教。台异有着这样的教育思路：孩子们在学新知识之前，必须先把中文学好。他认为，没有一个相当好的中文底子，学什么都不行。

冯台异 (1866—1908)

由于他公务缠身，就让吴氏监督孩子们读书。吴氏小时候读过书，认识些字。有些字，她只会其音，不解其意。好在当时风气，先生教学生读经书，也是只重读音不重解义的。只要读熟了，会背就行。遇见吴氏不认识的字，就记下来，等台异回来再教。

除学习中国古典诗文外，台异还注意对子女进行新知识的教育，并亲自编写了地理、历史讲义。历史讲义在抗日战争中丢失了，地理讲义至今尚存，名为《山泉斋舆地学讲义》，包括中国和外国两部分，成为冯氏家族"家学"的见证物。

照他的教育方针，孩子们还要练习作文。由于他们住的地方离洪山不远，孩子们常到洪山去玩。台异就出了一个题目，叫《游洪山记》，让两个儿子各写一篇。小孩子思维有限，写起来无非是一些山青草绿之类。台异一看不行。他对孩子们说："写这类文章，要有寄托，要能即景生情，即物见志。一味地写景，没有多大意思。"说罢，他亲自拟写一篇，作为示范。并借题发挥，教育孩子要有大志，做大事，不能仅只游山玩水，浪费了大好时光。如果那样的话，空为山灵耻笑。

到崇阳之后，台异又为孩子们请了一个专职教师，称"教读师爷"。冯氏素有尊师的传统，台异依然遵从这一家规，在衙门里把"教读师爷"奉为上宾，不以一般的"师爷"相待(台异有三位幕僚，当时称为"师爷"，另两位是"刑钱师爷"和"书启师爷")，每天吃饭，都亲自陪着在花厅吃"特餐"，而吴氏和孩子们只能在上房吃"例饭"。

1908年夏，台异在崇阳任知县刚过一年，没想到大限忽至。

有一天，下面出了一桩人命案，他去验尸，回到衙门时衙役们搞了一种名为"排衙"的仪式。大概因为验尸一类的事不吉祥，县官回来在大堂下轿，不进宅门，先坐公堂。跟随的人两边排开，其中一人跪在中间，高喊："大老爷天喜！"喊完这句话，县官即离座走向宅门，待脚一迈进门，预先挂在门上的一大串鞭炮便响了起来。当时人认为，经过这一番"洗礼"，一切污秽不吉利的事都可以驱除了。谁知隔了一两天，台异就病倒了。没过几天，竟一命呜呼，时年仅四十二岁。

台异得的病当是"脑溢血"，但当时的人不知情况，竟沸沸扬扬传了许多猜测。因他为官清廉，爱惜名声，猝然病死，满县悲戚。有一个秀才送了一副挽联，写道：

是上国栋梁，大任能胜，可惜无端遭摧折；

真下民父母，诚求务中，谁教哭泣失瞻依！

这种诚挚之词，反映了台异在百姓心中的位置。

台异死了，但他的"打好中文底子"的教育方针延续了下来，形成了传统。妻子吴清芝继续对时年十二岁的友兰、十岁的景兰、八岁的淑兰（沅君）进行教育，使他们三兄妹都有很深厚的文学造诣，友兰颇善诗文，淑兰后来成了著名的文学家。他们又继续贯彻这一方针，教育自己的子弟，使下一代又出现了一个著名作家冯钟璞（宗璞）。其他如钟豫、钟越们，虽以理科名世，但诗词也写得颇精。可以说，从冯玉文朦朦胧胧地延师教子，到冯台异力主"打好中文底子"，冯氏教育子弟的方向越来越明确，办法越来越科学。其"耕读传家"的门风具有了更清晰的内涵。

云异：秉承家风，"耕读"始终

冯云异是晚清秀才，曾经很是风光了一阵。然而，由于他淡泊名利，没能再前进一步。所以，除了在民国初期，任了一届县"劝学所"的所长之外，基本上在家乡耕读一生。

冯家确实也少不了这样一个人物。青壮年时，老父年迈，弟弟们外出求学，支撑偌大一个家族的重任，就自然地落在他这个长子身上。他的一生，虽不像其父玉文公那样筚路蓝缕，饱经忧患。然而也并非事事如意，一路顺风。他常常也是愁肠百结，有时甚至还有生死之虞。

他首先要面对这样一些问题：

大家族的生计(尤其是二弟早逝之后，其家眷返乡，这个问题就更加突出了)，一大群子侄的教育，方方面面的应酬等等。这些细水长流的事，费去了他大量精力。除此之外，还常常碰到一些意外之事。有些事，经过运筹，能够解决；有些事，使出浑身解数，也无济于事。如民国三年，大股土匪进犯祁仪，竟弄得鸡飞狗跳，寨破人伤。

不过，云异确实是一个不错的管家。毕其一生，维持了冯氏家族的繁荣，并取得了新的成就。

手足情

"唐河三冯"的手足之情，至今传为佳话。

"长兄如父。"这是中国的传统礼法。云异作为长兄，深得弟妹们的敬重，他自己也十分疼爱弟妹们。在他的《知非斋诗集》里，大量篇什是写三兄弟的情谊的。

特别是二弟台异，常年游宦荆楚，不得欢聚，思念之情，缕缕萦怀。想念极了，云异便来到清水河边，望着滚滚的河水沉思。有时竟对着河水，窃窃私语。或许是希望河水带着他的思念流进唐河，流进汉水，传给二弟。

大凡诗人都重感情，并常有离奇的想法和作为。云异也不例外。既然江流不能带去思念，干脆泛舟。舟中寄情，别有滋味：

> 弟客鄂渚滨，兄泊汉江里。
> 迢迢一水连，相隔千余里。
>
> 汉水从此去，应过黄鹤楼。
> 为语宦楚客，载有故园舟。
>
> ——冯云异《舟中怀二弟》二首

二弟任崇阳知县之后，云异专程前去探望，并在衙门住了数月。每遇台异闲暇，兄弟二人即乐叙天伦，并以诗词唱和，抒发相聚的欢欣。云异还与台异的挚友、当地邑绅孙某相唱和，写下了许多诗篇。

台异突然病逝的消息传到家乡时，一家老少无比震惊和悲恸，云异更觉晴天霹雳，天昏地暗。他竟不顾满院众人，抱着三弟汉异号啕大哭，并一边诉说：

> 想吾兄弟三人，少时偎依双慈，其乐融融，及于稍长，相扶相携，戏于河池，读于学堂，前呼后拥，何等温馨。不期，几日不见，竟分两界。呜呼！呜呼！二弟呀——

云异边哭边诉，边诉边哭，从童年到现在，从现在到童年，颠来倒去，一把鼻涕一把泪，直直哭了两天。经亲朋好友苦苦相劝，方才止住，然后派三弟前去崇阳，料理丧事。

汉异走后，云异又想想哭哭，哭哭想想，一连数天，昏昏沉沉，眼泪不干。一天夜里，他沉沉入睡，忽见二弟来到床前，笑吟吟地向他问好。然后兄弟促膝而谈。临别时，台异嘱咐他多吃饭多休息，保重身体。云异一惊，醒了，又是一阵眼泪。然后，提起笔来，于半梦半醒之中题诗一首：

生离死别隔幽明，痛痛感伤手足情。
乍见欢欣忘入梦，依然谈笑若平生。
晓月朦胧晓露寒，临行握手劝加餐。
欲留竟去失声哭，梦醒枕边泪未干。

——《梦树弟》

待三弟和二弟妹等人扶台异灵柩归来，云异又哭了几天，方才渐渐清醒，料理家务。

从此以后，云异与三弟成天厮守，唯恐汉异离去。民国初年，汉异去开封开会。会议结束几天还不见回来，云异急得日不思食，夜不能寐。一天跑到路口去望几回，甚至埋怨三弟不该去当什么议员：

世味年来识苦辛，何须仆仆走风尘。
慈严已去成千古，手足仅余予二人。
百炼总言身如铁，满头皆半发如银。
何如聚首家庭乐，岁若少丰不患贫。

——《思季弟》

这首诗清晰地反映了云异淡泊处世、不重功名重亲情的个性。

训导子侄

云异虽然埋怨三弟"仆仆走风尘"，忘了"家庭乐"，他自己也淡于功名，热衷于吟诗作赋，自得逍遥。然而对子弟教育，却不肯含糊。

冯府至云异主持的时候，已是规模空前的大家族了。他自己就有八个子女。算上常年客住的表亲(如五姊即带着两个儿子常年住在娘家)，他的子侄辈就有一二十人。这样一大堆孩子，除了吃、喝、拉、撒之外，最头疼的是教育问题。因为像他这样的家庭，稍不慎孩子们就会染上纨绔习气。事实上，他的两个外甥已经染上了骄横之气。

针对这一情况，他首先抓家风教育。要求孩子"莫学浮华新习气，谨遵纯朴旧家风"。与此相应，是教孩子们"立身""守义"："无论守旧与维新，到底男儿贵立身。"无论你是哪一派，"立身"是首要的。"立身"即是要存大志、做大事。"立身"的同时要"守义"，本分做人，质朴无华，去花哨，求本真："寄语儿孙须记取，自来本色是英雄。"花儿娇艳，不耐风霜；罗绮华丽，难以御寒。

他还提出了"读书且莫弃耕田"的主张。要求孩子做人勤勉，懂得稼穑。这与"读书"同等重要，可以说是对"耕读"家风的具体解释。

他又据此作《训子侄四章》，以诗的形式把这些主张和经验记载下来，作为子孙们的行为规范。《训子侄四章》从"养习""守义""耕读""立身"四个方面，谈了自己的教育见解，有理有据，情理兼备。每一章均以"寄语儿孙须记取"作结，又显其谆谆教导之情。

《训子侄四章》虽出自云昇之手，也可以说是冯氏几世教育经验的理论总结，是自珽玙以来几代人集体智慧的结晶，具有"冯氏家训"的性质。

除进行"立德""立身"教育之外，云昇还非常注重对子侄的知识教育。除让他们学习传统经、书之外，还要求子侄学习新的知识，注意艺术修养，并请画家教孩子们绘画，以致子侄们颇谙画道，而儿子瀛兰、侄儿景兰更是画艺精湛。

他还注意子侄的健身教育。由于祖上石泉公是道光年间的武秀才，为了不使武功失传，也为了健身自卫，他聘请专门的武术师教孩子们习武。可以说，冯云昇的教育之道，是"德、智、体、美、劳"全面发展。

子侄游

冯云昇是一家之长，同时又是冯府里的孩子王。他除了亲自督导子侄们读书之外，也常常在春暖花开或风和日丽时，带着孩子们察看田苗或游山玩水。每逢此时，必是浩浩荡荡，前呼后拥，孩子们一个也不落下。所到之处，高声喧哗，尘烟四起，俨然一支不小的队伍。

云昇督导孩子们学习时，板着面孔，煞是威严。而一旦返归山林，则

祁仪临泉水库

又似个孩童。与子侄一起，开怀跌足，无拘无束。而孩子们也忘了长幼，捋须扯脚，戏耍不休。有一次，他率领孩子们去游几里之外的临泉水库。一到水库大坝，他就一头扎进水里，很久没有出来，孩子们急得哇哇乱哭，正准备回去报信时，他突然冒出了水面，笑嘻嘻地捉着一条大鲤鱼。在水库整整玩了一天，然后才拖着长腔高声朗诵李商隐的"夕阳无限好，只是近黄昏"，吆喝孩子们随他回家。

孩子们平日里都喜欢与他为伴。民国三年（1914年），约三四百人的大股土匪进犯祁仪镇。此时他已上了年纪，长子培兰体恤他，主动要求守南门，让他守东门。瀛兰、崧兰、友兰、景兰等也嚷嚷着跟他一起守东门。于是，人们又看到了他与子侄们一起守寨卫家的身影。

南门没有屏障，易攻难守。东门居高临下，有河水为障，易守难攻。经过激战，终因寡不敌众，南门被攻破，培兰结绳逾墙而逃。南门既破，东门也不好守了。有人劝云昇弃门逃命，他硬是不从，一直坚持到十几个土匪向他开枪，方才逾墙逃遁。怎奈腿脚不便，跌折了足。幸亏两个儿子赶到，将其扶到高粱地中躲藏，才幸免于难。

这次匪祸，冯家损失惨重。土匪破寨之后，烧杀奸淫，无恶不作。冯府堂屋被烧，被掠财物不计其数，好在无人死亡。

在子侄辈中，他最喜欢友兰、景兰兄弟俩。特别是友兰，性情忠厚，天资聪慧，从小就深得他的宠爱。光绪三十四年（1908年）元旦，崇阳县衙门里举行晚会，其中一个节目是猜灯谜。当时云异也正客居崇阳。他出了一个谜语：

"慈禧太后的生日——打一字。"

这个谜语很难猜，赏格最高。谜语挂出，满衙静寂，无人敢揭。友兰初生牛犊，上去揭了。人们问他何字，他说是"朝"。因为慈禧太后的生日是十月十日，"十月十日"不正是个"朝"字吗?他回答得一字一顿，有板有眼，在座者无不惊异。当时，友兰还不足十二岁，其才思之敏捷已为伯父所赏识。

回老家之后，友兰的博闻强记、过目不忘之才更为伯父所惊叹。特别是他小小年纪，诗词竟作得非常漂亮。云异直把他做神童奇才看待，以为此子必将胜过其父，振我冯氏雄风。伯侄二人喜欢诗词唱和。云异常常有意在诗词中勉励他"努力读书承父志"，振兴家庭，服务国家。

子侄们一个个长大了，离开家乡，去外地求学。他们像长了翅的鸟儿，一个个飞了。

云异也进入了老年，夕阳挂梢，不比朝霞了。对于孩子们的"飞走"，他既高兴又惆怅。特别是友兰、景兰两个宝贝疙瘩，竟漂洋过海到了美洲，更是令他挂肚牵肠。正如他在《梦友兰》一诗中所言：

> 异样山川异样楼，相逢欢笑别生愁。
> 梦中不知风涛险，枕上片时到美洲。

他天天盼望侄儿的信，若有信来了，就欣喜若狂，提笔写诗"得XX家书喜而志之"；若信不来，就无限惆怅，口中念叨："别后月轮圆几回?"有一次他久盼景兰信不到，即拿出景兰在国外的照片，一再把玩，并作诗《望景兰家书不至》遣怀：

> 每看雁阵空中过，未见鱼书海外来。
> 北美山川何景象，东瀛城市好楼台。

思念至深，甚至感叹不如天上月亮，团圆太少：

常恨不如天上月，每逢十五一团圆。

——《忆友兰》

云异是个很重感情的人，每每看到友兰两兄弟，就想到二弟台异。有一年夏天，两兄弟放暑假从北京回来，云异感到如伏天新雨，浑身清爽。伯侄三人谈到深夜，云异突然想起二弟，竟当着孩子们的面，泪若泉涌，扑簌而下。

人间自有真情在。这或许就是人间可爱的根本原因。云异与子侄，在乡时同游同乐，分离后相思相忆，丝毫没有一般大家族尔虞我诈乃至骨肉相残的弊病。虽然思念亦苦，然而苦也甘甜。当我们回味冯氏子弟这一段历史时，也觉得有无限温馨存焉。

吴清芝：高举"耕读"大旗

从巍峨的石柱山上鸟瞰祁仪镇，蜿蜒的清水河像一条洁白的绸带紧紧地缠绕着它。一排排民居此起彼伏，错落有致地竖立在镇上。在密密麻麻的民居群落中，有一座高大的教学楼拔地而起，鹤立鸡群。这就是祁仪中学的"清芝楼"。

"清芝楼"是吴清芝的儿子、名闻海内外的大哲学家冯友兰捐建的。祁仪乡政府原拟以友兰的名字命名，友兰坚辞不肯，说真要以人命名，就以母亲的名字命名吧，并解释了以母亲名字命名的原因。他说：

母亲识书达礼，一生竭力提倡办学，发展教育，她在县城办学的事迹感动了多少人。特别是重视女子上学，这在我们这个封建大家族里是可贵的，很难得的。我们兄妹三人之所以能成材，除家乡的山水养育之外，没有母亲的教养是根本不可能有今天的。所以，我建议用我母亲名字命名，目的是希望家乡出现更多像我母亲那样热心兴办教育事业的人。

并亲自题额：

清芝楼，纪念冯母吴清芝太夫人。其子冯友兰捐资兴建并题额。

一九八五年十二月。

吴氏是冯氏家族中承前启后式的人物。她一生除了有几年的时间随夫居于湖北之外，绝人部分时间是在家乡耕作。她高举"耕读"大旗，完成台异遗愿，使冯氏家族在她手里走向鼎盛。

　　为了倡明"耕读"家风，使冯氏永世隆昌，她又于晚年不辞羸弱，来往奔波，筹建宗祠。终因积劳成疾，命赴黄泉。这些都说明，她也是时代的女强人。照她儿子友兰的说法，"她是封建社会的完人"。

　　吴氏祖先是福建人，清初随云南右路总兵涂孝臣屯垦唐河，遂定居于城南二十五里的小吴庄(今昝岗乡沟西村委所在地)。清芝生于清同治元年（1862年）七月二日，卒于民国三十三年十一月八日（1944年12月22日），享年八十三岁。

吴女初嫁

　　吴清芝进冯府后，共生三男二女。长子新兰，次子友兰，三子景兰。由于新兰早殇，鲜为人知，因而人们常呼友兰为长子，景兰为次子；两个女儿是：长女温兰，次女淑兰(沅君)。

　　吴氏处事明敏，善理家务。初嫁冯府时管理厨房，三十多人吃饭的大伙房，被她调理得丝缕井然。老太太茹太夫人乐得嘴角开花，逢人即夸："吴姐将来能置五顷地。"不过数日，她又补正道："能置十顷地。"茹太夫人是殿吉的遗孀，玉文的生母，《红楼梦》中贾母式的人物，能博得她的夸奖谈何容易。何况茹氏是冯家的中兴之主，在冯府，能得到她的赞许实是一种殊荣。

　　茹太夫人决非过誉。吴氏虽未真的去置地十顷，然而却使冯家稳中求进，人财两旺。这虽不能归功于她一人，然而她的贡献是巨大的。早年协助台异入武昌、崇阳，料理家务，训导子女，使台异无"后顾"之忧，一心工作。随后，同大伯子云异一起，治理大家族，使冯府财源滚滚，妻贤子孝，冯氏家族因此更欣欣然有升腾之气；晚年，云异故世，子侄离乡，独自一人操持，还能置田产、添财物、兴建祠堂，并将自己的那部分财产分成两份，分在两个儿子的名下，一切均弄得井然有序。台异生前说她"才调如卿堪第一"，也是中肯之语。

　　吴氏办事讲方法，重实效。她曾说："会办事的人能走近路，所以事半功倍；不会办事的人走冤枉路，所以事倍功半。"她待人仁慈、宽大为怀，但处事果断、讲究原则。她说："遇事当让而不让，是为强梁，不可以；不当让而让，是为无用，也不可以。"作为大家庭的女主持人，甚至是后来的总主持人，总要任用一些人。她对所用之人并不苛求，如若有过失就要他（她）改正，即使不改也不恶语斥责。但如果一而再、再而三地犯错误，积过太多，则坚决辞退。无论谁来说情，也坚决不用。由于她既仁爱治家，又奖惩分明，所以在她的管理下，冯氏家道日兴。

在冯府人中，吴氏算是一个"现实主义"者，她没有诗人气质。西方一位"传统学"专家认为，某种精神或行为模式延续三代以上，便可视为"传统"。如果是这样，那么冯氏算是具有"诗人"传统的家族了。大凡诗人都具有浪漫的气质，只是轻重不同而已。从这个角度上看，吴氏是冯府中另一类型的人。

吴氏的"现实主义"精神，除表现在治家方面之外，还表现在她平日里只信人道，不信鬼神。在武昌的时候，黄鹤楼旁有一个相面的人，驰名官场。台异当时"候缺"过久，心里有些烦躁，便去相了一面。回来高兴地对她说："此人为我相了一面，说我可官至某位，而且妻子贤惠，儿女孝顺。是否能当某官还不能应验，但妻贤子孝却已经是事实了。"言语之中透露出得意之气。吴氏说："这是奉承你的话。他以此谋生，岂敢说人家妻不贤子不孝？相公以后不要再听这些人胡言乱语了。"一席话说得台异哑口无言，惭愧不已。

台异死后，家人非常想念他。有人出了个主意，请来一个扶乩的人，说他能使死者的魂魄回还，诉说天伦。扶乩的人煞有介事地摆治了一番，说台异现在在夔府阴间任职。他刚提笔书写"夔府孤城落日斜"，吴氏来了一见大怒，立即命令停止，赶走了那人。没过几年，台异生前的一个好友来说，民国初年，他随军入川，夜宿夔府，梦见台异在夔府做城隍。当冯家的人告诉他扶乩的事的时候，他大为惊异，以为神奇。吴氏还是不信。她说："人死如灯灭，哪有什么魂魄之理？那些不实之事，都是你们想他想出来的。日有所思，夜有所梦。人越是苦思冥想，思想就越容易出格。"

为此，她还专为家人上了一堂"心理健康"课。她告诉大家：要振作精神，如此，病菌就不能侵入身体。人，最怕的是整天忧心忡忡。心情愉快，身体自然健康。养身，最好的是饭食，药物不及也；饭食莫过于米面、蔬菜，山珍海味不及也。如果生病了，自己先思考思考致病的原因，详细告诉医生，切不可单单依靠医生切脉和随意用药。因为仅凭切脉诊断就值得怀疑，而真正能够切脉诊断的医生又有多少呢？

从以上事实看，吴氏还真是个唯物主义者，相信科学的人。这对于一个封建大家庭的女性来说，确实是不容易的。

家庭教师

现代社会，人们望子成龙，望女成凤。一般人家，在子女于学校接受正规教育的同时，又专门延请"家庭教师"。

吴清芝也当过较长时间的"家庭教师"。不过，她这个"家庭教师"与今天的家庭教师有着不同的内涵：一是她不是从业者，故不以挣钱为目的；二是她不是替别人执教，而是教自己的孩子。所以，"家庭教师"在她这里，是"于自己家庭当教师"。

她的家教生活大概从光绪三十年（1904年）开始。当时，她带着友兰、景兰、淑兰三个孩子随夫居于武昌。上面已经说过，在武昌时，她当过一个阶段的"家庭教师"。从崇阳回老家后，第一件事就是安排孩子们读书。她对云异和汉异说："友兰的父亲说，无论学什么，都需要先把中文底子打好。咱们还是请个先生到家，教孩子们中文知识吧。"云异、汉异同意了她的意见。教书先生来后，她又担起了监督、辅导的责任。

冯友兰曾说："母亲是我一生中最敬佩的人，也是给我影响最大的人。"吴清芝确实是一位了不得的女性。她受到了祖孙三代人的赞扬。她有思想、有主见，又身体力行。有人曾说，她的教育思想值得研究。的确，她的教育方法获得了极大的成功。综观其对子女的教育，大概具有这么几个方面的特征：

第一，抓早抓紧，培养孩子热爱学习的习惯。冯友兰六岁时就被入学。入学之后，课程安排很紧。《三字经》《论语》《孟子》《大学》《中庸》，一本本地"包"下来。当时没有钟表，吴氏就用"立杆见影"的办法确定课堂时数。她在院子里立一木杆，以标太阳的影子，然后在地上画一道道线，规定影子到某线读书，到某线休息，到某线写字。这虽不算什么妙法，但却凝聚了吴氏教子的苦思。它说明吴氏已试图打破以往的模糊时间观念，以一种量化的方式规定课堂教学时间，以使学生劳逸结

吴清芝（1862—1944）

合，取得最佳的学习效果。

吴氏曾说："我教书，没有别的特长，只是不怕麻烦，有恒心而已。"她也非常注重对孩子"恒心"的培养，要求子女无论何时都要抓紧时间，哪怕是一点一滴。有了"恒心"，也就有了"习惯"。冯友兰兄妹勤奋好学的习惯就是这样养成的。有两件事能够很好地说明这一点。一件事是，在台异一家由武昌迁住崇阳时，衙门里的房子还没有腾出来，他们暂时住在该县茶厘局房内。孩子们一下车，不等行李搬完，就进屋诵读诗书。屋宇逼仄，声震墙外。台异的一位幕僚不由赞叹道："我做幕僚多年，没见到太太、少爷有如此好学的！"另一件事是，1944年底，冯友兰归乡葬母。他守在母亲的灵堂旁，有人来时就磕头还礼，没人来时就神情专注地看书。一个叫大英的姑娘疑惑地问："我听大人们说，冯伯伯是个大孝子，那你咋还有闲心看书呢？"冯友兰沉重而和缓地答道："不是伯伯有闲心，你奶奶生前常教育我要珍惜时间，用功读书。读好书，才有助于社会。你奶奶在天有灵，她会很高兴看我读书的。"冯友兰用这种方式来陪伴母亲，尽尽孝心，也是吴氏教子刻苦学习的最好注脚。

冯友兰曾多次说，一个人的成功有三个条件：天赋、勤奋和机遇。其中勤奋是决定因素。不勤奋，良好的天赋无从发挥，天赐良机也不能很好地利用。冯友兰兄妹一生勤奋，成就斐然。这与母亲早年的教育是分不开的。

第二，注意思想品行和心理健康的教育。尊敬师长，同情幼弱，公正清廉，是吴氏经常念叨和身体力行的准则。她坚持冯氏的尊师传统，对在冯府的教师，"束脩既厚，膳馔亦丰"。平日里，本族中有来乞借的，均笑语相迎，令其满意，从不歧视。台异的乳娘晚年无靠，她即将其迎入家中，奉养终身。台异去世时，他的幕友们建议，趁官印未交之前大捞一把，吴氏坚决制止，认为这种做法"是卖死者，使其负梁公也"。梁公即梁鼎芬，台异的上司，对台异有知遇之恩。

"身教胜于言教"，吴氏的言传身教对孩子们产生了直接的影响。

吴氏教育孩子以鼓励诱导为主。她曾说："孩子如有过错，须在他高兴的时候开导他。如果在其生气时再去怒斥他，他不但不愿意接受，弄不好还容易伤害身体。"——这一见解倒颇符合现代人的教育心理学。所以孩子们每背完一本书，她都要煮两个鸡蛋，或者买一块五香牛肉，予以奖励。这看上去是件小事，然而在孩子们心理上产生的效应却并不小，它能让孩子体察父母的良苦用心。

吴氏对孩子的鼓励是很有分寸的。她从不当面夸耀子女，以防滋生浮躁骄傲心理。早年她看友兰聪明好学，就私下向台异说："友兰这孩子将来是否有希望参加科举考试？"台异说："岂但可以考试，即进秀才也有把握。"她听了很高兴，但从不对孩子明说。直到冯友兰在清华大学执教，已功成名就，才告诉他这件事。

大家子弟，条件优越，容易染上纨绔习气。她的子女却与之无缘。这也得力于她的悉心教育。她首先教育孩子明辨是非。"是"的就做，"非"的就不做。如清朝末年，鸦片流行。一般大家庭，来了客人不端上鸦片盘子，就是对客人不敬。台异偶尔也这样应酬。吴氏对此深恶痛绝，就极力劝阻，有时甚至声泪俱下。这件事对友兰他们触动很大。在孩子们用钱方面，她也颇费了一番心思。给少了，孩子们在外上学，缩手缩脚，忧心忡忡，没有心思读书；给多了，又怕他们奢侈浪费，嗜欲游闲，照样没有心思读书。为此，她常常告诫孩子们："你们在外面读书求学，我不多给钱，怕你们受困；给多了，又怕你们浪费。父母的苦心，你们要好好地体会呀！"

友兰兄妹三人一生献身于文化教育事业，不慕浮华，不务虚名，克勤克俭，崇尚质朴。这种大家风范的养成，与少年时期母亲的"大家"教育是分不开的。

第三，重视学习内容的考究。友兰兄妹年少时，正处于清末民初交替时期，科举废止，新学方兴，中国传统文化与西方科学技术相搏相击，纠缠在一起。到底让孩子学习什么？冯台异和吴清芝感到困惑。经过多次探讨，最后他们认定：不管将来学什么，先把中文底子打好再说。在这一观念的指导下，便让孩子读完了"四书""五经"，打下了中国传统文化的基础。与此同时，也让孩子学习《地球韵言》之类的新知识。这在私塾教育中是很少有的。上面说过，为了丰富地理、历史知识，台异还亲自编写了《山泉斋舆地学讲义》等教材。等孩子长到十余岁后，就送到县高等小学，以后是省城、京沪等大城市，再后是海外，一步步推向社会，与国际教育接轨。

吴氏不仅重视自己的子女读书，还鼓励亲族们的子弟读书，有时甚至以钱财资助。有一年秋天，她到一位族人家去，看见院子里正在晒书。她高兴地说："一个人家有人晒书，必定有人读书。如果连晒书的人也没有，那就不是书香人家了。"

毕其一生，她都在建设和维护冯氏的"书香门第"。

方志中人

吴氏不仅极有才干，而且为人慈善，乐善好施。云异的前妻孔氏去世之后，撇下两个儿子。她视这两个孩子如己出，衣食起居、读书习字关心备至，使他们重新得到了母爱。平日里，乡邻有了难处，她也总是极力帮助，有时竟弄得台异有些心痛，责备说："为人太多，自为太少。"吴氏则笑着说："我生性如此，不这样做心里不安。"1931年和1934年春，祁仪一带发生旱灾，夏粮几乎颗粒无收，农人纷纷逃荒。吴氏让家人在门口支起大锅，她亲自掌勺，烧饭煮粥，周济饥民。抗日战争爆发后，国民党为阻止日寇进攻，炸开黄河花园口大堤，造成大量难民流离他乡，祁仪也来了不少。到冯家讨饭的，吴氏一律令家人让他们吃好，有时还送老人、小孩一些衣服。

由于平生的这些作为，她在唐南一带声望很高，口碑极佳。同时，她作为唐河县第一位女教育家，被载入了新编《唐河县志》，成为"名垂青史"的人物。

事情是这样的：清宣统三年(1911年)，唐县(当时尚未改为唐河)兴办端本女子学堂。女子也能到社会上去上学，这真是破天荒的事。唐河地处偏僻，封建观念浓厚，要想让人们送"笑不启齿""足不出户"的女儿去抛头露面，恐怕很难。县里的人想了个办法，请一个有名望的妇女当"学监"(即校长)，靠她的声望影响民众。吴氏自然成了最佳人选。恰巧北京大学章太炎的门生吴简斋任唐县教育局长，他是吴氏的堂兄。经他邀请，吴氏自然也乐意参加。

端本女子学堂校址设在县城内老君庙街的姚家大院里，姚家的女主人李氏也被聘于学堂执教。女校长、女教员，又都是有名望的人，这下可放心了。富裕人家的女子纷纷被送去上学，学堂就这样风风火火地办了起来。

吴氏本来才干出众，这回能有机会走出家庭，到社会上施展一番，对她来说，真是樊鸟出笼、游鱼得水。她心情舒畅，好像年轻了许多，走起路来如少女一般，脚底生风。在此之前，她像封建时代的广大女性一样，有姓无名。于外不打交道，于内只被唤作"X氏""X姓"。入学堂后，她先给自己起个大名，叫清芝；接着又自定个雅号，称静宜。然后印上名片，散发开来。从此，人们便知道她叫吴清芝。

这一年她四十九岁。

吴清芝并不是一个具有新思想的人，但她也不十分守旧。照现在的说法，她是一个"中西合璧"式的教育工作者，不过骨子里主要还是传统的作法。她的办学宗旨，是要将女孩子培养成传统式的"贤妻良母"，或曰封建式的大家闺秀。开学的头一天，她就对女孩子们说：

孩子们，叫你们来上学，是教你们学一点新知识、新本领，并不是叫你们用新知识、新本领代替旧规矩。旧规矩还是要遵守的。

她说得很严肃，很真诚。她的这一套"中学为体，西学为用"的理论，女孩子们似懂非懂，但家长们却听得舒服。他们对她的讲话报以热烈的掌声。

她上课讲不出什么大道理，但学生们却很喜欢她。一是她心肠好，热情高，对学生关心备至。女孩子们虽然离开了家，但看到了她，又仿佛见到了亲人。二是她毕竟有较丰富的教学经验，那一段"家庭教师"的经历，在这里派上了用场；再者，她有管理才干，把学堂治理得锦上添花。凭着这些，她为学堂赢得了声誉。她自己也因此被写入《唐河县志》，至今为唐河人所称赞。

辛亥风云

冯台异在武昌时曾以"弹压委员"的身份，随勘测队勘测过川汉铁路的路线，然而回来之后，再也没有下文。不料想，这条未见形影的"铁路"，在他死后三年，竟成为近代史上最为重要的事件——将两千年封建帝制送上了断头台的辛亥革命的导火线。

1911年（辛亥年）5月，清廷宣布铁路国有，接收湘、鄂、川、粤四省的商办铁路公司，并与英、美、德、法四国银行团签订《粤汉、川汉铁路借款合同》，出卖国家主权。此举立即遭到四省各个阶层的强烈反对，很快出现了一个有广泛群众基础的保路运动。6月，四川成立了保路同志会，联络各省赴京请愿。8月，成都罢市，全省响应，抗捐抗粮。9月遭到镇压，酿成"成都血案"。"文明争路"主张破产。革命党人将各县保路同志会改为保路同志军，发动武装起义，围攻成都。9月7日成都惨案发生后，同盟会会员龙鸣剑、王天杰组织保路同志军在荣县五保镇起义。9月25日，吴玉章发表演说，宣布荣县独立，建立全国第一个革命的县政权。清廷急令增调湖北清军入川镇压，这就为武昌起义的发动创造了条件。

清军入川，湖北虚弱。湖北革命军计划起义。起义的筹划者是湖北的两个革命团体文学社和共进会。10月9日，孙武(共进会领导人、同盟会会员、起义军参谋长)在汉口配置炸药不慎爆炸，起义机关暴露，三十多人被捕，刘复基(文学社领导人、同盟会会员)等人英勇就义。在群龙无首的危急形势下，革命士兵自行联络。10日晚，武昌城内新军第八镇工程营八营士兵、革命党人熊秉坤、金兆龙打响了武昌起义第一枪，城内各标营士兵群起响应。11日黎明，革命军占领武昌，随即攻克汉阳、汉口，成立中华民国湖北军政府。

武昌起义的胜利极大地鼓舞了全国人民的斗志。湖南、陕西两地革命党人率先以武装起义方式响应。从10月中旬到11月下旬，全国二十四省区中已有湖南、陕西、江西、广东、四川等十五个省区宣布独立，成立军政府。清廷陷入土崩瓦解之中。

快到过年的时候，革命军的队伍开到了襄樊，安民告示贴到了临近的河南南阳，告示上的官衔是"安襄郧荆招抚使"，已不用清朝官名。安襄郧荆指的是湖北省的安陆、襄阳、郧阳、荆门。告示一到，南阳一带大震。清廷在南阳设了一个军事据点，叫"南阳镇"，有个总兵镇守。那个总兵开始还很强硬，拉开架式要和革命军决一死战。后来接到报告，说革命军漫山遍野，声势浩大。他一听浑身发软，弃械而逃。革命军未发一枪一炮，便顺利地接收了南阳、唐河一带。当时有人编了一个顺口溜道："清总兵望风逃遁，革命军传檄而定。"

当时革命军称自己攻占的地方为"光复"，意谓从满人手里把失地收复了。这个口号很有号召力，触动着埋藏在人们心中二百余年的"反清复明"的神经，人们纷纷响应，就连政治上颇为守旧的一些人听了这也很兴奋。云异即是如此。他听说革命军要到祁仪镇了，即命开门欢迎，并要大家拿出准备过年的酒肉招待义军。这对于一个进士门庭的人来说确实是不容易的。

"顺天者昌，逆天者亡。"革命军正是顺了"天意"，一路上高歌挺进。清王朝也该是气数已尽，昼夜之间，呼啦啦似大厦倾覆。冯家虽然崛起较晚，然而也算是清朝遗民。这场大的历史变革，对于他们也算是要迈一个大坎儿。迈出这样的大坎，肯定会伴随着灵魂的颤动。好在此时的冯氏子弟，能够顺应历史潮流，并不死守"王道"，不仅没有成为清王朝的殉葬品，而且顺着历史的流势，成为新的时代潮流中的弄潮儿。

冯氏子弟能较为轻松地迈出这历史性的一步，跟台异的早逝也不无关系。台异一生，考秀才，中举人，得进士，连夺"三冠"。而这三冠正是封建时代的一条完整的锁链，将知识分子紧紧地锁着。台异从呱呱坠地始，至咽下最后一口气止，整整被它锁了一生。他算是受封建礼教毒害最深的一个冯氏子弟。倘若他能活到辛亥革命之后，肯定无法接受推翻帝制、实行共和这一事实。这一点，他的妻子吴氏看得很清楚。在革命军进驻唐河时，吴清芝对儿子友兰说："你父亲早死，也算是不幸中的大幸。不然的话，这个时候他将何以自处？"如果是这样，冯氏子弟在这翻天覆地的巨变关头会迈出怎样的步伐，真是难以预料。

台异死了，云异性情洒脱，不会死守教条；清芝思想灵活，又为女流之辈；汉异年轻一些，接受新生事物快。这样，当新的革命风潮经过冯家大院的时候，便不会遇到强力抵抗，而是颇为轻松地挟裹着冯氏子弟一道前进。

冯氏既然迈出了坎儿，就不打算默默无闻地做"跟跟派"，而是大踏步地往前冲。民国的规矩，实行选举制。唐河也举行了三次选举：一次是临时省议会议员的选举；一次是正式省议会议员的选举；一次是正式国会议员的选举。在这三次选举中，汉异即参加了两次。两次都是省议会议员的竞选。结果失败了一次，成功了一次。为此，冯家还卖出了好几十亩地。

原来这些议员并不是由选民直接投票选出来的。选民通过许多资格限制，有了选举权，但是还不能直接选举议员，只能选举能选举议员的选举人，然后由选举人再于某一地方集合选举议员。竞选人并不需要发表演说、宣布政见，完全靠关系拉拢选举人。在选举人集合的地方，竞选人都设有自己的招待处，看见选举人到了，就往自己的接待处里拉，像旅馆的伙计拉客一样。拉过去之后，即酒肉招待。所以每一个竞选人，无论当选不当选，都得花费一笔钱财。

进行一次竞选要花很多的钱，对于一个地主家庭来说，是很令人心疼的事。这正好表明了冯氏子弟要追随时代前进、做弄潮儿的决心。

身后哀荣

大凡非常之人，能为非常之事。吴清芝晚年，孩子们早已成家立业、功成名就，自不待说。即使他们的孩子，也差不多都让她带大了。这时，她不想再跟随子女南来北往，决定只身返里，守"大本营"。她对友兰说："我要回家去，照料家里那一点财产。你们在外边干得也都还不错。在你们小的时候，我也没想到，你们会有这个样子。你们的收入，你们自己支配，我不向你们要钱，你们也别向我要钱。我回去看守住那一点财产，作为你们的退路，你们如果在外面站不住了，回去还有碗饭吃。"儿子见母亲风烛残年，不想让她走。然而吴氏一生刚强惯了，凡事一经决定，很难改变，便只好由她。

吴清芝回到老家时，不仅儿子们远在天边，就连侄子们也各奔东西，真的只剩她一人孤守"冯庄"了。偌大一个院落，她一人"镇守"，好不清静。

她是一个清静不得的人。她这一生，该办的事差不多都办了，只剩下一个心愿尚未了结，那就是建立冯氏宗祠。冯氏自康熙五十五年（1716年）来祁仪定居，至她这一辈已是六世。虽然早已成为当地望族，然而至今还没有祠堂，这与一个望族的身份是不相符的。吴氏常常为此反复思虑。年轻时要办的事太多，顾不上，现在闲下来了，可以一心一意地办了。然而此时她已届八旬，"夕阳快要下山了"。等她筹够了资财，准备动工修建时，已是八十又三。

吴氏似乎没有意识到自己已入老迈之年，而是与往常一样，雄心勃勃，风风火火。她动用了百余名民工，所需一砖一石都精心挑选，务求精美；所用木料，也必既大又新。当时正处战乱时期，巨材不易买到，她就令人伐掉台异坟地上的大树，以为不这样，不足以表达恭敬之志。她还亲临工地，监督指挥，端茶送饭。每天天不亮就出发，有时甚至出了门还辨不清道路，就坐在门口等待天明。其家距宗祠工地一华里左右，每天都要往返七八次，可怜三寸金莲磨出了厚厚的茧子。她把这件事看得很重，以为与抗击日寇相伯仲。

毕竟年龄不饶人，在动工两个多月之后，她终因积劳成疾，一病不起。此时宗祠正厅和一厢房才刚刚建成。临

冯友兰父母的坟墓

终时，她对守在身边的侄女说："我的死，像抗战士兵阵亡一样，死得其所，我心里很坦然，你们也不要太悲伤。只是我的任务没有完成。我死之后，宗祠一定要续修下去。"

她死的时候，孩子们不在身边。由于日寇入侵，道路阻塞，一个月之后，她的两个儿子才千里迢迢赶回来奔丧。

友兰、景兰回来之后，又守了二十余天的孝，才于1945年2月7日在离祁仪十多里外的小郝庄冯家的墓地上，启父亲旧茔，入母亲新棺，"葬父母于同穴，其永宁于九原"（冯友兰《祭母文》）。

吴清芝生前在当地已薄有声名，死后名声更显。她身后所享受的哀荣，于冯氏家族中恐怕是绝无仅有的：中华民国副总统李宗仁和河南省政府均派代表前来吊孝，并送挽幛；河南省第六行政专署(南阳专署)督察专员褚怀理和唐河县县长符明信亲自前来吊孝。特别是唐河县县长忙上忙下，事后他自我解嘲地说："我简直快成冯家的大管家了。"

此外，冯家的亲朋好友、吴氏生前济助过的乡邻、难民，纷纷前来吊孝，将冯家大院围得水泄不通。

这期间，冯友兰日夜守在灵柩旁边，回想起母亲生前的谆谆教诲和种种美德，提笔泣成《祭母文》和《先妣吴太夫人行状》二文。感叹母亲生不逢时，屈才于家庭，"谢经国之远略，而造福于诸冯"：

维人杰之诞生，皆造化之钟灵，但多伤于偏至，鲜能合乎中行：或仁爱而优柔，或刚断而寡情，或方正而迂阔，或干练而无诚，或豁达而疏略，或谨慎而不宏，或豪施而奢汰，或俭约而吝硁。惟吾母之懿质，集诸

德之大成。

——冯友兰《祭母文》

在儿子心目中，母亲是最完美的人。文学家朱自清闻此，感慨万千，赋诗一首，赞叹道：

饮水知源木有根，瓣香贤母此思存。

本支百世新家庙(自注：吴太夫人新建宗祠)，昆弟三涂耀德门。

趋拜曾瞻慈荫暖，论交深信义方淳。

长君理学尤沾溉，锡类无惭古立言。

——朱自清《读冯友兰、景兰、淑兰昆季所述

尊妣吴太夫人行状及祭母文，系之以诗》

第三章
哲学泰斗

◎

　　有人认为，如果说中国人因为有严复而知有西方学术，那么外国人因为有冯友兰而知有中国哲学。

　　清光绪二十一年（1895年）初冬，这位称谓冯友兰的哲人降生。其时，冯家大院彩旗格外飞扬，祁、仪两河河水格外澄澈，冯氏男女走路格外精神。斯人前半生学场顺心，科考得意，立业立言，随心所欲，鹰击长空，鱼翔浅底，演绎出一段金光闪闪的人生⋯⋯

—※—

　　如果说冯氏家族自冯玉文开始，朦朦胧胧地要建立"耕读"家风的话，那么，经过三代人的努力，这种家风可以说是牢固地建立了起来，到了冯友兰一代，这种家风在形式上发生了较大的变化，由原来的主要以"耕"为主，辅助以"读"，转变为以"读"为主，几乎不"耕"（对于冯友兰兄妹就是不"耕"）。这种变化，一方面是因为冯氏有作为的子弟都纷纷外出治学入仕，冯云异、吴清芝谢世之后，无人再来操持；另一方面也是因为历史的大变动，改变了家族的运行轨迹。随着中华人民共和国的成立，不仅是冯氏，所有的封建大家族都经历了彻底的革命洗礼。原有的田产、房产统统归公，这就使得封建大家族式的亦读亦耕失去了存在的前提。

正是在这种大变动的历史背景下，冯友兰为冯氏家风注入了新的内涵：继承耕读精神，改变它的形式，鼓励冯氏子弟用心读书，以治学为生存的根基，从而使治学为士成为冯氏子弟安身立命、建功立业的主要方式。他本人也以异常出色的成绩实践着这一转变，因而，自然也便成了继其父台异之后冯氏家族的又一面旗帜。

生存方式的改变，并不意味着冯氏家风的消散，或冯氏子弟凝聚力的削减。事实上，虽然自友兰以来，冯氏子弟或国内、或海外，天各一方、四海为家，但他们的心却紧紧连在一起，以至家谱世系清晰，代代承传。

冯友兰是冯氏子弟中成就最高、影响最大的人物，同时，也是经历最为复杂的一位。他年登高寿，几乎跨了一个世纪，阅历了天翻地覆般的20世纪的所有最为激荡人心的事件；他的导师杜威说他是"一个真正学者的材料"，他一生确实也是把主要精力放在学术研究上的。然而，他又对政治颇为敏感，保有热情，曾为20世纪中国最具影响力而又水火不容的两个政治人物——蒋介石和毛泽东的座上宾。所以，又有人说他钟情于仕途。所有这些，使得其漫长的人生经历蒙上了一层神秘色彩。

蓄势待发

从清水河畔的少年，到哥伦比亚大学的博士，冯友兰用了整整二十年的时间读书学习。这二十年的寒窗生涯，恰似为一只雄鹰插上翱翔苍穹的翅膀，为一张弓箭蓄满穿透森严壁垒的力量。一个学贯中西、声震寰宇的哲学大师借此腾空而起。

学子风流

清光绪二十一年乙未十月十八日(1895年12月4日)，冯友兰(字芝生)诞生于祁仪清水河畔的冯家大院里。在大家族的兄弟中排行第六，在小家庭中，他已经有了姐姐温兰和哥哥新兰。然而，新兰不久就夭折了，他便成了台异的长子。在这个"耕读"牌子树起的时间尚不太久的新兴封建大家族中，所有的男性子弟都被寄予厚望。他们必须人人读书，且要严于律己，以实现振兴门庭的愿望。

冯友兰六岁开始入家庭私塾，从师于表叔刘自立。私塾中共有八个学生，都是友兰的堂兄弟和表兄弟。按照要求，他们先读《三字经》，再读《论语》，接着读《孟子》，最后读《大学》和《中庸》。所谓"读"，实际上是"背"。学生们呜哩哇啦，从头背到尾，才算"读"完，这种方式称作"包本"。

对这种囫囵吞枣、枯燥乏味的读书方式，大多数学生是不感兴趣的，但迫于老师的威严也只得咿呀作声。冯友兰例外，他虽然同样地不理解书里的大义，但是读诵的兴致却极高。他天资聪颖，心眼灵活，而且一旦读书，就能立即进入状态，无论周围干扰多大，他都能正襟危坐，旁若无人，游目神

唐河文峰塔。冯友兰儿时经常在此游玩

驰于书山文海。有一次，老师布置了"读"的内容之后出去了，学生们顿时炸开了锅，哄闹了起来。其中有一个叫郝春华的学生，是友兰的表兄，在郝姓兄弟中排行老六。他娇养成性，华而不实，常常欺负友兰。此时他见老师走了，友兰还是正经地坐着读书，就过来一把拧住他的耳朵，将他的头按在书桌上碰了起来，一边碰一边粗声喊道："老六对老六，低下头来受！"冯友兰正沉浸在书中，似乎没有觉到身外发生了什么，依然口中念念有词。

大凡见过冯友兰的人，都会为他那仪态娴静、朗润儒雅之气所吸引。他的这种超凡脱俗的气质，正是其长期以来忘情于书海里而练就出来的。

友兰九岁的时候随父母居于武昌。为免孩子染上纨绔之气，台异没有让他和景兰入学，而是让其母监读。学习的方式依然是读和背。友兰十二岁的时候，父亲升任湖北崇阳县知县，为其兄妹三人请了个教读师爷，从此，他们的学习才走上了正轨。当时，教读师爷为他们开了四门功课：古文、算术、写字、作文。经书不再读了，只读吴汝纶选编的《桐城吴氏古文读本》。古文有声调、有气势，读起来朗朗上口，颇有意味，深得友兰的喜爱。功课不怎么紧时，常常一个上午就上完了。友兰天生喜静恶动，

闲暇时间从不乱跑，大都消磨在父亲的签押房里。签押房里有两大箱子书，还有一些新出的刊物。友兰为这一大堆新旧书刊所吸引，总是趴在床上翻看，看到高兴处就"嘿嘿"笑起来，引得正在处理公务的台异停下手头的工作，回头观望。这时，友兰并未察觉，依然咪咪地笑，小鼻翅儿忽闪忽闪地动着。看到儿子如此痴于读书，台异也会心地笑了。他从不责怪儿子乱翻他的书，也从不过问他都看了些什么，完全给孩子一个自由宽松的读书氛围。签押房内常常出现这样的情形：大老爷端坐前台审阅词讼，小少爷盘膝床上痴迷读书，互不干扰，其乐融融，成为衙门内的一大景观。

这一段衙门里的少年生活很快就结束了。随着冯台异的溘然长逝，友兰和母亲、弟、妹又回到了老家祁仪。回乡后的两年里，友兰兄弟主要在家里读书，家里专门给他们请了先生。

不久，友兰的母亲吴清芝开始怀疑起这种学习的方式来。她想，光让孩子在家里上学，将来社会上不承认，就断送了他们的前程。当时虽然废除了科举，但学校的设置仍分为三级：在县城里设小学，省城里设高等学堂，北京设京师大学堂。这恰好与科举的秀才、举人、进士相暗合。人们推测，朝廷将来要将三级功名赏给这三级学校毕业的学生。吴氏心里直犯嘀咕：要是这样，我的孩子怎么办？要是他们连个秀才的功名也取不到，可就无法向死去的台异交代了。因为他曾对吴氏说过，不希望子孙代代出翰林，但希望代代出秀才。只有这样，书香门第才能承接下去，才可以称"耕读传家"。

想起这些，吴氏心里便觉得发虚，她找大伯子云昇商量。云昇主张让友兰、景兰与自己的儿子——排行老五的崧兰去报考县立小学。考试由县官主持，他坐在大堂上，用红笔在某人的名字上一点，站在旁边的书吏就朗声叫喊，被喊的人就答应"有"，小跑着上去领取卷子。这次应试只考了一篇策论式的文章。冯氏三兄弟都考得漂亮，几天之后县官宣布录取名单，三人皆中。冯友兰考得最好，县官特意走到他跟前说："你的文章很好。"听到县官如此赞誉，兄弟们别提有多高兴了。要是在科举时代，考秀才受到县官的夸奖，立马就会身价百倍。

县小只读了半年，情况就发生了变化：老四湘兰县小毕业，云昇决定让他去开封报考中州公学。此时，云昇的大儿子培兰和二儿子瀛兰已在开封上学。他们鼓动友兰也去开封读书。这样，寒假结束，友兰就没再回县小，跟着三位兄长去了开封。同往的还有高小毕业的其他同学，一班子人嘻嘻哈哈、热热闹闹进了七朝古都，报考中州公学。不想成绩下来，年龄最小、受正规教育时间最短、腼腆文弱而不起眼的冯友兰却又考得最好：初试时第二名，复试时第一名！四哥湘兰和其他同学都远远落在了后边。从此，一行人都开始对他另眼相看了。

这一年是宣统三年(1911年)，友兰十六岁。一场即将爆发的大革命，很快就夭折了他的中州公学之梦。中州公学并未给他留下多少记忆，唯一使他难以忘怀的是公学的监督(校长)杨源懋(字勉斋)。他是清末翰林，以绅士资格于1905年在开封创办公学。他是同盟会会员，思想激进，参加过革命军与清军的崤函战役，成立镇嵩军时，要求他作统领的呼声很高。后因河南省临时议会选他为议长才没有担任此职。他虽是公学校长，却不常到学校来，也没有和学生讲过话。但他思想进步，所请的教员也都思想进步，有的还是同盟会员，因此，学生们都很敬佩他。可惜天不假年，只活了二十六岁。同学们对他的病逝都很悲伤。在运送他的灵柩上火车回原籍的时候，全体学生都跟在灵柩后边，哭着送到车站，过往行人也为之感动，惊奇地问道："他是谁呀，这么多的孝子！"

武昌起义后，友兰返回唐河，次年夏天转入武昌"中华学校"。当时黎元洪为中华学校的校长。他的威望很高，冯友兰慕名前往。到武昌不久，又听说上海中国公学在招生。这所学校名气更大，黄兴兼任校长，且有一段光荣的历史，它是当年留日学生因不满日本政府对中国学生的待遇，集体回国创办的。初创时期出了一个有名的学生——胡适。

冯友兰在求学上是不安分的，频频更换学校就是例证。这一点很像他的同代人——著名诗人和文艺理论家胡风。胡氏青少年时期一连换了八所学校，一辈子也没有得到一张毕业文凭，成为没有取得任何学校的认可资格的"籍外"学生。

报考中国公学并不是件容易的事。这所学校曾因经费不济被迫停办过。创始人之一姚宏业为唤起社会人士的关注，愤而投黄浦江自尽。经各方人士呼吁，清廷于1907年在吴淞炮台拨公地百余亩兴建校舍，大清银行及浙、鄂、川、赣等省资助，公学才得以维持发展下去。辛亥革命的时候，经费又成了问题，再次停办。幸赖孙中山、黄兴等的扶持，才得以延续。在冯友兰至武昌游学的时候，中国公学又恢复招生，且以黄兴的名

与中国公学的同学合影。后排右一为冯友兰

义向各省发出电报，叫各省选派学生。河南省很重视这件事，决定选拔20名学生，每人每年发官费200两银子。名额少，待遇优厚，自然竞争就激烈。全省的学子们踊跃报考，形成竞争之势。冯友兰自然不会放弃这一良机，于是打道回府，再至开封。应付考试，对于冯友兰来说简直是探囊取物，不费吹灰之力。果然他凯歌高奏，顺顺当当地进了公学。后来，他考北大，考留学，也都轻松自如。

中国公学是对冯友兰人生产生重要影响的第一所学校。公学三年，他开始接触真正意义上的西学，如英语、逻辑学等，并借此去探寻西方哲学的奥秘。有人将英语和逻辑学喻为学习西方哲学的两块敲门砖，英语是入西方哲学之门的第一把钥匙，逻辑学是西方正统哲学须臾离不得的拐杖。研究者认为，冯友兰坚实地立于哲学阵地，而且终生不悔，是源于中国公学。就是说，中国公学使冯友兰找到了"安身立命"之所，使他与哲学建立了割不断的缘分。当然，此时的他，也只是刚刚触摸到哲学的"门槛"。

在上海，也使他看到了殖民主义对十里洋场的影响程度。进商店，或在马路上行走，不会说上海话，就被人骂作"江北佬"，如果能来上一两句英文，便立刻受到尊敬。这使他深深感受到了城市与乡村的差别，并促使他将这种差别与中国和欧美作比，进行深层次思考：在中国，内地是乡下，上海是城市，所以上海人傲慢；在世界，中国是乡下，欧美是城市，因此欧美人逞强。这种认识在他留洋之后更加强烈：

英美及西欧等国人之所以是"智""富""强"者，并不因为他们是英美等国人，而是因为他们是城里人；中国人之所以是"愚""贫""弱"者，并不是因为中国人是中国人，而是因为中国人是乡下人。

据此，他对洋务运动以来关于中西文化的大讨论提出了自己的见解。

他认为这不是一个"东"与"西"的问题，而是一个"古"与"今"的问题。中国之所以落后，是因为它还停留在"古"（封建时代），留在乡村；西方之所以强盛（先进），是因为其已跨入了"今"（近代化、工业化），进了城。这中间缺了一环，就是工业革命。他在写《新事论》的时候，特意加上一个副题"中国到自由之路"。其所谓"自由之路"就是工业化。由工业化而现代化，由"乡下人"而"城里人"，这是冯友兰为中国强盛开的一个药方。这一主张，他直到晚年还在念叨。不过，又注入了新的内涵："所谓现代化是社会主义工业化，不是资本主义工业化。所谓补课，是补社会主义之课，不是补资本主义之课。"

1915年夏，中国公学毕业后，冯友兰考取了北京大学。报考北大是冲着"哲学"来的。因为此时的他已抱定要学习西方哲学，解决纠缠在他脑子中的那些化解不开的疙瘩。而当时的中国，只有北大有哲学系，当时称作哲学门。

北京大学当时有文、理、法、工四科，哲学门属于文科。那时的情形，考报文科的人很少，录取分数较低，报考法科的人较多，录取分数也较高。因为文科生一般只能做教员，而法科毕业生则直接可以为官。冯友兰在他人的劝说下报考了法科。但入学后他还是无法摆脱"哲学"的纠缠，又转到了文科。有人说他一生都在做着"紫禁城梦"，从这件事上则看不到这一点。他一生热衷于政治是事实，但只是热衷于政治理想的建树，热衷于用自己的主张改造中国，而不是热衷于做官为吏。这一点与孔子极其相似。大概是儒家入世思想的另一实现形式。

北大的学习空气真是自由极了。学生可以任意跨系上课，择师而学，不受课程表的限制。教师上课也不带点名册，谁想来听谁来听，该上课时，教室门口站着一个人发讲义。发讲义的人，也不管来者是谁，只要来要，他就发，发完为止。以至常常出现这样的情况：该上这门课的人没领到讲义，不该上这门课的人倒拿了一份。学校对前来听课的人更是放任自流。四门大开，上课铃一响，想来听课的人即蜂拥而至。按照规定，有两种学生可以听课：一种是经过考试录取的正式学生；一种是虽未经考试而办了听课手续的旁听生。然而，实际上还有一种人在听课。他们是校外来的"偷听生"，没有任何手续，只要对哪门课感兴趣就来听。有些人甚至在北大附近租了房子，长期住下来当偷听生。

北大一向有尊师重教的传统。据说在清末的京师大学堂(北大前身)时期，朝廷委派的管学大臣(相当于后来的校长)张百熙，为了聘请桐城派古文家吴汝纶当总教习，竟三顾茅庐。有一天，张百熙在大清早就穿着官学大臣的公服，候在吴汝纶的卧房门口(有的说是跪在门口)，直等到他起床相见。这种礼贤下士、延请名师治教的精神一直延续下来，成为北大的优秀传统。冯友兰在北大上学时，是蔡元培任校长。他采取兼容并包的方针，广请有才学的人来执教治校，前清遗老可以拖着长辫大放厥词，激进人士也能登上讲坛畅谈革命。前者如辜鸿铭、刘师培，后者如陈独秀、李大钊。其间还有一些用教师的职业标准衡量而行为举止异常怪僻的人，如黄侃(字季刚)、陈黼宸(字介石)。

黄侃是中国文学门的名教授，风流倜傥、才华横溢。他极善朗诵诗文，抑扬顿挫、婉转莺鸣，引得同学们广泛唱和，时人称为"黄调"。然而，他又是一个不拘小节、玩世不恭的人，常常在正式的场合做一些离经叛道的事。学生中流传着他的许多逸闻趣事。有一次，他讲课，正式生、旁听生、偷听生早早来到教室，端端正正地坐好，没有找到座位的，就在过道站着、蹲着。这是当教师者最感惬意的事，一般都会更加兴致勃勃地讲课，而他讲到关键的地方却戛然而止，说："这里有个秘密，专靠北大这几百块钱的薪水，我还不能讲，你们要听我讲，得另外请我吃饭。"再如，他曾住在吴承仕的一所房子里，他们都是章太炎的学生，本来是好朋友，后来不知怎么闹崩了，吴承仕叫他搬家。黄侃在搬家的时候，爬到房子的大梁上写了一行大字"天下第一凶宅"。还有一次，他在"同和居"请客，恰巧他的一个学生也在那里请客。学生听见他在隔壁房间说话，就赶紧过来问好。谁知他竟抓住那个学生批评起来，越批评越起劲，学生的客人已到齐了，他还不让走。学生急得满头大汗，见饭馆小二过来，才心生一计，赶忙搭讪交代说："今天黄先生在这里请客，无论花多少钱都记在我的账上。"黄侃一听大喜，就对那个学生说："好了，你就走吧。"

与黄侃的好说能侃、荒诞不经相反，陈介石严肃认真、口不善言。他讲授"中国哲学史"和"诸子哲学"，还给中国历史门讲中国通史。他操一口温州方言，一般人都听不懂，就连浙江老乡也听不懂。这种"无言"的苦恼，使得他只好以笔代口。他先把讲义发给学生，上课铃一响，就登上讲台，拿起粉笔在黑板上就写。下课铃一响，扔了粉笔就走。整个一堂课，他都一言不发。然而，奇妙的是，他在黑板上写的虽然是讲义上的内容，却又另成体例，不相重复，而且在下课铃响的时候，他恰好写到一个段落。写的时候如顺水行舟，迅速流畅，学生们都赶不上，整个课堂像一场无声的演讲。他的这种独特的"无言"教学法，博得了同学们的理解和尊重，也得到了校方的默许。冯友兰晚年在《三松堂自序》中深情地回忆道：

1918年6月于北大毕业时，与老师们合影。前排右四为校长蔡元培，右三为文科学长陈独秀，右五为马叙伦，右二为梁漱溟。二排左四为冯友兰

　　最是难得的，是他有一番诚恳之意，溢于颜色，学生感觉到，他虽不说话，却是诚心诚意地为学生讲课。真是像《庄子》所说的"目击而道存矣"的那种情况，说话倒成为多余的了。

　　他是将冯友兰领入中国哲学之门的关键人物。可惜只给冯友兰他们上了一年的课，就撒手西去了。对于他的去世，同学们都非常悲伤。

　　聘请陈独秀当文科学长，是蔡元培"思想自由""兼容并包"思想的具体体现，也是当时北大学术自由的有力例证。陈独秀在北大并没有授课，也没有开会，基本上没有和学生正式见面。冯友兰那个班毕业的时候，把他请来与师生们一起照相，才算和他有了一次接触。陈独秀与年轻教师梁漱溟坐在一起，相片出来，班长给他送了一张，他看了一眼，说："照得很好，就是梁先生的脚伸得太远了一点。"班长告诉他："这是您的脚。"他哈哈大笑起来。原来梁漱溟很谨慎，把脚收在椅子底下；而陈独秀很豪放，脚一直伸到梁漱溟的前边。

　　陈独秀到北大后，引进了许多进步教授，还把他在上海创办的《青年杂志》搬到北京，改为《新青年》，成为北大进步教授发表言论的园地。他创办《新青年》的宗旨，是高举民主与科学的大旗，猛烈批判封建思想、封建文化及孔子学说，提倡自由平等学说、个性解放思想、社会进化

观点和近代科学理论。后来，钱玄同、李大钊、胡适、鲁迅等人又介入参加编辑工作。可以说，一个以陈独秀为核心，以《新青年》为阵地，包容了初具共产主义思想的知识分子(陈、李等)、激进的小资产阶级知识分子(鲁等)和资产阶级知识分子(胡等)三种力量的新文化运动统一战线形成了。这是中国历史上的一个重大事件。冯友兰正置身其中，深受影响。晚年，他在回忆这一段经历时，对这些在思想上引导过他及千千万万个青年的人，给予了高度的评价：

就是这些人，提出了民主与科学的口号。就是这些人，采取了外抗强敌、内除国贼的行动。在中国历史中，类似的行动，在太学生中是不乏先例的。这是中国古代太学的传统。五四运动继承并且发扬了这个传统。

冯友兰北大求学的三年，正是"五四"新文化运动充分酝酿、濒临爆发的时期。虽然他未能亲身参加北京的"五四"运动（此时已毕业离京），但他的心却一直随着那场波澜壮阔的思想文化运动而起伏，眼界一天天开阔，精神境界得到了升华。

我觉得在北大的三年收获很大。这三年可分为两个阶段。在第一阶段，我开始知道，在八股文、试帖诗和策论之外，还有真正的学问，这就像是进入了一个新的天地。在第二阶段，我开始知道，于那个新天地之外，还有一个更新的天地。"欲穷千里目，更上一层楼"。我当时觉得是更上了一层楼。

寄情《心声》

1918年夏，冯友兰于北大毕业后回到开封，任河南第一工业学校国文和修身课教师。为响应北京的新文化运动，在家乡宣传"德先生"和"赛先生"，他与韩席卿、嵇文甫、魏烈臣、马辑武、王柄程、王云青等一起，在开封创办《心声》杂志。这是当时河南省唯一的宣传新文化的刊物。后来，徐旭生、徐侍峰等又加入，力量更加壮大。

这是一份"民办"杂志，出版经费由杂志社成员自筹，每人每月捐款5元。初为双月刊，后改出月刊，每期发行一千份。由于冯友兰正值新婚燕尔，热情高涨，担任的课又相对较少，所以编辑、发行等一应杂务均由其负责，编辑部亦安在其家。那时的冯友兰不仅精力充沛，而且胆识过人，牛犊初生，气贯长虹。《心声》创刊号上，开篇就是他写的发刊词，这发刊词牢牢抓住"传统""老套"的牛鼻子大做文章，谓其"真意全失，精神既亡，惟余流弊"，只好大破特破，以催新生。他写道：

破老套而促进化。此本杂志之所以作也。

同等人，于社会既有深爱，而不忍视其长此终古，则安能不大声疾呼，以招其魂，醒其梦，惊其蛰耶？此又本杂志之所以作也。

同等人良心未尽泯绝，又何能不恳切陈词以导夫先路耶？此又本杂志之所以作也。

本杂志之宗旨在输入外界之思潮，发表良心上之主张，以期打破社会上、教育上之老套，惊醒其迷梦，指示以前途之大路而促其进步。

从这则引文中可以看出当时冯友兰这帮年轻人的勃勃雄心，他们要为中国招魂，替民族开道，做时代的引路人。

事实上，这帮人也确实了不得。他们后来大多成了有大作为的人。冯友兰自不必说。其他如嵇文甫，后来成为著名的教育家、史学家、哲学家和社会活动家，先后做过河南大学校长、郑州大学校长、河南省副省长等；如徐旭生，后来成为著名的史学家、考古学家，先后任过北京大学哲学系教授、教务长，国立北平大学第二师院院长、北京师范大学校长等职。在他们中间，韩席卿资格最老，也最具传奇性。他幼年在乡塾读书时，曾从冯友兰之父学经史，若干年后，冯友兰在开封中州公学读书，他又成了友兰的先生。他虽然熟读经书，也中了秀才，但却未能取得进士。因为他还没到"进士"门口，清廷已废了科举。后来，他考入河南省优级师范学堂数学科，不久加入了同盟会，成为一名积极分子。辛亥革命前夕，清廷加紧镇压革命党人，开封无法立足，只好回到老家桐柏山区躲避，并伺机利用桐柏地偏人熟、反动势力薄弱的特点，开展革命活动。1911年，武昌起义成功，韩席卿从桐柏山的崇山峻岭中雀跃而起，筹划搜罗旧部，谋取县城。经过筹划，他们准备在辛亥年除夕之夜行事。山高路远，雪滑难行，等到达县城已是次日天明。韩席卿正伫马等候城里内应火起时，忽闻枪声大作，清兵呼啦啦从四面八方杀来。原来内应不慎走了风声，敌人早已防备。结果义军大多陈尸护城河边，只有韩等少数人逃脱。多年之后，韩席卿与冯玉祥谈及此事，冯将军哈哈大笑，说："你这是秀才造反，三年不成嘛！"

起义虽然失败了，但美名却留了下来。直到如今，"韩七麻大年初一打桐柏"的故事还在桐柏山区广泛传诵，成为妇孺皆知的传奇故事。

起义的失败，使韩席卿痛感国家要强盛，民族要振兴，必须提高全民族的文化素质。于是，他终生选择了"教育救国"的道路。以至冯玉祥要委以重任，都被他婉言谢绝。

《心声》立足河南，针砭时弊，译介西学，倡导民主科学，主张革故鼎新，代表了当时要求进步的广大知识分子的心声，是"五四"新文化运动的种子在中原大地的生根发芽，冯友兰为此倾注了大量的心血。这也是他走出校门之后，第一次试显身手。事实证明，他是一个成功的编辑。《心声》创刊的第二年，为了进一步寻求救国真理，将哲学宝殿探个究竟，他参加了官费留美考试，并被录取。临行前，他还恋恋不舍这个培育了一年的刊物，特作一首自由诗，勉励同仁们继续办好它：

> 我便要泛舟太平洋。
>
> 适彼岸，共和邦；
>
> 也是想贩些食物，
>
> 救这饥荒。
>
> 我们既认清这条路，
>
> 便行去，不可懈怠，无须思量。
>
> 我们既把他养活这么大，
>
> 纵千辛万苦，也莫使中途夭殇。
>
> 我殷勤留语：
>
> 我们的努力，他的安康。

遗憾的是，由于经费的原因，更由于缺少了冯友兰这样热心的编辑，《心声》在1919年暑假前后还是停刊了。1923年，冯友兰留学回国后曾想让其复刊，并在《新中州报》上撰文阐明复刊宗旨，但终因种种原因而不了了之。

游学美国

1920年1月，冯友兰进入美国哥伦比亚大学研究院，做了研究生。他此行的主要目的是对东西文化及哲学进行比较研究，探寻中国复兴之道。出国之前，他曾去哪所大学请教过上海中国公学时的学兄和北大时的教师胡适。胡适告诉他，哈佛大学和哥伦比亚大学哲学系都是有名的，只是哈佛崇旧，哥大尚新。听了这话，冯友兰就拿定主意上哥大，因为"求新"是年轻的冯友兰的最大愿望。

一踏上美国的土地，冯友兰就觉得它与中国大不一样。中国是个"官国"，美国是个"商国"。在中国不管什么事，都要经过一些"衙门"式的手续，由"官"来批示。美国则不然，即使国家大事，往往也用商业广告的形式公布出来。冯友兰就在纽约街上看见一则动员群众参加海军的大标语。它不讲"加强海防人人有责"的大道理，也不用"切切此令"之类的官文款式，而是说："加入海军，周游世界！"

不久，发生在留学生中的一件事，又令冯友兰和他的中国伙伴们大开眼界。有个中国留学生，在街上被一辆汽车撞了，受了点轻伤。这个学生觉得没啥事，爬起来拍拍身上的灰尘就走了。谁知，第二天一个美国律师找上门来，对他说："依据法律，你应该起诉，叫车主赔偿你的损失。"见他反应很淡，律师又说："你要是愿意起诉，你不必操心，一切手续由我们办。等赔偿费拿到手，给我们分几成就成了。即使得不到赔偿，我们也不向你收费。你尽管坐在家里拿钱好了。"民不告，官不究。美国律师的行为，在中国人看来，简直是狗拿耗子。

不过，冯友兰的兴趣不在狗与猫谁该拿耗子上，他关心的是哲学。怕"玩物丧志"，他给自己定了一个严格的学习计划，并买了一个新日记本，要求自己天天写日记，记学习心得，磨砺意志。且赌咒地说，这本日记若不记完就不是人。

冯友兰果然按照自己的志向一步步做了下去。来美国的第一年，他就广泛阅读了西方哲学名著，还精读了杜威的《思维术》、美国新实在主义者霍尔特、马尔文等六人的《新唯实论》、柏格森的《形上学》等，阅读速度快得惊人，思考的范围也十分广泛。尤其是柏格森的哲学，简直成了他的美味快餐，他一口气将之读完，还认真地写了两篇文章，向国内读者介绍柏氏的思想精华。一篇名曰《柏格森的哲学方法》，登在《民铎》杂志三卷一号上；另一篇介绍柏氏的《心力》一书，登在《新潮》三卷二号上。在第二篇文章中，他介绍了柏氏1913年以会长资格在伦敦心灵研究会上的演说辞。该演说辞称，西方的学问是从"物质"入手的，所以直到今天才想起研究"心灵"。研究物质使西方人养成精密的习惯，假如某个地方的人从"心灵"下手研究学问，一定不知道什么"精密确定"。这种说法，对于冯友兰真可谓一石击破水中天，使他茅塞顿开、心悦诚服。多年以来，他一直在思考中西文化的差异，思考中国为什么愚、贫、弱，西方为什么智、富、强？症结到底在什么地方？柏氏道出了天机，他虽然没有提出东方文化，但在冯氏的心中，却已悟出了东西文化的不同所在。

不久，冯友兰就写了一篇论文《中国为何无科学——对于中国之历史及其结果之一解释》，来解释西方为什么强、中国为什么弱的问题。他认为，其根源在于西方有了近代自然科学，而中国没有。正因为如此，西方进了"城市"，而中国还滞留"乡村"。那么，为什么没有自然科学呢？是不能，还是不为？答案是能而不为。近代自然科学要求，人不仅要求得认识自然界的知识，而且要求得统治自然界的权力。而中国的哲学恰恰相反，它向来认为，人求幸福于内心，不应该求幸福于外界（自然界）。既然如此，要自然的知识和控制自然的权力何用？只要加紧内心修炼，弄好品质修养即可。

这的确是一种独特而有价值的解释。在哥大的最后一年，河南的官费常不能按时寄到，这就给冯友兰学费和生活费带来了麻烦。于是，他只好在附近的一个饭店里找个收拾盘子的差事，每天干一个小时。作为报酬，可以在那里吃一顿"正餐"：一汤一菜，一份咖啡，一份甜食，面包随便吃。给人当侍者，在中国是被人瞧不起的。然而在美国却正常得如人要呼吸空气一样，并不觉得难为情。不少学生出来端盘子、干杂务，并不是因为家里穷，他们是要锻炼自己的独立生活能力。他们能上能下，能"雅"能"俗"，不以劳动为耻，而以劳动为荣。冯友兰觉得这是一个人生态度问题。人生态度背后是人生理想，人生理想背后是哲学。哲学的不同，是造成古今中外社会心态、人生理想之不同的一个因素。就拿上面说起的"狗拿耗子"问题来说吧。那个律师并非多管闲事，而是因为他是一个"商国"的国民，信奉"钱老板"的哲学。两下相比，美国人赚钱是无孔不入，而中国人则是有孔也不入；美国人讲实际而不大注重形式，中国人则是特别看重形式。

1921年，蔡元培访问美国。他是冯友兰在北大求学时的老校长，在当时中国的学界很有声望。冯友兰和中国留学生一起为他举行了一个隆重的欢迎会。参加会议的人很多，蔡元培一进会场，所有的人都不约而同地站起来，好像有人在那里指挥一样。有一个久在北京教育界工作、后来也做了校长(女子师范大学)的留学生杨荫榆感慨地说："我在中国教育界多年，还没有看见校长和学生之间的关系这样好的。北大的学生向来自命甚高，可是见了老校长，这样地恭敬，我现在是佩服蔡先生了。"

冯友兰说，他在北大的时候，没有听过蔡元培的讲话，也没看见他和哪个学生有私人接触。冯友兰自己也只在其办公室见过他两次。一次是急着为弟弟办肄业证明书，河南省政府招考留学生，景兰要前往开封应试；一次是应章士钊之约，去校长室找章讨教问题。他觉得蔡元培之所以得学生们爱戴，完全是人格的感召，在他身上有道学家们所说的那种"气象"："纯粹如精金，温润如良玉，宽而有制，和而不流。……视其色，其接物也如春阳之温；听其言，其入人也如时雨之润。胸怀洞然，彻视无间，测其蕴，则浩乎若沧溟之无际；极其德，美言盖不足以形容。"这是宋明理学的奠基人程颐写其胞兄程颢的。冯友兰说，以此评价蔡元培也毫不夸张。他说，他第一次进北大校长室的时候，就觉得满屋子都是这种气象。

就在这次欢迎会上，蔡元培给留学生们讲了一个故事。说，有一个人交了一个朋友，会点石成金，随便一块石头，只要他用手指头一点，那块石头就变成了金子。这个朋友对那个人说："你要多少金子，我都可以点给你。"那个人说："我不要金子，我只要你的那个手指头。"

在一阵哈哈大笑之后，蔡元培说："你们在这里留学，首先要学的是'那个手指头'，这个手指头，就是研究学问的方法。"冯友兰把这些教诲牢牢记在心上。

当时还没有人对中西方哲学进行比较研究。清朝末年的严复，算是比较懂得西方哲学的，但是他的精力主要在翻译上，没来得及用这个"手指头"研究中国哲学。冯友兰是中国第一个对中西方哲学进行比较研究的人。在哥大求学三年，他完成了自己的博士论文《人生理想之比较研究》（初名《大人损益论》，用英文撰写），1924年由上海商务印书馆出版。1926年，商务印书馆要为当时的高级中学出版一部人生哲学教科书，约友兰将它译成中文，改名为《人生哲学》出版。这是中国出版的第一部比较哲学史。它是冯友兰在哥大学习情况的一次检阅，对于他后来的思想发展有着不可忽视的作用。

在这部书中，冯友兰从人与自然的关系及苦乐根源上，将古今中外的哲学归结为三大派：损道派，益道派，中道派。"损道"派认为，世界本来是美好的、幸福的，只是有了"人为"的作用才有了丑恶和苦难。吾人要想求得幸福和美好，只有废掉文明，返归自然。中国的老庄及世界诸宗教学说皆持此观点。"益道"派则认为，现实世界虽有不好，但比之过去已大大进步。这都是人为之功。苦难的产生源于自然，只要人类力图创造，战胜天然，美好的乐园就会显现。西方近代哲学家培根、笛卡尔等持如是观。"中道"派认为，天然人为，本来不相冲突。人为乃所以辅助天然，而非破坏天然，现在世界即为最好，现在活动即为快乐。此派以儒家为代表。

在冯友兰看来，"损道"派未免太天真，回归自然，抱素守朴，固有清静之好，然而"洪水横流，草木畅茂，禽兽逼人"(孟子语)，又将如何应对？"益道"派又太急功近利，主张人为之功，利器物，善工具，固有其好，然破坏自然，以至"五色令人目盲，五声令人耳聋"，又有大弊。相比之下，主张在天然人为的和谐中求美满生活的"中道"派，才是吾人应取之理想态度。在这里，冯友兰的哲学思想已初现端倪：在人生理想上接受新实在论的观点；在人生态度上取中道哲学的主张。新实在论与宋明道学两支大军已成功地在冯友兰大脑内会师。这即决定了其毕生哲学研究的走向。

需要特别交代的是，冯友兰还是哥大教授杜威的得意门生。杜威是全美乃至全球著名的哲学家、心理学家、教育家、社会学家，实用主义的大师，胡适曾深受其影响。由于经费的原因，冯友兰曾请他写一封推荐信，申请奖学金。因为申请书递得太晚，奖学金没有申请到，但那封推荐信却在冯友兰身上发生了重要作用。信很长，最后一句说："Mr Feng is a student of real scholarly calibre."（冯君这个学生是一个真正的学者材料）

杜威一言九鼎，使冯友兰看到了希望，因为他一向认为，人生有三种成功：立德、立功、立言。"立德"主要靠个人努力，所以说"人皆可为尧舜"；"立功"主要靠机遇；而"立言"则主要靠天赋，否则再努力也难求得大的成就。人皆可为尧舜，然人不能皆为李杜。既然大哲学家都认为自己是块"料子"，那还迟疑什么，加劲努力吧，哲学的大门正敞开着，走进去将有一片蔚蓝的天空。

果然，冯友兰沿着哲学的大道阔步向前，执著地走了七十年，一路歌声一路情，径直走进哲学的"大雄宝殿"，成了正果。此时，他仿佛看到，杜威先生正宽衣博带，带着慈祥的笑容和深邃的目光，打量着自己，像是欢迎，又像是鼓励。

六十年以后，当冯友兰重返哥大，接受母校授予他名誉文学博士学位的时候，深情地说道：

我没有得到这项奖学金，但是这句话使我获得鼓舞和信心。倘若杜威教授今天还在，看到这个学生还没有完全辜负他的赞许，也许会高兴吧。

冯友兰并未囿于实用主义。他虽然很尊敬杜威，喜欢他的哲学，承认自己曾在实用主义和新实在论之间徘徊，但实际上他学得很广。除了广泛涉猎大量西方哲学著作之外，还重点研读了柏格森的生命哲学。之后是实用主义，最后落脚在新实在论上。因此，杜威给予他的，除了实用主义外，重要的还是精神动力。

潇洒清华园

水木清华，是一个荷艳蝉鸣、风景迷人的地方。这里最宜读书治学，吟诗作赋，修身养性。园里有一块荷塘，荷塘里亭亭玉立的荷花被现代文学大师朱自清妙笔绣在天地间无形的画布上，穿过长长的历史隧道绵延至没有尽头的时空，成为一道永不褪色的文化风景。在这里，冯友兰成就了其哲学史家和哲学家的宏愿，并两度主持清华工作。

风劲好扬帆

清华似乎与冯友兰前世有约，任谁也割不断他们之间的那份情缘。

1911年，清华学堂正式成立，且正式被定为留美预备学校，冯友兰在友人的撺掇下，意欲报考这所学校。母亲吴氏坚决反对，因为入本省的中州公学，老太太就有恋恋不舍之意，何况去外省上学，更何况毕业后还要远涉重洋，泡在"鬼子"堆里，三年五载不得相见。母子连心，万万使不得。就这样，冯友兰的清华之梦搁浅。不想，十七年之后，他又杀将进来。这一次不是去当学生，而是去当先生，并且是领导成员，秘书长、文学院院长、校务会议主席。

冯友兰从美国回来之后，是经历了一段曲折之后才到清华的。

1923年暑假，他通过了博士论文答辩，同已获得硕士学位的弟弟景兰一起回到了祖国，双双被其老家的河南省立"中州大学"（原"留学欧美预备学校"）聘为教授。冯友兰还被任命为哲学系主任和文科主任。此时的冯友兰年轻气盛，雄心勃勃，想认认真真地办一个好的大学。正巧，原来的校务主任走了，一时没有合适人选，他就毛遂自荐，托人告诉校长说，他想当校务主任。并不无要挟地说，如果校长不同意，他就走人。校长没有同意他的要求，却对他开诚布公的态度十分赞赏。

就这样，1925年暑假之后，他离开开封到了广州，任广东大学教授。半年之后，他又应约北上，到燕京大学执教，任哲学系教授、研究所导师。

燕京大学是一个教会学校，当时的校长是前清翰林吴震春，但事实上他只是一个空招牌，真正管事的是司徒雷登，当时叫"校务长"。冯友兰本来是反对教会学校的。他觉得教会学校出身的人，有一种宗教味，其精神面貌与中国人办的学校出身的人，有明显不同。他为在此执教颇感不安，认为这里不是"安身立命之地"。于是，在1928年，随着北伐战争的胜利，好友罗家伦到清华当校长，他便应邀去了清华。清华当时的建制是：校长之下有一个校务会议，成员是校长、教务长、秘书长及文、法、理、工四院院长，以校长为主席。学校的事情都由校长提交校务会议讨论，通过后由校长执行。初来清华时，冯友兰当了校秘书长，一个学期之后辞职做了文学院院长。

他一到清华，便觉得浑身爽快，认为这是一个值得"献身"的"安身立命之地"。所以，他在这里一呆就是二十四年，直到1952年院系调整被调整到北大，期间还经历过抗日烽火和校址南迁。

这期间还有一个小插曲。蒋、冯、阎开战的时候，河南有一个叫万选才的军阀接管了省政府，他托冯友兰父亲的好友张嘉谋送聘书给冯友兰，请冯出任已更名为河南中山大学（国立第五中山大学）原中州大学的校长。冯友兰使了个"金蝉脱壳"之计，表面上应承下来，但又推说清华暂时离不开，校长一职先由张仲鲁代理，实际上是拒绝了这门差事。张是冯的朋友，此时正接替冯任清华大学秘书长。

据说这种事儿在当时并不新鲜。有些人身兼数职，忙不过来，就找"替身"，让其亲信作代理人，自己在一旁"遥控"。冯友兰这样做，除了对河南中山大学校长一职没有兴趣外，内心深处还装有一个"小算盘"，即万一清华"失守"，可以退居河南。

命运不久又给他开了一个玩笑：他的"小算盘"打得并不"如意"。蒋、冯、阎三家一番酣战之后，冯、阎败北，万选才也跟着下了台，南京的势力又回到了北京。"城门失火，殃及池鱼"。金蝉脱壳之事被人捅到了南京，引起了南京的不满，认为他有"附逆"之嫌。本来，在蒋、冯、阎开战之初，学生会与罗家伦之间闹了点别扭，罗家伦辞了校长之职，校务会议已推选冯友兰为主席，主持学校的日常工作。南京也曾有意让他接替罗家伦。经过这么一折腾，清华校长一职就只好另委他人了。

不过，从罗家伦辞职，到翁文灏代理校务（不久，梅贻琦从美国回来，被正式任命为校长），这中间有近三年的时间校长"轮空"。虽然其间阎锡山和蒋介石分别委派乔万选和吴南轩为"校长"，但都未能站住脚就被赶跑了。乔万选甚至被学生挡在门外，连清华的大门都未能进去。三年的"真空"里，冯友兰实际上在代行校长之责，周旋在"神仙""老虎"和"狗"之间。此时他三十多岁。

当时清华有一种说法，说教授是"神仙"，学生是"老虎"，职员是"狗"。清华的教授工作清闲体面，有整块的时间搞科研。教授会在学校中的权力很大，在学生中间威望也很高，所以他们赛似活神仙。学生虎气生生，不仅学校当局、教授不愿轻易去惹他们，连军警特务也不敢随便去摸他们的"老虎屁股"。学生会的权力很大，它一旦通过决议案，要求教授、校长辞职，甚至驱逐校长，那么他们八成也得走人。罗家伦和吴南轩就是在这种情况下辞职和被驱逐的。

在清华，本来职员的地位高于教员，工资待遇也比教员优厚。罗家

抗战前冯友兰全家在清华园乙所合影。左起：冯钟琏、任载坤、冯钟辽、吴清芝、冯钟璞（宗璞）、冯友兰、冯钟越

伦、冯友兰他们入校后，到南京一闹腾，抱了个颜体大字"国立清华大学"的牌子回来。从此，教授会的威望大增，"职教员"的称呼也被他们给倒了过来，称"教职员"，并一直延续至今。

当时，社会和思想界均处于动荡时期。要想协调好各方势力确非易事。曾任北大校长和国民政府第一任教育部部长的蒋梦麟就颇有感触地对冯友兰说，他在大学中搞了几十年，经过许多风潮，发现了一个规律：一个大学中有三派势力，一派是校长，一派是教授，一派是学生。这三派中，如果有两派联合起来反对第三派，第三派必然失败。1931年，南京政府任命吴南轩为清华校长。教授们不买账，不接受他的院长聘书，学生会也通过了驱逐他的决议。他只好灰溜溜地走了。冯友兰主持校务的时候，常常发生"学潮"。他既不能站在学生一边，公开同当局对抗，又不能同当局在一起迫害学生。所以就采取蔡元培的方法，一面派人设法营救，一面提出辞职。有时，学生与教授发生了矛盾，他既要安抚教授，又要训诫学生，常常是出力不讨好，两面受气。甚至有人在校园内贴他的小字报，说他把持校务，重用河南人，结成"河南党"。不过，总的来说，清华人还是信任他的。否则，他就不可能在文学院院长的位子上坐了二十年，而且时不时冒出头来，主持一把校务。

冯友兰做清华领导成员的几年间，正是清华由留美预备学校向清华大学过渡的时期。因此，清华大学的建立及其学术传统、民主传统的形成，冯友兰是作出了突出贡献的。他早就认真思考过怎样办好一所大学或一些大学的问题。1925年5月还在河南时，他就曾在《现代评论》上发表了《怎样办现在的中国大学》一文，提出了学术独立和大师挂帅的办学思想。20世纪30年代初及40年代末，他实际负责清华工作的时期内，正是在实践着自己的办学思想。他为此而感到幸福和自豪。对于这一点，他曾经有过明确的表白："在清华的几十年是我一生中最幸福的时代。"

事实的确如此。他不仅成功地在"神仙""老虎"与"狗"之间斡旋，出色地完成了领导职责，而且完成了他一生中最重要的著作《中国哲学史》(1929—1933)和"贞元六书"(1938—1946)。前者使他成为重要的哲学史家，后者使得他成为著名的哲学家。

"释古"力作

1926年初，冯友兰到燕京大学做教授的时候，被安排讲中国哲学史。为了教好课，他开始研究中国哲学史。研究一章就讲一章，现炒现卖。但是，"炒"的速度显然慢于"卖"的速度。因此，他就采取"一课两制"的办法："炒"好了的，就过细地讲，没有"炒"的，就拿别人的说法讲，且粗略带过。1928年，他调到清华大学仍然讲授中国哲学史课。他继续采用这种"步步为营、逐次推进"的方针进行，终于在1929年完成了《中国哲学史》的上半部。书稿被他的一个在上海办"神州国光社"的朋友拿去，作为《中国哲学史》的上册于1931年出版。下半部于1933年脱稿。1934年，商务印书馆将上下两册拿去一并出版。

早在冯友兰的《中国哲学史》问世之前，胡适已出版了《中国哲学史大纲》卷上(1919年)。冯友兰说它是一部在中国哲学史研究方面"有划时代意义的书"。蔡元培还欣然为之作序，称赞它具有"证明的方法""扼要的手段""平等的眼光""系统的研究"四大特长。一时产生了强烈的轰动。出版不过两月就再版了。当时有一种庸俗的观点，认为提倡白话文的人，大概都不会写文言文，读不懂古书。不料像胡适这样力倡白话文的人，竟能读古书，而且能读懂最难读的古书。

既然已经有了这方面的书，而且反响很大，冯友兰要再写"哲学史"，自然就有了压力。因此，他一头埋进古书堆里，披沙拣金，分析论证，终于写出了令自己满意的著作。该书的水平超过了胡适的书。

关于二书的区别，同时代的人已有了明确的说法。曾与王国维、梁启超、赵元任并称为清华国学研究院四大导师的国学大师及清华学派的思想先驱陈寅恪，在审《中国哲学史》时写道：

窃查此书，取材谨严，持论精确……今日之谈中国古代哲学者，大抵即谈其今日自身之哲学者也；所著之中国哲学史者，即其今日自身之哲学史者也。其言论愈有条理统系，则去古人学说之真相愈远，此弊至今日之谈墨学而极矣。今日之墨学者，任何古书古字，绝无依据，亦可随其一时偶然兴会，而为之改移，几若善博者能呼卢成卢，喝雉成雉之比；此近日中国号称整理国故之普通状况，诚可为长叹息者也。今欲求一中国哲学史，能矫附会之恶习，而具了解之同情者，则冯君此作庶几近之；所以宜加以表扬……

胡适写他的书时，正处在"五四"反传统时代，而他又是刚刚喝足了实用主义的墨水，留洋归来，所以，他一巴掌打翻前人"信古"的框子，以一种"疑古"的态度研究中国哲学。用这种办法，他一刀砍掉了三皇五帝，因为这些人都"查无实据"。所以，他的哲学史从老子、孔子讲起。这倒使人耳目一新，同时也方便了教学。因为照传统的办法，穷经究典，爬行半年才能望见周公。教师、学生都被弄得疲惫不堪。当然，胡适的做法，又带来了新的毛病：常常脱离哲学发展的实际，自己说自己的。或者说，用一种既成的套子，去套中国的哲学。也就是陈寅恪所批评的："大抵即谈其今日自身之哲学。"

陈寅恪老先生的批评还是策略的，而大哲学家、冯与胡的同代人金岳霖先生的批评，就尖锐直截了。他说：

胡适之先生的《中国哲学史大纲》就是根据于一种哲学的主张而写出来的。我们看那本书的时候，难免一种奇怪的印象，有的时候简直觉得那本书的作者是一个研究中国思想的美国人；胡先生于不知不觉间所流露出来的成见，是多数美国人的成见。……对于他所最得意的思想，让他们保存古色，他总觉得不行，一定要把他们安插到近代学说里面，他才觉得舒服。同时西洋哲学与名学又非胡先生之所长，所以在他兼论中西学说的时候，就不免牵强附会。

两相比较，金岳霖肯定了冯友兰的做法，说他"以中国哲学史为在中国的哲学史""没有以一种哲学的成见来写中国哲学史"。

冯友兰也指出了自己与胡适的不同。他称自己的史学方法是"释古"。传统观点信其有，疑古之人断其无。"释古"者即是要弄清"有"和"无"的来龙去脉，并借此阐释出其蕴含的义理。《中国哲学史》可谓其"释古"思想的力作。

冯友兰说，他与胡适还有一个基本的不同点，是"汉学"与"宋学"的不同。胡适是"汉学"派，他的书既有汉学的长处又有汉学的短处。长处是，对于文字的考证、训诂比较详细；短处是，对于文字所表示的义理的了解、体会比较肤浅。"宋学"正好相反。它不注重文字的考证、训诂，而注重于文字所表示的义理的了解、体会。所以，"胡适的《中国哲学史大纲》对于资料的真伪，文字的考证，占了很大的篇幅，而对于哲学家们的哲学思想，则讲得不够透，不够细。……我的《中国哲学史》在对于名家的哲学思想的了解和体会这一方面讲得比较多"。

关于中国哲学史的起始人物，二书也有不同。胡书首先从老子讲起，而冯书首先写的是孔丘。孔丘和老聃究竟哪个在先，当时争论很大。胡书出版后，梁启超提出了不同意见，他举了一堆例子证明老聃在孔丘之后。在这一点上，冯与梁一致。这引起了胡适的老大不快。据说，他在北大课堂上说："我反对老聃在孔子之后的说法，因为这种说法的证据不足。如果证据足了，我为什么反对？反正老子也不是我的老子。"

冯友兰的《中国哲学史》在中国现代学术史上具有重要的地位。它以宏大的气势勾画出了中国哲学发展的轮廓，推进了中国哲学史科学化的进程。尤其可贵的，它还提出了一些很有价值的观点，备受学术界的肯定和推崇。如对先秦名家的区分和对二程理学的定位，即为学术界所公认的创见。友兰本人也颇感得意，说："这两点我认为都是发前人之所未发，而后来也不能改变的。"关于第二点，他晚年还在《三松堂自序》中写道：

程颢和程颐两兄弟，从来都认为，他们的哲学思想是完全一致的，统称为"程门"。朱熹引用他们的话，往往都统称"程子曰"，不分别哪个程子。我认为他们的哲学思想是不同的，"故本书谓明道乃以后心学之先驱，而伊川乃以后理学之先驱也。兄弟二人开一代思想之两大派，亦可谓罕有者矣"（《中国哲学史》第876页）。现在更明确了，程颢的哲学思想是主观唯心主义，程颐的哲学思想是客观唯心主义。虽同是唯心主义，但有客观、主观之异。

《中国哲学史》在中外读者中产生着越来越大的影响。自1934年初版之后，每隔一两年就再版一次，直到八九十年代，还不断有新的版本或译本问世。国内就不用说了，关于其在国外的反响，冯友兰的学生和朋友、该书的英译作者荷裔美国人D.卜德，曾在《冯友兰与西方》一文中有过说明。他说：

在中国，冯友兰名望很高，因为他是研究中国哲学史的史学家，又是有所创新的哲学家。在西方，他的声誉主要基于他撰写的有关中国哲学史的著作，其中有我译为英文的两卷本《中国哲学史》和他用英文写作经我编订的《中国哲学简史》，后者更有法、意、西、南、捷、日、朝、中文译本。这两种哲学史几十年来，一直是世界各大学学习中国哲学的通用教材。人们普遍认为，冯友兰在帮助西方世界更好地了解中国哲学和文化方面起了很大的作用。

卜德先生说的不错。冯友兰的《中国哲学史》是第一部系统完整的中国哲学史著，把中国哲学史研究推到了一个新的历史阶段；同时，该著作在西方影响也很大。所以有人说，中国人因有了严复而知有西方学术，外国人因有了冯友兰而知有中国哲学。

遗憾的是，卜德的英译本在出版了20年之后，冯友兰才看到。新中国成立之初，卜氏已翻译完毕。朝鲜战争爆发，他看到中美关系恶化，害怕交通中断，就带着稿子回美国去了，随即于1952年在普林斯顿大学出版社出版。直到1972年中美关系恢复，冯友兰才知道情况。

冯先生变了

1933年暑假，冯友兰在清华执教已满五年。按照清华的规定，可以申请出国休假一年，清华发给相当于一个留学生的费用和来往路费。正好，英国有一个组织——"英国各大学中国委员会"，邀请冯友兰去英国讲学。于是，他就经意大利去了英国，住在伦敦大英博物馆附近，准备讲稿，并常常到博物馆看书。

冯友兰准备了十个题目，"英国各大学中国委员会"将之分送到各大学，各大学就自己感兴趣的问题邀请冯友兰去讲。这样，冯友兰就先后到伦敦、剑桥、牛津、曼彻斯特、爱丁堡等大学，作了十七场演讲，还与维特根斯坦、罗素等著名哲学家进行了交流。

英国大学给冯友兰的印象是学期短、假期长，一个学年上课的时间大概不多于半年。课程也比较简单，主要是一些基础课。大量时间是训练学生怎样生活，包括怎样玩。当时有个玩笑话，说如果单从课程表看，北大、清华的毕业生，可以教美国的哈佛；哈佛的毕业生可以教英国的牛津、剑桥。

离开英国之后，他便开始了欧洲大陆之行。先到巴黎住了一个月，因为当时他的妹妹沅君和妹夫陆侃如在那儿留学。接着从巴黎到瑞士，又从瑞士到德国。欧洲大陆之行，给冯友兰的感觉，就仿佛进入了中国的春秋战国时代。不是说它在经济上落后，而是指它的国家太小。坐在火车上，几个钟头，甚至一两个钟头，就从一个国家到达另一个国家了，要做的事就是拿出护照重办手续。

关于这种感觉，冯友兰在《三松堂自序》中作过形象的描述：

试想象在春秋战国时代坐火车旅行：从北京出发，那是燕国；到了邯郸，那是晋国(战国时期是赵国)；再往南走，到了河南的卫辉，那是卫国(战国时期是魏国)；不远就到了郑州，那是郑国；不远又到了许昌，那是许国；不久就经过上蔡的地方，那是蔡国；到了信阳，那是申国；过了信阳，就进入楚国。不到一天的时间，就经过了八个"国家"。由此就感觉到中国的统一之可贵。

在英国的时候，他曾在大英博物馆里比较系统地阅读了一些马克思、恩格斯的著作，并接受了一些历史唯物论观点。在快要结束欧洲之行的时候，他决定去苏联看看。苏联是世界上第一个社会主义国家。当时人们把它描绘成两个极端。有的说它是天国乐园，有的说它是人间地狱。他想亲自去看看究竟是个什么样子。

按着苏联旅游局的安排，他走访了列宁格勒、莫斯科、哈科佛、基辅、阿地萨等几个大城市，得到的印象是：苏联既不是人间地狱，也不是天国乐园，而是一个正在变化中的人类社会。这个社会还有缺点，但并不像资产阶级报纸所渲染的那样，割断历史传统，破坏家庭格局，没有信仰自由。事实上，它的大学同欧洲差不多，教堂的礼拜活动照常进行，人民享有充分自由。特别让冯友兰感到新奇的是："资本主义国家的报纸，每天所报道的消息，大都是关于政治的和在政治上出头露面的人物，有时甚至把他们的穿戴都作详细的描写。而苏联的报纸所作的报道几乎完全是工农业生产状况和劳动模范等先进人物。"

经过观察与思考，冯友兰得出了这样的结论：封建社会是"贵贵"的社会，等级森严；资本主义社会是"尊富"的社会，金钱第一；社会主义社会是"尚贤"的社会，有知识、有技术的人受到尊重。因此，资本主义比封建主义进步，社会主义比资本主义进步。据此，他推测：苏联有可能通向天国乐园。

1934年10月，他带着这种认识回到了秋高气爽的北平。清华园内，夏日的热焰已被秋天的凉气所扑灭，但冯友兰的心头却依然暖烘烘的。他神情激昂地向亲朋好友和学生讲述游学欧洲的见闻。当时国内对苏联的兴趣很浓，许多人找到冯友兰，要求他谈谈这方面的情况。为此，他作了两次大的演讲。

10月23日下午4时，应"现代座谈会"（民族武装自卫先锋队前身）之邀，他在生物馆大讲堂作了一次公开演讲，题目是"在苏联所得之印象"。简单介绍了在苏联一个月的行程之后，他从八个方面介绍自己的印象：农业组织与工商业；苏俄所行的是否真正的共产主义；苏俄是否废除家庭；苏俄是否取消民族界限；苏俄是否不要学问；苏俄是否要艺术；苏俄是否要宗教；苏俄的大学生生活。最后，他总结道：

总之，苏联是有一定的主义、一定的计划的，他们现在的口号是以苏维埃社会制度，加上美国的工业化。如果他们做得到，是可以成为世界上一个新的地方的。

没想到记者也对此十分感兴趣，《北平晨报》次日便发了消息和演讲的部分内容，接着又连载两日，将冯友兰讲的八个问题全部公布于众。《清华周刊 副刊》也不示弱，于42卷第3期也刊登了这个消息，题目是《在苏联所得之印象——摘录冯芝生先生在座谈会上之讲演》，并加了按语：

冯先生此次出国考察，以在俄印象最佳。听冯先生讲"在苏联所得之印象"后，足证苏联之进步，并非虚传。

11月25日上午10点，冯友兰在北大二院大礼堂作了第二次演讲，这一回他讲了一个古怪的题目："新三统五德论"。

冯友兰并非真的要纵论秦汉历史哲学，而是借题发挥，大谈汉人历史哲学之"黑、白、赤"及"金、木、水、火、土"——"三统五德"中所包含的"历史是变的""历史演变乃依非精神的势力""历史之演变是循环的或进步的""没有永久不变的社会政治制度"等思想。听众们越听越明白：冯先生是在宣扬他刚刚学到的历史唯物论。

他明白无误地说道：

依照唯物史观的说法，一种社会的经济制度要一有变化，其他方面制度，也一定跟着要变。……由此例看来，我们就知道唯物史观的看法，认为社会政治等制度都是建筑在经济制度上的，实在是一点不错。

每一套的经济社会政治制度也各有其历史的使命。例如资本主义社会的使命，是把一切事业集中、社会化，以为社会主义社会的预备。在资本主义社会完全成功的时候，也就是他应该，而且必须让位的时候。

明眼人已经十分清楚地从这些话中听出了马克思的声音。因为这位共产主义运动奠基人早已在他的《共产党宣言》中得出了这样的科学论断："社会主义必然代替资本主义。"

听众们交头接耳："冯先生变了。"

国民党特务也嗅出了冯友兰身上的"异味"。

消息像滚雪球一样，越滚越大。在一些人的视觉里，冯友兰似乎已经成为浑身发亮的赤色人物。

北平警察局甚至还得到这样的"消息"：冯友兰将以中共代表身份赴苏联开会，并带回重要消息。

一场大祸正向冯友兰袭来。

28日上午12时，他正要下班回家吃午饭，秘书长沈履突然打来电话，说："你先别出去，有人要找你。"

等了一会儿，果然来了一个人。那人对冯友兰说："警察总监请你去说一句话。"

冯友兰问："什么时候？"

那人说："现在就走。"

到了警察局，那人走了，叫冯友兰独自在门房等着。

冯友兰在那儿莫名其妙地等了两个小时，才进来一个人。这人拿着一张条子，交给管门房的人，上面写着："收到冯友兰一名口。"然后让冯友兰跟他走。走到院中，见已有十几个人在那里排队站着。带冯友兰来的那个人叫冯也站到队中去，并拿来一副手铐要给他戴上。这时，一向温文尔雅的冯友兰才感到了事态的严重。他不禁愤然问道："我犯了什么罪？"那人没有直接回答，只是木然地说："你也戴上一个吧。"

冯友兰和那一帮子人稀里糊涂地被赶进了一辆闷罐子空车。一个人把车门一锁，开了车就走了。这时，冯友兰心头突然冒出了一个念头："这莫非就要上天桥？"天桥是当时的刑场，不少进步人士就倒在那里。不过，一向胆小谨慎的冯友兰，此时倒意外地平静。眼前竟然浮现出了古代英雄大义凛然奔赴刑场的情景，不禁感叹道："所谓从容就义，原来竟是这般简单。"

经过一番折腾，冯友兰他们一群人被押到了保定行营。他是作为"共党嫌疑分子"被抓来的，并没有施以刑罚，而是被关在一个房子里，写交代材料，交代在欧洲见到过什么人，说过什么话。

冯友兰的突然被捕，在外界引起了很大的震动。清华大学校长梅贻琦亲自奔走营救，并直接找了北平行营主任黄郛，还专门开会商议对策；家里人更是不敢怠慢，四处托人。夫人任载坤亲往北大，请蒋梦麟校长和胡适之院长帮忙，好友傅斯年则在南京多方疏通，设法营救。一时间沸沸扬扬，冯友兰成了北平的头号新闻人物。

事情闹到了何应钦那里。这位军政部长在听了各方面的反映后，给保定行营打来电报，称："冯友兰如无重大嫌疑，着即释放。"

这样，冯友兰于被捕的第二天下午即被释放。来时糊里糊涂，去时莫名其妙。当他在北平西火车站下车时，迎头看见弟弟景兰。原来弟弟是赶往保定，给他送生活日用品和御寒衣服的。家人已做好了他长期坐监的准备。

兄弟二人苦涩地对视着。

冯友兰的遭遇，引起了人们的无限感慨与愤怒。国民党的倒行逆施，特务的无法无天，搞得民无宁日，人人自危。鲁迅知道这件事后，愤然写道："安分守已如冯友兰，且要被逮，可以推知其它了。"而11月30日出版的《清华周刊　副刊》第42卷第8期也云：

（冯被捕）本校师长同学惊惶失措，气愤填膺。各方奔走，探听究竟……（先生返校后）同学纷纷往谒。冯先生态度自若，如无其事者。详语由校入城至保定，由保定返校一切经过。听者莫不蹙额切齿。呜呼，法治云乎哉！

南岳风情

1937年7月7日，卢沟桥事变爆发，日本帝国主义开始大规模地入侵中国。不久，国民党军队撤出北平，把这座古城拱手让给了日本。

在国民党军队撤走、日本军队侵入之前，还有几个星期的"真空"，清华校务会决定采取护校行动。冯友兰还专门对图书馆的工作人员说："中国一定会回来，要是等中国回来，这些书都散失了，那就不好，只要我们在清华一天，我们就要保护一天。"他同校务会议的人一直住在清华，守护着校园。一天夜里，他和吴有训一起巡察，清华园内，皓月当空，十分寂静。吴有训说："可怕，可怕，静得怕人！"冯友兰突然有一种幻灭的感觉。他们觉得守护校园已经没有什么意义了。原想为中国守护一块学术上、教育上完整的园地，现在北平已不再属于中国了，还在这里守着，不是为日本人服务吗?想到这些，他们决定不守了。

北平不守是人们意料中的事。清华也早已有了准备。几年前，已经着手在湖南长沙设立分校，动工在岳麓山建筑校舍。冯友兰和吴有训一起，带着亡国的悲痛和南渡的凄凉，恋恋不舍地离开了清华园，前往长沙。路过郑州的时候，他邀吴有训上馆子吃一顿黄河鲤鱼，说不知道什么时候才能回来。正巧碰见了戏剧家熊佛西，三个人一同去吃黄河鲤鱼。席间，喜欢养狗的熊佛西讲起了狗的故事。说北平有许多人走了，把狗扔下。而那些没有家了的狗，还仍旧忠实地守在门口，不肯离去。冯友兰感慨地说："这就是所谓丧家之狗，我们都是丧家之狗了。"

卢沟桥事变之后，南京教育部命令南迁的北大、清华、南开一起组成

"长沙临时大学"，以原来三校的校长为常务委员，主持校务，就原来三校的院长、系主任选出临时大学的院长、系主任。文学院院长由原北大文学院院长胡适担任，汤用彤出任哲学系主任。由于校舍紧张，文学院设在长沙以南一百多里地的南岳市。

1937年11月3日，冯友兰、朱自清、闻一多、叶公超、柳无忌等十人冒着大雨乘车从长沙抵达南岳。他们的住室在一个小山坡上，是一座小楼，有一个动听的名字，叫"停云楼"。停云楼背靠衡山，门前有一条从衡山上流下来的小河。大雨过后，小河还会变作一个小瀑布。地方十分幽静。在兵荒马乱的年月，有这样一个可供读书的"净地"，冯友兰这一帮学人多少也感到了一些慰藉。他们暂时搁下了流徙的感伤，投入到学术研究之中。学术空气一时十分浓厚。十年后，冯友兰在美国宾夕法尼亚大学发表中国哲学演说时，曾深情地回味了这一段日子：

在衡山只有短短的几月，精神上却深受激励。其时，正处于我们历史上最大的民族灾难时期；……我们正遭受着与晋人南渡、宋人南渡相似的命运。可是我们生活在一个神奇环境：这么多的哲学家、著作家和学者都住在一栋楼里。遭逢世变，投止名山，荟萃斯文：如此天地人三合，使这一段生活格外地激动人心，令人神往。在这短短的几个月，我自己和我的同事汤用彤教授、金岳霖教授，把在此前开始写作的著作写完了。汤先生的书是《中国佛教史》第一部分。金先生的书是《论道》。我的书是《新理学》。

南岳的这一段生活真可谓既严肃又活泼。教授与学生打成一片，其乐融融。北大有个学生说，在南岳一个月所学的比在北平一个学期还多。冯友兰也觉得，在这一短暂时期，中国的高等教育有了空前的发展，文学院的学术空气比清华、北大、南开三校的任何时期都浓厚。大家在攒着劲搞好教育，以减缓亡国之痛，弘扬中国文化，为祖国培养人才。

有一次，冯友兰与诸友登山，来到"二贤祠"。据说这里是朱熹和张栻切磋道德文章的地方。祠里正房叫"嘉会堂"，堂中立了一块写着"一会千秋"的横匾。友兰看了，顿生宋人南渡的凄情，随口吟诗数首，其中二首道：

二贤祠里拜朱张，一会千秋嘉会堂。
公所可游南岳耳，江山半壁太凄凉。

洛阳文物一尘灰，汴水繁华又草莱。
非只怀公伤往迹，亲知南渡事堪哀。

朱自清十分欣赏这两首诗，在一次会议上，他登台朗读，感情十分投入。全体师生深为两位先生的爱国情怀所感染，倍感凄怆悲愤。

当时，学者们除了低头做学问、闷心思故国之外，也间或唱和吟诗，或以文相戏，给"偏安"生活平添了不少闲情逸趣。有一次在饭厅吃饭，菜太咸，难以下咽，有人打趣说："菜太咸有好处，可以防止人多吃。"闻一多随口用汉儒解经的路数，拖着长腔说："咸者闲也，所以防闲人之多吃也。"逗得人们喷饭大笑。

当时住在小楼上的哲学教授，都有些嗜好或小典故。金岳霖眼睛怕光，经常戴一副眼罩；郑昕喜欢喝酒；冯友兰曾评过吴宓的一首诗，认为"相携红袖非春意"一句写得不很得体；沈有鼎用纸枚代替蓍草，研究周易占卜的方法。中文系的闻一多就此赋诗一首，嘲戏哲学系的先生们。诗曰：

唯有哲学最诡恢，金公眼罩郑公杯。
吟诗马二评红袖，占卜冗三用纸枚。

"马二"为"冯"，"冗三"为"沈"。先生们的情趣可见一斑。

被评点的这几位哲学家各有一套看家本领。其中冯友兰善于把复杂问题简单化。靠这种本领，他打通古今、融贯中西，化腐朽为神奇。而金岳霖正好相反，他擅长把简单问题复杂化，在外人看不出问题的地方，不仅看出问题，而且可以使问题层出不穷。如中国有个谚语，叫"金钱如粪土，朋友值千金"。金岳霖在十几岁的时候就觉得它有毛病。因为，如果"金钱"是粪土，那么"千金"显然也是粪土。把这两句话作为前提，得出的逻辑结论就是"朋友如粪土"。这样，就和谚语的本意正好相反。

受闻一多的启发，北大历史系教授容肇祖干脆把文学院十九位教授的名字串在一起，吟成五首美妙的七绝（其中第四首为冯友兰补作）。首尾两首为：

> 冯阑雅趣竟如何(冯友兰)，
> 闻一由来未见多(闻一多)。
> 性缓佩弦犹可急(朱自清)，
> 愿公超上莫蹉跎(叶公超)。

> 卜得先甲与先庚(周先庚)，
> 大家有喜报俊升(吴俊升)。
> 功在朝廷光史册(罗廷光)，
> 停云千古留大名(停云楼)。

将中国教授的名字编成诗句都还顺利，唯独英人威廉·燕卜孙之名难以入诗，容肇祖便去求助于冯友兰，冯友兰脱口吟道："梁上燕子已卜孙。"

停云楼上的这群学者们，确实在这里创造了无限情趣，留下了千古美名，使这座小楼流彩溢芳。

然而，这样的日子很快就结束了。1937年12月13日，国民党的首府南京被日军攻陷。日寇在南京城内进行了疯狂的大屠杀，我34万军民惨遭杀害。南京失守后，日寇又进逼武汉，长沙受到威胁。"临时大学"奉命转移，南迁到相对安全又不过分闭塞的昆明，在那里建立"西南联合大学"。于是，冯友兰这帮学人们只好又舍去刚刚熟悉的南岳，舍弃已产生了浓厚感情的"停云楼"，向昆明进发。

然而，留在他们心中的"南岳的故事"，却怎么也不会被舍弃。

贞元六书

西南联大的八年，是冯友兰一生中最辉煌的时期。他的事业如日中天，影响遍及海外。与他一同供职于联大的著名哲学家贺麟，说他是抗战以来国内"影响最广声名最大的哲学家"。他成为一个有建树的哲学家是在这一时期，其重要标志是创作了"贞元六书"。

所谓"贞元六书",是指冯友兰于抗战期间创作的六本哲学著作:《新理学》《新事论》《新世训》《新原人》《新原道》和《新知言》。《易经》乾卦卦辞曰:"乾:元、亨、利、贞。""贞下起元",旧的时代即将过去,新的时代必将到来。这是冯友兰对时局的认识。所以,他称抗战时期为"贞元之际",称这六本书为"贞元六书"。关于这一点,他有过较详细的说明:

闻一多(前左一)与10位教师、250名学生一起,徒步从长沙走到昆明,计68天、3500里

  所谓"贞元之际",就是说,抗战时期是中华民族复兴的时期:当时我想,日本帝国主义侵略了中国大部分领土,把当时的中国政府和文化机关都赶到西南角上。历史上有过晋、宋、明三朝的南渡。南渡的人都没有能活着回来的。可是这次抗日战争,中国一定要胜利,中华民族一定要复兴,这次"南渡"的人一定要活着回来。这就叫"贞下起元"。这个时期就叫"贞元之际"。

他创作"贞元六书"的目的,就是"值贞元之会,当绝续之交,通天人之际,达古今之变,明内圣外王之道","以为我国家致太平,我亿兆安身立命之用"。说到底,是意图建立自己的哲学体系,为抗战建国寻找思想和理论上的依据。

按冯友兰的说法,这六部书实际上是一部书。《新理学》为总纲,其他的是具体章节。"贞元六书"的思想体系,总起来说,可以称为"新理学"体系。人们也正是这样称呼它的。"新理学"体系的核心观念,简单地说有二:一是"两个世界",二是"四个境界"。《新理学》主要谈"两个世界",《新原人》主要谈"四个境界"。

所谓"两个世界",是指"真际"世界和"实际"世界。所谓"真际",是指抽象的共相或一般概念,相当于思维;所谓"实际",其哲学的含义与"存在"相同。因此,真际与实际的关系问题其实就是思维与存在的关系问题。冯友兰所说的"实际"是由事物组成的现象界，而"真际"则是由超时空、超动静、超生火、超然于万物之上的先念性的抽象共相——"理"所组成的"本体界"。由于他硬把"真际"拖到了脱离物质世界的真空之中，所以人们也就把他同程朱理学和柏拉图主义挂上钩，称他为客观唯心主义者。

事实确也如此。近代以来，西学东渐，中国有作为的哲学家都在进行着中西融合工作，只是融合的程度不同。著名哲学家、冯友兰的堂妹夫张岱年曾将现代三个最有名望的哲学家熊十力、金岳霖和冯友兰作过有趣的比较。他认为：在熊氏哲学体系中，"中"层占十分之九，"西"层占十分之一；在金氏的哲学体系中，"西"层占十分之九，"中"层占十分之一。唯有在冯氏的哲学体系中，"中""西"各半，尽得其妙。

在中国，冯友兰继承的主要是程朱理学；在西方，他继承的主要是柏拉图和新实在论，并试图把新实在论与程朱理学结合起来，创立新的儒家思想体系。因此，人们又把"新理学"称为"新儒家哲学"。对此，冯友兰曾经有个形象的说法，叫"接着讲"。意谓接着程朱理学往下讲。显然，新理学不是程朱理学的复述，而是冯友兰自己的创造，只不过是用程朱的"旧瓶"装冯氏的"新酒"而已。虽然，"旧瓶"中的酒味并未完全洗掉。

所谓"四个境界"，是指自然境界、功利境界、道德境界和天地境界。"境界"说是冯友兰新理学的重要组成部分。冯友兰通过它阐发了新理学的人生哲学，而这种人生哲学实际上是整个新理学体系的归宿。

冯友兰说："人对于宇宙人生的觉解程度，可有不同，因此宇宙人生，对于人的意义，亦有不同。"这种不同就决定了人生境界的不同。据此，冯友兰把人生中所有的境界分成了上述四个类型。这四个类型是按照人对于宇宙和人生的觉解程度的深浅由低级向高级排列的。

关于"自然境界"，冯友兰写道："在此种境界中的人，其行为是顺才或顺习的。……顺才而行，'行乎其所不得不行，止乎其所不得不止'。亦或顺习而行，'照例行事'。无论其是顺才而行或顺习而行，他对于其所行的事的性质，没有清楚的了解。此即是说，他所行的事，对于他没有清楚的意义。就此方面说，他的境界，似乎是一个混沌。"（《新原人》）在此境界中的人没有把自己同自然区别开来，一味地顺应自然，照本能为人处世，浑浑噩噩地度日。古人所说的"凿井而饮，耕田而食，不识不知，顺帝之则"，"日出而作，日入而息，不识天工，安知帝力"就是这一境界中人的生活与心态的典型写照。冯友兰认为，不仅未开化的野蛮人、童蒙未启的儿童属于这种人格，就是生活在文明发达的社会中的人，甚至某些艺术家或科学家，也可以属于此种类型。他们可能作出某种天才的发现，但这种发现只是出乎"天成"，并不是其有意识的追求。他们对于这种发现所具有的意义、价值毫无所知。

自然境界中的人觉解程度最低，不了解何为"人之理"，何为"社会之理"。因此，冯友兰认为："照人之所以为人的标准说，自然境界不是人所应该有的。"在他看来，要追求理想的人格，就不能停留在混沌自然之乡，而要自觉认识自然，了解宇宙人生的真谛，冲破自然境界的樊篱，达到一个较高的精神境界。

关于"功利境界"，冯友兰指出："功利境界的特征是：在此种境界中的人，其行为是'为利'的，所谓'为利'是为他自己的利。"或者说，"都是为'我'的，都是'自私'的"。这种人争名于朝，求利于市，以满足自己的需要、求得人生的快乐为目的，奉行功利主义或快乐主义的人生哲学。冯友兰认为，社会上大多数人都处于这一境界，即使是英雄才人也大都如此。英雄受人崇敬，奸雄遭人唾骂，但他们的境界完全相同。其区别仅在于英雄利己不损人，奸雄利己又损人。

在冯友兰的人生境界"塔"中，功利境界比自然境界高一层。自然境界中的人毫无觉解，无所追求，而功利境界中的人至少有明确的人生目的。他们觉解到人性中"较低的部分"，即觉解到人所依照的"生物之理"或"动物之理"。当然，他们对于"人之理"，即"人之所以为人者"并无觉解。这一点同自然境界中的人处于同一境界。因此说，他们还仅仅是生物意义上的人，还不是人的意义上的人。

既然自然境界、功利境界的人格都不理想，就有必要寻找较完善、较理想的人格。这便有了"道德境界"。"道德境界"是冯友兰境界塔中的第三级。

道德境界的特征是："在此种境界中的人，其行为是'行义'的。义与利是相反亦是相成的。求自己的利的行为，是为利的行为，求社会的利的行为，是行义的行为。在此种境界中的人，对于人之性已有觉解，他了解人之性是涵蕴有社会的。"也就是说，这种人不像功利境界中的人那样以"取"为目的，而是以"予"为目的，不谋私利，不计己功，尽伦尽职。同时，他们又认为个人与社会是统一的，个人必须为社会谋利，对社会尽忠。冯友兰把这种人称为"贤人"。在他看来，做个"贤人"并不很难，只要有颗大公无私的心就成，就能进入"道德境界"。

因此，冯氏又进一步指出，贤人虽然觉解程度很高，但仍处在"天理与人欲交战"阶段，并未完全脱离"实际"，置心于"真际"。所以，贤人的境界还有必要提高到"天地境界"。

"天地境界"是人生中的最高境界，是冯友兰境界塔的塔顶。

天地境界的特征是："在此种境界中的人，其行为是'事天'的。在此种境界中的人，了解社会的全之外，还有宇宙的全，人必于知有宇宙的全时，始能使其所得于之所以为人者尽量发展，始能尽性。"此种境界中的人，有完全的高一层的觉解。"他"不仅能尽人伦人职，而且能尽天伦天职，即能知天、事天、乐天，以至于同天。这种人就是"圣人"。"圣人"的人格是冯友兰心目中最理想的人格。"圣人"与"贤人"的最大区别就是贤人仅觉解了"社会的全"，而圣人则既觉解了"社会的全"，又觉解了"宇宙的全"，完成了对于整个"真际"的体认，达到了人生境界的极致。当然，圣人并未超然物外，他依然要"担水砍柴"。但他能使平常的事具有不平常的意义——"担水砍柴，无非妙道"。冯友兰用"极高明而道中庸"来概括"圣人"的这一品格。"极高明"是圣人处理天人关系的准则，"道中庸"是圣人的处世原则，二者的精妙结合，是圣人的最高品格，也是冯友兰最理想的人格。

正是在这里，冯友兰跌进了玄虚的深渊，滑进了神秘的泥潭。他曾信誓旦旦，要清除宗教中的"模糊"与"混乱"，而他自己却恰恰在这里陷入了"混乱"。

当然，对于某个人或社会来说，其所处境界并不是一成不变的。它总是在经历着一个由低级向高级的发展过程。这一过程就是"我之自觉"的过程。在冯友兰看来，"我"有两种，一种是自私的"小我"，一种是大公的"大我"。"大我"才是人之所以为人的真正主宰。"我"之主宰意识的不断觉醒，就是境界的不断提升。

冯友兰对于人的精神境界的重视与挖掘，具有重要的理论意义和现实的启迪作用。

其现实意义，从大处看，在当时就是增强民族自尊心、自信心和凝聚力。特别是在"道德境界"中，强调服从社会，推崇群体意识，对于维系民族团结、抗击日本侵略者是有着明显的积极意义的。从小处看，对于提高个人的精神境界，解除某种精神危机也有着"无用之大用"。有一件事可以说明这一点。西南联大有一个学生，叫吴讷孙，上二年级的时候，有一段时间感到生命空虚，准备结束自己的生命。自杀前，他忽然想起了冯友兰，想再听他讲一次人生的真谛。经过冯友兰的耐心劝导，吴讷孙打消了轻生的念头，并转而发愤读书，后来竟成为美术史专家。20世纪60年代，他还在台湾发表了一篇名叫《未央歌》的小说，反映昆明西南联大时他所经历的生活。

"贞元六书"不仅在当时广大的国统区产生强烈的反响，在解放区也产生了不小的反响。不少青年学生也喜欢阅读此书。据韦君宜在《敬悼冯友兰先生》一文中回忆，有一次她的老同学蒋南翔向她介绍冯友兰刚刚出版的新著《新事论》，说："这书写得实在好，他自己不标榜唯物主义，但是这实在是唯物主义的，你看看那一章《谈儿女》，我们这些人写不出来。"韦君宜把这本书看完后，又去延安党校图书馆借阅《新理学》《新世训》等书。看完之后大受震动，"觉得我这个哲学系的学生，实在对不起老师"。

写完"贞元六书"最后一部《新知言》的时候，抗日战争已胜利结束了。想着这套书产生的特殊年代和特殊使命，冯友兰不觉长出一口气。于是，欣然提笔为《新知言》写了篇意味深长的"自序"：

承百代之流，而会乎当今之变，"新理学"继开之迹，于兹显矣。将返北平，留滞重庆，因取已钞成之稿，校阅付印。《新理学》之纯哲学的系统，将以《新理学》《新原人》《新原道》及此书，为其骨干。《新理学》脱稿于南渡途中，此书付印于北返道上。亦可纪也已。

时间虽然又过去了半个世纪，但冯友兰为民族自信、自立、自强而寻找形上学根据的拳拳之心依然炽热发光。他并非关起门窗作纯理念的哲学研究，而总是联系着实际阐发哲学义理，揭示中国文化的丰富内蕴及中国必胜的道理。正如他在《新事论·赞中华》中列举了许多战地上涌

1941年4月清华校庆时领导成员在西南联大合影。左起：施嘉扬（工学院长，兼联大工学院长）、潘光旦（教务长）、陈岱孙（法学院长）、梅贻琦（校长）、吴有训（理学院长，兼联大理学院长）、冯友兰（文学院长，兼联大文学院长）、叶企孙（研究委员会主席）

现出来的"真正的中国人"之后所感叹的那样："这些人都是平常的中国人……这都是数千年的国风养出来的真正'中国人'。""数千年的国风"孕育了数千年的"中国人"，而这些"真正的中国人"必将打败日本帝国主义，赢得国家的独立，并使中国走向现代化。这是当时冯友兰所急于告诉世界的：

> 中国的过去，靠这些真正的"中国人"。中国的将来，也靠这些真正的"中国人"。
>
> 真正的"中国人"已造成过去的伟大的中国。这些"中国人"将要造成一个新中国，在任何方面，比世界上任何一国都有过无不及。

这是我们所深信，而没有丝毫怀疑的。

流彩的石头

　　冯友兰的文学修养很深，吟诗作文是他的拿手绝活。这一点也是冯氏家族一脉相承的传统。冯友兰虽然以哲学家著称于世，其文学水平之高也是深为人们称道的。朱自清、闻一多等同时代的文豪们屡屡称颂他的诗文，并多次在公众集会上引吭诵读。也正因为如此，1947年，美国普林斯顿大学授予他"名誉文学博士"学位；1951年，印度德里大学授予他"荣誉文学博士"学位，印度总统普拉沙德亲自为他颁发证书；时隔三十一年，美国哥伦比亚大学又授予他"名誉文学博士"学位。

　　李慎之在《纪念冯友兰先生》中说："冯先生是一个运用语言的大师，在以白话文写哲理文章方面，其才能可以说是冠绝一时。""读冯先生的书不但可以了解中国哲学的精华，而且可以学会作文章的本领。"冯友兰的文章深入浅出，蕴含丰腴，语言风趣，颇耐嚼咀。这不仅体现在其

"哲学大厦"新理学的创作中，而且体现在即兴发表的许许多多的短论、时评和演说辞之中，特别是他在西南联大时写作的后来辑为《南渡集》的作品中。关于这一点，范鹏在《道通天地·冯友兰》一书中给予了高度的评价："以《南渡集》为代表的这些作品，尤其是其中的哲学论文，犹如大厦旁的园林，为大厦的存在增添了几分诗意，就其思想之深刻、语言之风趣和耐人寻味而言，我以为这些作品的价值和影响绝不在贞元六书之下。冯友兰创造了一种极平淡而又有玄心、妙赏和洞见的风流文字，似可将其命名为'冯体哲理散文'，这也许有点像'木制的铁'那样令人不可思议，但它确实存在，别人无法与之比肩。"

正因为冯友兰有着极好的文采，教授们才屡屡推荐他写各种应景的文章，而书生意气的他恰恰又乐意干这些"杂活"。

在这类杂活中，与联大有关而且颇有影响的有三次。

一次是1938年联大制定校歌校训，设立了一个委员会主持其事。委员会共有五个成员：冯友兰、闻一多、朱自清、罗庸、罗常培。冯友兰被推为主席。冯友兰、罗庸、马约翰、张清常都写了歌词，罗庸、马约翰、张清常还谱了曲。联大常务委员会最后决定采用冯词张谱。冯友兰写的歌词《满江红》，这就是传唱了半个世纪的联大校歌。

一次是1943年秋天的一天，蒋梦麟召集联大国民党党员教授会议，冯友兰出席。在座谈了国内形势之后，决定以联大区党部名义致函蒋介石，提出对国内形势的看法，要求蒋介石实行立宪，开放政禁，以收拢人心。大家推举冯友兰执笔起草。他立即写了一个初稿，情真意切，字句铿锵，其中有几句道：

睹一叶之飘零，知深秋之将至。

昔清室迟迟不肯实行宪政，以致失去人心，使本党得以成功。前事不远，可为殷鉴。

联大三青团分部干事长陈雪屏看后称冯友兰为"当代大手笔"。历史系教授雷海宗更是激赏此文。他对冯友兰说："即使你写的书都失传了，这一篇文章也可以使你不朽。"据说蒋介石看信后"慈心"突发，"为之动容，为之泪下"，并很快复信，表示同意联大区党部诸教授的意见，实行立宪。

最后一次影响最大，是为联人撰写纪念碑文。

1945年8月15日，在中国大地上疯狂肆虐了八年之久的日帝国主义，终于垂下了它那罪恶的头颅，宣布投降。抗日战争的结束也就标志着西南联大这个抗日产物的使命的终结。所以，联大三校在热烈欢呼胜利之后，就着手准备北归和分家之事。

1946年早春的一天，清华校务会开了一个寻常的会议。这个寻常的会议又因为校长梅贻琦的一个提议变得不寻常。他说："我们在昆明呆了七八年，临走的时候总要留下一个纪念品吧？"冯友兰接着说："那就留下一个有古典形式的纪念品吧。"大家都说好，并一致推荐冯友兰操办此事。冯就按照他的审美理想筹备立一个完全合乎传统形式的纪念碑。随着时间的流逝，不知内情的人纷纷传说是联大常委会通过正式决议建立纪念碑的。其实不然。据冯友兰说，严格地讲，这座纪念碑"是作为在联大中的人为了纪念联大而建立的"。按照冯友兰的脾气，干一件事就要把它干好。所以，他沉下心来亲自写了一篇碑文，并请中国文学系教授闻一多篆额，中国文学系主任罗庸书丹。一碑三杰，几至"天地境界"。

一切准备就绪，联大常委会决定于抗战胜利后的第一个"五四"纪念日结束自己的历史使命，并为纪念碑揭幕。那天上午，联大全体师生集合开会。冯友兰在大会上朗诵了他自己撰写的《西南联合大学纪念碑碑文》：

中华民国三十四年九月九日，我国家受日本之降于南京。上距二十六年七月七日卢沟桥之变，为时八年；再上距二十年九月十八日沈阳之变，为时十四年；再上距清甲午之役，为时五十一年。举凡五十年间，日本所鲸吞蚕食于我国家者，至是悉备图籍献还。全胜之局，秦汉以来，所未有也。

冯友兰站立在高台上，慷慨陈词。先述抗战胜利之切切真情，接着述西南联大形成的历史背景及历史足迹。他的声音庄重铿锵，回荡在空旷的校园上空，将师生们的思绪带到了那战火纷飞、浓烟滚滚的战乱岁月。三校师生行囊裹脚，跋山涉水，风餐露宿，迁徙长沙，蛰居南岳，驻足昆明，开垦蒙自，筚路蓝缕，建设校园的一幕幕悲壮的景象仿佛就在眼前。

而今"河山既复，日月重光"，联合大学的战时使命业已完成，即将返回故里，各兴其业。然而，八年的辛苦支撑，八年的通力合作，八年的生死之交，着实令人感动，令人留恋，值得纪念。冯友兰列了四条值得纪念的理由：

> 我国家以世界之古国，居东亚之天府，本应绍汉唐之遗烈，作并世之先进。将来建国完成，必于世界历史，居独特之地位。盖并世列强，虽新而不古；希腊、罗马，有古而无今。惟我国家，亘古亘今，亦新亦旧，斯所谓"周虽旧邦，其命维新"者也。旷世之伟业，八年之抗战已开其规模，立其基础。今日之胜利，于我国家有旋乾转坤之功，而联合大学之使命，与抗战相始终。此其可纪念者一也。文人相轻，自古而然，昔人所言，今有同慨。三校有不同之历史，各异之学风，八年之久，合作无间。同无妨异，异不害同，五色交辉，相得益彰；八音合奏，终和且平。此其可纪念者二也。万物并育而不相害，道并行而不相悖，小德川流，大德敦化，此天地之所以为大。斯虽先民之恒言，实为民主之真谛。联合大学以其兼容并包之精神，转移社会一时之风气，内树学术自由之规模，外来"民主堡垒"之称号，违千夫之诺诺，作一士之谔谔。此其可纪念者三也。稽之往史，我民族若不能立足于中原，偏安江表，称曰南渡。南渡之人，未能有北返者：晋人南渡，其例一也；宋人南渡，其例二也；明人南渡，其例三也。"风景不殊"，晋人之深悲；"还我河山"，宋人之虚愿。吾人为第四次之南渡，乃能于不十年间，收恢复之全功。庾信不哀江南，杜甫喜收蓟北。此其可纪念者四也。

西南联大确实值得纪念。它是中国教育史和中国科学史极其重要的一页。虽然只有八年，而且是在战乱中的八年，但它创造了中外教育史上的奇迹。它所拥有的庞大的教授阵容，在中国是空前的，在世界也是罕见的。教授们背着亡国之痛，奋笔疾书、疯狂工作的精神，以及创造出的辉煌业绩也是史所未闻的。

西南联大的著名科学家和学者真正称得上是"云集"。著名科学家有叶企荪、吴有训、姜立夫、饶毓泰、赵忠尧、周培源、吴大猷、卫竹溪、张文裕、杨石先、华罗庚、陈省身；著名哲学家、社会科学家、历史学家有冯友兰、汤用彤、金岳霖、贺麟、熊十力、郑昕、沈有鼎、钱穆、王宪钧、陈岱荪、张奚若、冯文潜、潘光旦、雷海宗、容肇祖、张荫麟、胡毅、陈序经、费孝通、吴晗、傅斯年、曹日昌等；著名文学家、语言学家有朱自清、闻一多、陈寅恪、吴宓、陈铨、朱光潜、叶公超、李广田、柳无忌、王力、罗庸、罗常培、游国恩、钱钟书、魏建功、卞之琳、陈梦家等。真可谓名人荟萃，济济一堂。他们的弟子更是出类拔萃，贤者如云。如杨振宁、李政道、王浩、牛满江、冯至、洪谦、任继愈、余冠英、王佐良、汪子嵩、黄楠森、何兆武、王瑶、朱德熙、郑敏、穆旦等，不一而足。新中国成立后，首批190名自然科学学部委员中，就有118人来自于西南联大。放眼世界，如此盛景，难觅其二。

冯友兰一口气陈述了四个"可纪念"的理由，有理有据，情文并茂。这个受过"黄调"洗染的鸿儒，此时充分发挥其朗诵的才能，一段文章被他读得有声有色，气势袭人。整个会场鸦雀无声，只有那浓浓的河南方音在空中滚动。当谈到"南渡之人，未能有北返者⋯⋯'风景不殊'，晋人之深悲；'还我河山'，宋人之虚愿"时，全场一片悲咽哀叹之声；当读到"吾人为第四次之南渡，乃能于不十年间，收恢复之全功"时，群情振奋，众目生辉。

冯友兰当年写的联大校歌包含着三方面的内容：开头叹南迁流离的苦辛，中间颂师生不屈不挠的斗志，最后表吾人必胜的信心。现在果然都一一兑现了，冯友兰感叹道："联合大学之终始，岂非一代之盛事，旷百世而难遇者哉！"于是，他有感于歌词的启发，写了一首铭词，作为碑文的结尾。铭词曰：

痛南渡，辞宫阙。驻衡湘，又离别。更长征，经峣嵲。望中原，遍洒血。抵绝徼，继讲说。诗书丧，犹有舌。尽笳吹，情弥切。千秋耻，终已雪。见仇寇，如烟灭。起朔北，迄南越，视金瓯，已无缺。大一统，无倾折。中兴业，继往烈。维三校，兄弟列，为一体，如胶结，同艰难，共欢悦。联合竟，使命彻，神京复，还燕碣。以此石，象坚节，纪嘉庆，告来哲。

冯友兰的弟子们盛赞这篇碑文，认为它"有论断、有气势、有感情、有文采、有声调，抒国家盛衰之情，发民族兴亡之感，是中国现代史上一篇大文"（转引自宗璞《九十华诞会》）。

冯友兰也极其珍视这篇文章，视为平生的得意之作。其得意之处不仅在于它写得极有文采、极有才气，更得意于它是中华历史上一段极其特殊的历史的写照。这些散发着作者爱国热情的文字均匀有致地铭刻在被指定作碑的石头上，使这块石头不再浑浊、僵硬、冰冷，而变得充满智慧，富有生命。

1980年，冯友兰的小女儿宗璞到昆明，带着对童年生活的追忆，带着对父辈们那段生活的景仰，特意去瞻仰此碑。然而由于时过境迁，事是人非，岁月的年轮似乎已抹去了石头上当年的光辉。它蜷曲在校园的一角，为繁茂的草木掩遮着，若不特意找寻，还真难见其尊容。宗璞感慨万分，信手写下一首小诗：

国立西南联合大学纪念碑

那阳光下极清晰的文字
留住提炼了的过去
虽然你能够证明历史
谁又来证明你自己

它无需谁来证明。历史没有将它忘记。现在，在西南联大的重要成员北京大学的校园里，未名湖西北角荷塘旁的草地上，就矗立着一座新碑，它概括了那段特殊的历史。这就是在五四运动70周年纪念日那天竖立起的联大纪念碑的复制碑。

谁说"断碣残碑都付与苍烟落照"？这块碑注定要流彩溢芳，与西南联大的光辉一起留在史书上，留在联大人的心中，留在冯氏子孙的记忆里。

不当"白华"

冯友兰带着他在碑文中所渲染的美好心境"北返"，看到的景象却是萧条凋敝，街上行人稀少，两旁房屋陈旧失修，不少地方是败瓦颓垣。遭受日寇八年的蹂躏，北京城已经不是当年的北平了。

由于北返前冯友兰于昆明接到了卜德的来信，邀请他去费城宾夕法尼亚大学当一年的客座教授，9月1日以前到校。所以，冯友兰到北平不到一个月，就动身前往美国。这是他第二次踏上美利坚合众国的土地。此行的目的有二：一是给宾大学生讲中国哲学史，一是继续协助卜德翻译他的《中国哲学史》。抗战前夕卜德已译出了上卷，由于战事日紧，他便携上卷离开北平回到美国，下卷的翻译就拖了下来。

1947年普林斯顿大学二百年校庆，冯友兰应邀参加，被授予"名誉文学博士"学位，同往参加的还有梁思成和赵紫宸。在纽约，他拜会了哥大时的老师杜威先生。杜威告诉冯友兰，美国的宗教势力有抬头之势。他说，有一个有钱的老太太，对一个天主教的主教说："你若能保证让我死了以后灵魂一定得救，我就把财产全部献给教会。"那个主教说："当然保证。"这位老太太信以为真，就把财产都献给了教会。这使冯友兰想起他刚看罢的一个哲学教授写的自传。自传说，有一次他接到一个工厂工会的请帖，说他们要举行一个晚会，请他出一个节目。他去了，一看节目单，上边有魔术、杂技、讲故事、唱歌等。晚会上演了几个节目以后，请他讲哲学，接着是魔术，他感到心里很不舒服。晚会结束后，恰好与那个魔术师住在一起。魔术师见他闷闷不乐，以为他在为观众鼓掌不热烈而生闷气，就安慰他说，干咱们这一行的人，遇见观众不太欢迎的情况是常有的事，不必介意。

这两件事放在一起，使冯友兰觉得，哲学在美国公众心中没有地位。它没能像中国哲学那样解决人们的精神寄托问题，原因在于，"现代西方资产阶级哲学，只讨论哲学中一些问题的细节，一般人听着有莫名其妙之感。好像魔术一样，一会儿这样，一会儿那样。人不能把希望寄托在这些讨论上，这些讨论也实在不能为人所寄托。因此只好转向宗教，把希望寄托在那位主教的一句话上面了"（《三松堂自序》）。

初来美国时，冯友兰讲中国哲学的底气很足。他怀着刚刚驱赶走日本帝国主义者的民族自豪感和自信心，向美国公民们阐发中国哲学的巨大魅力和勃勃生机，并用英文写作了一部《中国哲学小史》的讲稿，交纽约的麦克米伦公司出版，旋即又被译成法文、意大利文、南斯拉夫文等（此书直到1985年才出中文译本，译者涂又光。为区别于1933年商务印书馆出版的《中国哲学小史》，更名为《中国哲学简史》）。与此同时，他的《新原道》在伦敦出版了英文译本，题名为《中国哲学之精神》。一时间，冯友兰声震欧美。然而，慢慢地，他发现美国人并不像他想象的那样钟情于中国哲学。他们只是将"中国学"（中国文化)当成了供其把玩的古董。这使冯友兰产生了那位同魔术师同台"演出"的哲学家一样的感觉，不禁感到心酸：

这也难怪。因为在解放前，外国学者来中国的，中国也无外是让他看看长城、逛逛故宫。除了这一类古的东西之外，再也没有什么新的东西可看。当时我有一种感觉，我在国外讲些中国的旧东西，自己也成了博物馆里面的陈列品了，心里很不是滋味。当时我想，还是得把自己的国家搞好。

那些日子，他的头脑中总是回荡着"建安七子"之一王粲《登楼赋》中的两句话：

虽信美而非吾土兮，曾何足以少留！

当时，国内的形势是，人民解放军节节胜利，南京政权摇摇欲坠，全国解放已成必然趋势。作为一个挂着国民党党员名号的知名教授，何去何从的问题已日益尖锐地摆在了他的眼前。有些朋友劝他定居美国。这自然不成问题，但他不愿意这样做。他对朋友们说："俄国革命以后，有些俄国人跑到中国居留，称为'白俄'。我决不当'白华'。解放军越是胜利，我越是要赶快回去，怕的是全中国解放了，中美交通断绝。"于是，他辞谢了一些大学的邀请，毅然踏上了归程，其拳拳爱国之心清晰可见。

其时为1948年2月，3月初冯友兰抵上海。

第四章
艰难跋涉

◎

冯友兰从美国回来以后，中国正在经历着翻天覆地的大变动。对于冯友兰，这种大变动整整持续了30多年。30余年里，他犹如被抛掷在茫茫无边的荒滩上，虽奋力跋涉，然前程迷离，总也找不到通向绿洲的路径。

—※—

从1948年回国，到1990年去世，冯友兰在中国内地又生活了42年。这42年，可谓风风雨雨遍历，酸甜苦辣备尝。前30年检讨，后12年拼命，冯友兰过得既战战兢兢、诚惶诚恐，又泼泼辣辣、风风火火，至"盖棺论定"之时，又完成了新的超越。

风云变幻

我不知道风
是在哪一个方向吹——
我是在梦中，
在梦的轻波中依洄。

这是现代大诗人徐志摩《我不知道风是在哪一个方向吹》中的诗句。新旧交替时期的冯友兰正处于这种"不知道风是在哪一个方向吹"的状态之中。

临危受命

冯友兰回到北平的时候，国民党和共产党两种政治力量的对立正达至最为激烈的程度，但两种力量都向他发出了邀请的信号。

先是共产党。夫人任载坤的二姐任锐女士随延安的军代表到北平后，专程来冯府，劝他们全家去延安。说延安与北平之间常有飞机来往，他们要是决定去延安，可以坐飞机去。并交代说，什么时候决定了，就去找叶剑英。任锐是孙炳文烈士的遗孀。孙炳文是中共要员朱德、周恩来的好朋友，曾同蔡和森、赵世炎、周恩来、朱德、李维汉、李富春、邓小平、徐特立等一起组织中国共产党旅欧总支部，在党内有相当高的威望。冯友兰没有去延安。他认为反正自己不跟蒋介石走，就在北平城里等待解放军来吧。

接着是国民党。1948年秋天，南京中央研究院推选冯友兰为院士，叫他到南京开会。在会上，他又当选为院士会议的评议会的委员。这个评议会大致相当于院士会议的常务委员会。闭会的那天夜里，蒋介石请全体院士到总统府共进晚餐。12月上旬，已任"青年部部长"的陈雪屏，奉命从南京来到清华，用专机接冯友兰他们几位先生去台湾。冯友兰沉默不语。实际上是委婉拒绝。不久，清华校务会议在梅贻琦家开例会。散会后，别人都走了，屋子里只剩下梅贻琦和冯友兰两人。梅说："我是属牛的，有一点牛性就是不能改，以后我们就各奔前程了。"他知道冯友兰已决定不走了，说这番话实际上是向老友告别。

果然，第二天梅贻琦不辞而别。事情紧急，校务会议成员自动集会，商量善后事宜。因为冯友兰曾在罗家伦辞职时担任过校务会议主席，就推举他再当一次校务会议主席。冯友兰受命于危难之时，再度召开校务会议，会议还成立了保卫委员会，负责维护学校治安，周培源任主任。

冯友兰决定不走的消息传到胡适耳中之后，胡适感慨地说："天下蠢人恐无出芝生右者。"冯友兰原计划于那天晚上在家里请客，为一位新来的美国社会学教授接风，并介绍他与清华社会学系的教授见面。这样一来，那位客人也不敢来了。他怕解放军进城于他不利，也不辞而退，转回美国去了。厨师问："酒席还开不开?"友兰说："开。"不一会儿,陪客的人到齐了,校园墙外枪炮声接连不断,冯友兰依然吃饭谈笑,一如平常。吃完饭后,有人来报,说傅作义的军队退到校园里来了,并且在生物馆前面操场里布置了炮兵阵地。冯友兰见事态紧急,清华可能成为战场,就一面通知保卫委员会,让他们同傅作义的人商量,请他们退出校园;一面通知各家眷属,如有紧急情况就到图书馆楼下躲避。还好,傅作义的军队于次日就全部撤到城里去了。清华避免了一场恶战。校务会议商议召开全校职工大会,冯友兰代表校务会议宣布:

现在傅作义军队已全部撤走了,清华已经先北京城而解放。我们校务会议的人都决定不走,继续负责。诸位先生去留各听其便,愿留的当场签名登记。眼前的任务是维持校内秩序,保护学校财产,听候接管。

到会的人都签名登记,表示愿意留下。这样,大家都同时参加革命了。没有料到的是,冯友兰的这种守土尽责的作风却引起一场误会。历史系的教师吴晗,当时还在解放区。他后来作为"军代表"回到清华后,向会计科领工资,会计科一查登记表,没有他的名字,就不发他的工资。吴晗在一次会议上说,清华规定,凡是从解放区回来的都得登记。此话一传开,就成了清华当局认为到解放区去的人都有问题。这就造成了不好的影响,引起了解放军文管会的查问。

由于冯友兰的特殊身份,他一直是"神仙""老虎"与"狗"三方都比较容易接受的人,所以关键时刻往往被推举出来主持工作。因为是"关键"时刻,人们才容易想起他,而他也确实没让大家失望;而同时也正因为是"关键"时刻,情况复杂,他又常常遭人非议,做一些出力不讨好的事情。上述吴晗的事即是一个例子。还有一个例子也说明了这一点。当时通货膨胀十分厉害,清华发给教授们的650元金圆券,说能买两袋半面粉,而实际上只能买两包纸烟。教授们因此生活得非常困难,甚至年都没法过。他们找冯友兰发牢骚,有的甚至大声质问他。通货膨胀是整个社会的问题,冯友兰自然也没有解决的高招,只有尽力解释,这样还是不能令一些人满意。一向温文尔雅的他也忍不住了,发火道:"清华有一句老话:教授是神仙,学生是老虎,办事的是狗。我们校务会议是办事的,无论怎样办总是错!"

　　冯友兰不免有些沮丧，他把自己比喻成了"看家狗"。本想老老实实地看好"家"，等到新"婆婆"来接收，没想到使出浑身解数，"家"里还是乱成一团糟。抗战爆发之初，他以"丧家狗"自嘲。对于他，那"丧家狗"的滋味实在比这"看家狗"还要好。这也确实为难他了，在当时那个急剧动荡的新旧交替时代，各种势力对立交汇于此，他作为一介书生，又能有多大的力量回天呢？

　　好在1949年3月下旬，上级派来的军代表吴晗到校办公，从此校务实际上由吴晗主持。5月上旬，军管会又颁布新的决定，成立新的清华大学校务委员会，任命理学院院长叶企荪为主席，叶企荪、陈岱荪、张奚若、吴晗、钱伟长、周培源、费孝通等为常委，陈新民、李广田、施嘉炀、汤佩松、冯友兰、潘光旦等为委员。冯友兰依然任文学院院长。三个月之后，他又受暗示辞去了哲学系主任、文学院院长、校务委员会委员等职，成为没有任何官衔的"白身"。他晚年在《三松堂自序》中以"无官一身轻"来形容当时的感觉。而处在其时其境的他，又怎一个"轻"字了得！

　　虽然他当时做了一些出力不讨好的事儿，事后又因"清华大学主席"等原因，几十年在政治上受到不公正的待遇，以至弟弟、妹妹都是共和国一级教授时，他却曾一度被降到四级，月薪仅百余元。但他在危难时刻维护清华的稳定、将一个完整的清华带进新中国却是功不可没的。正如在他九十华诞会上，北大哲学系主任黄楠森所言：

　　在解放前夕，冯先生担任清华校务会议代理主席，北平解放后，他把清华完整地交到人民手中，这是一个功绩。

　　黄楠森的话使参加庆祝会的人十分感动，它终于让人们看到了历史的本来面目。冯友兰也非常感动，他以平静的口吻说：

　　当时校长南去，校务委员会推选我代理主席，也没有什么大机智大决策，只是要求大家坚守岗位，等候接管。这也是校务会议全体同仁的意思。现在看来，人们的看法愈来愈接近事实。这是活到九十岁的好处。

20世纪80年代后期，人们重提"清华学派"，并逐渐认识到"清华学派"的形成过程中冯友兰的突出功绩。蔡仲德认为，冯友兰在教育方面有三个贡献：一是教学六十余年，培养了一代又一代的哲学与哲学史专家学者；二是作为清华大学校秘书长、校务会议成员与代理主席，协助校长罗家伦、梅贻琦促成清华教育独立，并对清华基本建设的发展与教授治校、兼容并包思想自由传统的形成有所贡献；三是担任清华文学院院长，倡导并促成在全国高校中独树一帜的清华学派。此话不虚。关于清华学派，王瑶认为其特点是"对传统文化不取笼统的'信'或'疑'的态度，而是在'释古'上用功夫，作出合理的符合当时情况的解释。为此，必须做到'中西贯通，古今融汇'，兼取京派与海派之长，做到微观与宏观结合。"这正是冯友兰当年所倡导的。而这一学派的核心思想"释古"二字也是冯友兰提出来的。他曾对朱自清说："清朝人研究古代文化是'信古'，完全相信古人的话；五四以后的学者是'疑古'，总是怀疑、否定古人的观点；我们应该采取第三种观点，要在'释古'上用工夫，作出合理的符合当时情况的解释。"他又说："清华大学之成立，是中国人要求学术独立的反映。在对日全面抗战开始以前，清华的进步真是一日千里。对于融合中西新旧一方面，也特别成功。这就成了清华的学术传统。"这种"一日千里"的进步，也是与冯友兰的积极推动和辛勤实践分不开的。

山雨欲来

国民党败逃的时候，许多跟它有瓜葛或当时已成名成家的人都急慌慌离开大陆。就连冯景兰也有些心动，悄悄地问兄长走不走。冯友兰不愿意走，他要留下来建设自己的祖国。他对弟弟说："何必走呢，共产党当了权，也是要建设中国的，知识分子还是有用的。你是搞自然科学的，那就更没有问题了。"他当时的态度是，无论什么党派当权，只要它能把中国治理好，都坚决拥护。况且"社会主义尚贤"早就在他心目中生过根。然而，他万万没想到，情况会如此复杂，扑面而来的新风让他感到振奋，也令他目眩头晕。

难度最大的是，他与共产党的干部们没有"共同语言"。虽然大家彼此使用同一批文字符号，但其中的内涵却大相径庭。这在很大程度上影响了双方之间的交流，进而也直接影响了共产党人对他的理解。有三件事

倚树听流泉——唐河冯氏家族文化评传

能够很好地说明这一点。一是延安四老之一的徐老徐特立，曾奉命邀请冯友兰住在他家谈谈。徐老先谈自己的经历，从学作八股文一直谈到学马列主义，走上革命的道路。冯友兰只是拿耳朵听听，并不理会徐老"抛砖引玉"的深刻寓意，以致徐特立只好单刀直入，说："有人说你唯心。咱们谈谈，谈明白了，以后就可以共同工作了。"话说到这份上，应该水落石现了，然而冯友兰硬是不明白。他听说徐特立正领导一个委员会，编写中小学教科书，以为徐特立邀他参加编写工作，而他对此不甚了解，也没有兴趣，就推说不想参加此事。这完全是两层皮的事儿。话不投机，徐特立只好又派车把他送回家。实际上，徐特立的意思很明显，他是希望冯友兰认真反思一下自己走过的道路，把思想统一到共产党的主张上来。如果那样，共产党还是会要他的。他所说的"我们"，虽然以"小我"的方式出现，但主要内涵是"大我"，是"共产党"；他所说的"合作"，也不是指具体地干某件事，主要是指在政治思想上的协调一致。这些内涵，冯友兰在经历了无数次思想的"洗礼"之后，才渐渐有所领悟。第二件事是清华刚解放那阵子，学校发不出工资。教授会上有许多人质问他，并要他向上面催要。冯友兰有些生气，说："我在这里是办学，并不是去讨饭！"吴征镒说："这是个思想问题。"冯友兰很不服，心想我搞了几十年的哲学，还不知道什么是"思想"？若干年以后，他才明白，共产党人口中的"思想"与国统区一般人所说的"思想"一词并不是一码事儿。第三件事是，1949年4月29日，清华举行校庆的时候，周恩来派人问他有什么意见。他以为周只是垂询对于国家大事有所"拾遗补阙"的"意见"。他看不出有什么"遗""阙"，也不知道有什么该"拾"该"补"的地方，就说"没有意见"。实际上，周恩来所说的"意见"要比冯友兰所理解的宽泛得多。大到国家大事，中到清华建设，小至个人生活，都可以作为"意见"提出来。对概念理解的偏差，使冯友兰与共产党最初的接触以失败而告终。

在不担任清华校务委员会主任委员的职务后，行政事务少了，冯友兰想写一些文章，为新的社会改造和文化改革服务。1949年6月19日，《进步日报·星期文论》发表了他的《哲学家当前的任务》一文。文章说："中国共产党已经摧毁了在中国建立新世界的军事上政治上的阻碍，而要改变这个历史的古国的旧世界以建立新世界。中国哲学家的当前的任务是充分参加这个改变世界的事业。"参加的方式就是"充分地解释这个新世界"。正确的解释，"就成为改变世界的指南"。它能使改变世界的活动"由不自觉的成为自觉的，由盲目的成为有计划有目的的，因此它就加速历史的变动，使它早完成它的变动"。冯友兰要通过哲学改变世界的信心又恢复了。他的意图是，以此为开场白，连续发表一些文章，成为一本新的《新事论》，以系统地表现其改造新世界的主张。不料刚发表一篇，报社便通知他不再登这一类文章了。8月下旬的一天，叶企荪又向冯友兰传达了北平军管会文化接管委员会主任钱俊瑞的话，说他的思想"跟党不合"。这表明，这个"新世界"不需要他来改造，而是要来改造他。

正在冯友兰因"不知道风从哪个方向吹"而苦恼的时候，中华人民共和国宣告成立了。这令冯友兰好生兴奋一阵子，因为他期盼已久的"建国"梦终于实现了。"真正的中国人"将以此为起点，重造伟大的祖国。他的"旧邦新命"之志也即有了新的依托。带着这种心境，他于共和国成立后的第四天，给毛泽东写了一封信。大意是说，自己在过去讲封建哲学，帮了国民党的忙；现在决心改造思想，学习马克思主义，准备于五年之内用马克思主义的立场、观点、方法，重新写一部中国哲学史。这算是冯友兰正式向共产党表明态度。

八天之后，毛泽东亲笔给冯友兰回了封信：

友兰先生：

十月五日来函已悉。我们是欢迎人们进步的。像你这样的人，过去犯过错误，现在准备改正错误，如果能实践，那是好的。也不必急于求效，可以慢慢地改，总以采取老实态度为宜。此复。敬颂

教祺

毛泽东
十月十三日

冯友兰没有料到毛泽东竟如此快地回了信，而且是亲笔写的。虽然信中最后一句话"总以采取老实态度为宜"，让人觉得不舒服，但他还是感到了莫大的安慰。从此，冯友兰便积极适应新的环境，响应共产党的

号召，不断地改造自己的思想。如：1950年积极响应中共中央的号召，偕夫人先后到丰台西北的张仪村、卢沟桥参加土改，并着手进行自我批判，主动接受马克思主义观点；1951年，他作为新中国文化代表团的成员，应邀出访印度和缅甸；1956年，应邀参加在日内瓦举行的"国际会晤"第十一次大会，讲"中国文化的三个主要传统"；一个月后，赴威尼斯参加"关于文化的欧洲协会"的一次讨论，当有人诬蔑社会主义新中国时，他要求临时发言予以驳斥；1957年，与金岳霖、潘梓年一起，参加由"国际哲学研究所"召集的华沙会议，讲中国自己的哲学；1959年与郑昕等一起在黄村劳动三个月，与农民同吃同住同劳动。1959年2月6日的《北京大学校刊》第293期曾这样报道："冯友兰开始独自背箩筐去拾柴火，觉得难为情，经过思想斗争，硬着头皮去做，农民却不轻视他，而是欢迎他帮助他，这才使他体验到劳动人民的感情与知识分子的世界观完全异趣。"

北大岁月

冯友兰本是北京大学的学生，1952年高等学校院系调整，他又被"调回"到母校。但这一次"回归"可不是荣归故里，等待他的是难以预料的滚滚风雷。

思想改造

1951年11月30日，中共中央发出《关于在学校中进行思想改造和组织清理工作的指示》，要求在所有大中小学教职员及高中以上学生中普遍进行思想改造工作，在所有学校教职员及高校学生中进行组织清理工作，清查反革命分子。

1952年1月24日，冯友兰从印、缅访问归来，接着就成为思想改造运动的重点对象。这一年，他受到了新中国成立后最为猛烈的一次批判。高望之后来回忆说："我现在回想起来还有点毛骨悚然。"他在《追忆冯友兰先生二三事》中写道：

那次文科师生大会事先没有说是对他的批判会，但临时有社会学系的教师走上讲台，对冯先生作突击式的长篇政治批判，内容无非是说冯是

1951年印度德里大学授予冯友兰"荣誉文学博士"学位，印度总统兼德里大学校长普拉沙德向他颁发证书

国民党蒋介石的"御用文人"，由蒋介石聘为家庭教师，一贯为国民党效犬马之劳之类。批判中虽没有什么实质性的揭露，但由于批判人声嘶力竭的表情，摩拳擦掌的姿态，再加上当时群众反蒋的政治热情，气氛确是很吓人的。这样的批判会在后来，尤其在反右和"文革"期间，也就司空见惯了。但在当时的清华园，却是破天荒第一遭。我当时想，发言的教师是一位"积极分子"，他站出来批冯一定是清华教员党总支布置的任务，冯先生自己也会意识到这是有来头的。当时他在座位上默不作声，我恐怕他会忍受不了而萌发轻生之念，所以就对坐在我旁边的李广田先生低声说："会后请你陪冯先生回家吧！"李广田也感到有此必要，开完会就一路陪送他回家。次日我询问了李先生，他说冯先生尚平静，没有沮丧的表情。我当时想，冯先生倒真是学通了孔子"君子不忧不惧"的教导，能做到处变不惊、临危不惧。

冯友兰一连写了三次检查，都没有通过。此时，他真的不知该如何是好了。有一次，上面派金岳霖、周礼全去做工作。金一进门，就高声喊道："芝生呀，你有什么对不起人民的地方，可要彻底交代呀！"说着说着，两位花甲老儒竟忘了各自的身份和周围的人们，抱头痛哭起来。后来又检查多次，李广田方代表清华大学文学院党组织宣布对他"免予处分"，才算获得大赦。他当时筋疲力尽，满目怅然，萌生了"辞职自谋生活，闭门著书"的念头。当然，这是书呆子的想法。因为当时，像冯友兰这样的知识分子，是不允许说话，也绝对不允许沉默的。他必须为他的思想进行马拉松式的检讨。

同年，高等院校进行院系调整。清华大学的文、理、法科并入北大，北大的工科并入清华。这样，清华就成为全国最大的工科院校，北大则成了全国最大的综合大学。北大的校址也迁到原来的燕京大学。原来的燕京大学和辅仁大学因为是外国人办的，被认为是帝国主义对中国进行文化侵略的工具，便都被取消了建制，其院系各归入其他学校。哲学系调整的幅度特别大，全国各大学的哲学系纷纷砍掉，只留下北大一个哲学系，而将其他大学的哲学系教授调到北大。这样北大哲学系就成了全国哲学精英的集合处：汤用彤、郑昕、贺麟、任继愈、容肇祖(北大)、冯友兰、金岳霖、张岱年、王宪钧、邓以蛰、沈有鼎(清华)、宗白华、张颐、熊伟(南京大学)、黄子通、周辅成、江天骥(武汉大学)、朱谦之、马采(中山大学)、洪谦、张东荪(原燕京大学)……都荟萃于此。冯友兰青年时曾在全国唯一的哲学系——北大哲学系求学，而晚年又在这个全国唯一的哲学系任教，历史在他的人生旅途上画了一个别有意味的圆圈。

王瑶生前对取消清华文科提出了批评，认为将清华中文系取消是一大损失，"因为它不是一个大学的一个系，而是一个富有鲜明特色的学派"。其实，当时人们就对调整有不同的看法。冯友兰在1967年1月4日写的《解放以后我的反动思想、言论和行动的检讨》中写道：

1952年院系调整，把清华改为工科大学，北大为综合大学。清华原有的文、理科归并入北大。方案提出后，许多清华的人持反对意见，有抵触的情绪。清华的人认为，北大和清华，从院系和课程方面看，是重复的，但这两个大学代表不同的学派，有不同的学风，应该像英国的剑桥和牛津两个大学那样，让它们并存，互相比较，互相竞争，以推动学术的进步。……我原来也是强调清华、北大的不同，主张要让它们并存的。但是在1952年院系调整的时候，我对于调整方案并没有什么抵触的思想。这不是因为我的思想通了，而是因为我认为清华待我不好，对不起我，我在清华出力不讨好……我已经成为清华的"弃妇"了，管它将来是怎么样，反正与我无关。我当时甚至想离开教育界。填分配工作的志愿表时，我填的是科学院历史研究所（当时尚无哲学研究所）。

话虽如此，冯友兰也是心里流着血离开清华的。因为他毕竟一手扶持了清华文学院，并在那里建立了辉煌的业绩。

此后，冯友兰又继续发表文章，批判自己的哲学思想，而且不断升级，由"我之'著书立说'，不仅只妨碍了自己的进步，也妨碍了别人的进步"（1951年，《一年学习的总结》）；到新理学"作为国民党反动路线中的一个思想武器"，"是为当时的国民党反动派的统治服务的"（1959年，《四十年的回顾》）。一路骂将过去，直把自己骂得狗血喷头。他的努力终于有了回报，被认为愿意接受思想改造。从1954年10月起，他的眼前又出现了一丝亮光，先后被任命为北京大学校务委员会委员、北大学报编辑委员会委员、全国政协特邀委员、《哲学研究》编辑委员会委员、中国科学院学部委员与常委，并被定为一级教授。

1954年12月23日，冯友兰在政协发言，表示愿意努力学习，继续改造思想，"争取真正成为一个伟大中国劳动人民的知识分子"。1956年2月，他又在政协发言，表示愿"通过社会生活的观察和实践、业务的实践和马列主义理论的学习这样三个互相联系的途径逐步成长为全心全意为社会主义服务的知识分子"。此时，他多少有了些成就感，自觉思想已经跟上了党的步伐。第二年，他又发表《马克思主义在中国的胜利》一文，声称自己"过去是一个唯心主义的哲学家和哲学史家，现在转向马克思主义"了。

鲁迅曾描写过一个下层劳动妇女祥林嫂形象。她以为"捐了门槛"就可以洗清身上的"罪孽"，可以和常人一样参加年事活动了。谁知"捐"了之后，依然被鲁四老爷排斥在"福"事之外。冯友兰当时实际上也处于这种境地（当时的"旧知识分子"都处于这样的境地）。他诚心诚意地（开始也许是被迫的）改造了几年，以为可以参与"祝福"了。他的想法显然是天真幼稚的，因为社会上一刻也没有停止对他的批判，而且批判也在升级。他实际上已被打入了另册。我们看下列三则材料。

——1958年7月16日《北京大学校刊》副刊《思想战线》第6期刊发的文章《冯友兰先生是怎样对待唯心主义的》：

（冯）对自己的反动的学术思想，却表现出恋恋不舍，一方面不得不披上马克思主义外衣，一方面实质上是在贩卖唯心主义、修正主义，继续对抗马克思主义。特别是党提出"百家争鸣"方针以后，冯友兰更是高举白旗，自称一家，发表了一系列的修正主义观点，在社会上起了极坏的影响。这正是资产阶级不甘退出历史舞台，对抗社会主义革命在思想战线上的必然反映。

　　——1960年2月，中共北京大学党委编写的《冯友兰小传》：

　　解放以来始终与党不是一条心，……并常通过学术问题与党的领导相对抗，在中国哲学史方面与党争夺领导权。1957年整风鸣放时曾说：学校党委、高教部、中宣部，甚至毛主席，都不能领导学术。……至于政治立场更没有多大改变，资产阶级学术思想仍然根深蒂固。

　　——1960年7月，北大哲学系中国哲学史教研室撰写的《冯友兰先生所授"中国哲学史"一课情况》：

　　冯是解放前帝国主义反动哲学新实在论在中国的贩卖者，一贯敌视马克思主义。解放后立场不变……1959年所写《四十年回顾》一书，乃是借"自我批判"为名，对自己过去反动哲学思想大加吹嘘和标榜。1959年暑期我们决定由冯友兰开"中国哲学史"课时，充分估计到了冯的上述情况，当时叫冯讲课的主要原因，就是想让他发挥一个反面教员的作用……这一年来，冯的反面教员的作用已经起到了，没有必要再让他逐堂讲下去了……下学期我们打算……发动同学编写中国哲学史讲义……对冯的讲授和他的讲稿进行批判……不打算再叫冯开哲学史通史课，通史课全部改由党员和青年教员开。

　　严酷的现实还有，他几乎被剥夺了说话的权利。新中国成立以来，他所说的话主要是忏悔，忏悔40年代写的那几本书。有两次没有忏悔，而是谈了一些见解和主张，但一出来就遭到了批判。一次是《关于中国哲学遗产的继承问题》，谈哲学遗产的继承方法；一次是《树立一个对立面》，谈理论与实践的问题。

　　看来，冯友兰不管怎样要求进步，也是进不了"进步"的大门的。他有些心灰意冷了，思想陷入了极度的迷惘之中。几年前回乡殡母时，听到的绅士们对共产党的议论，又浮现在脑际：

共产党有三头政策：初来时，磕头；以后，摇头；最后，杀头。清华大学初解放时，军管会很尊重我，叫我领导校务委员会，后来我受到批评只当教授。我觉得受了大打击，觉得在原籍听到的反宣传也有道理。

——冯友兰1958年《交心材料》

"头"是不会杀的，但里面的"东西"必须得换一换。这是当时对知识分子思想改造的重要内容，特别是像冯友兰这样的大知识分子。

执手感关怀

上面提到的《冯友兰小传》，还有这么两段话："解放前，为蒋介石献策，宣传道统，从思想上反对共产党，实为国民党反动派的御用哲学家。""解放后，写信给毛主席，试探对高级知识分子的政策。工作中假装积极，实际上与党格格不入。"

这两段话当然不符合实际，却引出了中国现代史上两个最重要的人物蒋介石和毛泽东同冯友兰的交往。冯友兰曾经接受过他们各自的邀请，成为座上宾。

冯友兰两次加入国民党。第一次是1924年冬在河南开封，并被选为河南省党部执行委员会候补委员。1926年国民党在各大报发布通知，要求国民党党员重新登记，否则以脱党论处，冯没去登记。1939年7月，北大校长、国民党中央委员蒋梦麟传达国民党组织部及国民政府教育部命令，谓大学院长以上职务的人都必须是国民党党员，不是的，可以邀请加入，无需什么手续，如果同意，发个党证就成了。这样，冯友兰又被邀第二次加入国民党。既然是党员，又是大学的院长、国民政府教育部的部聘教授，自然少不了与党魁的瓜葛。

1943年2月，经西南联大校方批准，冯友兰在国内休假一学期。其间应邀去陪都重庆给国民党中央训练团讲两周课。正式讲课之前，蒋介石宴请了冯友兰。他后来在《三松堂自序》中回忆说：

蒋介石有一个办法：凡是从别的城市到重庆去的比较知名之士，他都照例请吃一顿饭。我差不多每次到重庆，他都送来一张请帖，请去吃饭。

蒋介石的饭并不是好吃的，特别是那些陪吃的头头们。蒋介石总要问他们："你们那里现在怎么样？"如果回答很好，他就不再问了。如果回答还有些问题，他就追问是什么问题，回答得不合他的意，他就发怒，甚至暴跳如雷地骂人。所以，官员见了他总是战战兢兢的。

冯友兰先后在陪都讲学三次，另两次为1944年和1945年春，时间均为两周。所讲内容也大同小异，无非是"中国固有道德""人生的境界""中国哲学的精神"等。1945年5月，国民党第六次全国代表大会在重庆召开，冯友兰被选为大会主席团成员。蒋介石又照例请他吃晚饭，且单独找他谈话，说："大会要选举你为中委。"冯连忙说："我不能当。"蒋问："为什么？"冯说："我要是当了中委，再对青年们讲话就不方便了。"蒋说："那就再说吧。"此事便作罢。冯友兰不愿当国民党的中央委员，主要是为了保持一个学者的清纯。他虽然是国民党的一员，但并不想作党棍。"中央委员"对别人来说是一种资本，对于他则是一种负担。他看重的不是官场的职位，而是学人的品格。正因如此，新中国成立之前，他从未有过反对共产党的言行，而且还说了苏联的不少好话；新中国成立之后，他也没有痛骂台湾，而是固守着"君子绝交，不出恶声"的节操。

中华人民共和国成立之前，冯友兰与毛泽东没有联系。共和国成立之后，想要实现"建国梦"的他必须同毛泽东打交道。上面提到的那封信，是他们的第一次交往。第一次交往给冯友兰的感觉是"像雨又像风"，有酸也有甜。毛泽东说的那句话，他听了老大不快。后来经过三十多年的磨炼，他终于理解了那句话的含义。一个会开车的朋友告诉他，开车开到熟练的时候，车就像自己的身体的一部分，车的四个轮子，就像自己的两条腿，来往走动，不出差错，这就是"化"。这使冯友兰懂得了学习马克思主义也是如此。光学会些词句不行，要"化"。"化"了才能很好地运用到实际工作和哲学研究中去，而这又决非短时期内所能奏效的。所以，他所说的在五年之内用马克思主义观点重写《中国哲学史》，在毛泽东看来是不实之词，故回以"总以采取老实态度为宜"。

在整个知识分子中间，毛泽东似乎对哲学界人士更感兴趣。1957年4月，"大鸣大放"正处于热潮之中。11日这一天，晴空万里，春风习习。冯友兰和夫人任载坤去万安公墓给二姐任锐扫墓，回到家里已上午11点钟了。刚一进门，就接到毛泽东秘书打来的电话，说毛泽东请他去吃午饭。冯友兰赶到中南海颐年堂，见金岳霖、郑昕、贺麟他们已经到了。毛泽东正在和客人们谈话，见冯友兰来了，便微笑地问道："方才找你找不着，是去上课了吧?"冯友兰说："不是上课。今天是任锐同志的周年，我上她的墓地扫墓去了。"毛泽东问："任锐同志是孙维世的妈妈吧?"冯说："是的。"接着胡绳也到了。胡曾写文章批过冯友兰的新理学。毛泽东风趣地说："你们都是打过笔仗的人。"冯、胡点头称是。接着便开饭。关于此次宴会，冯友兰在《三松堂自序》中也有着较详细的记叙：

说着，就起来往屋子的东头那一间去吃饭。江青也带着小孩们从后面出来了。她那时候看着是一个家庭妇女的样子，吃完饭后就又带着小孩们到后边去了，终席没有和客人们谈过一句话。照当时的座位次序看起来，那一次的主客是周谷城。在端上饭来的时候，毛泽东说："我这饭叫四面八方人马饭……"吃饭以后，又回到西头那一间去谈话。客人们中间有一位人民大学的同志，说他写了一篇关于逻辑的文章，报刊压着没有发表。毛泽东很不以这些报刊为然。这位同志就向毛泽东汇报他的看法和他的文章内容，他讲的时间相当长，毛泽东始终注意倾听。别的客人都很着急，因为他们都想听毛泽东的议论，可是时间被占去了。这位同志一讲完，毛泽东就站起来了，客人们也只好跟着站起来。毛泽东把客人们一直送出丰泽园的大门，看着客人们上车。

同年，毛泽东发表了重要的讲话《关于正确处理人民内部矛盾的问题》，这是他在最高国务会议上讲的。冯友兰此时已由四级教授升至一级教授，且当上了全国政协委员。当时政协正在开会，委员们便列席参加了最高国务会议，听了毛泽东的讲话。他讲的时候，既没有讲稿，也没拿大纲，就像平时说话一样，侃侃而谈，时而还来一段插科打诨之语，会场中的气氛非常活跃。接着，冯友兰又应邀参加了中国共产党全国宣传工作会议。分组讨论时，恰与毛泽东在一组。小组会议在毛泽东家里开，由他主持。冯友兰刚在《光明日报》上发表《关于中国哲学遗产的继承问题》，文章指出，一个命题有其抽象意义和具体意义，我们只须继承其抽象意义，而无须继承其具体意义。如："学而时习之，不亦说乎"，孔子所说的"学习"，其内容指的是诗、书、礼、乐、春秋等，这是它的具体意义，不必继承，也无法继承；而其抽象意义，我们可以继承，而且已经继承了。所以，我们常说"学习"，还有一个刊物名为《学习》。冯友兰的这一观点一出来，就被定为"抽象继承法"予以批判，但毛泽东并不介意这些。他一见冯友兰进来，就打趣地说："学而时习之，不亦说乎？"开会中间，毛泽东让冯发言。冯提了一些关于中国哲学史方面的问题，说照现在的讲法，有些很难讲通。毛泽东说："那是简单化了，不可以简单化。"散会的时候，毛拉着冯的手说："好好地鸣吧，百家争鸣，你就是一家嘛。你写的东西我都看。"看来，在"鸣放"那一段日子里，毛泽东对冯友兰还是很信任的。

不过，这一次冯友兰并没有卖劲"鸣放"，从而也就躲过了被打成右派的一劫。有人说，这是他的智慧起了作用。事后，他的学生羊涤生和一位朋友聊起这事，问："1957年反右，为什么没有把冯先生划成右派，却把张岱年先生划成了右派？"那位朋友当时是北京大学哲学系反右领导小组成员，他说当时有关领导是有意思把冯友兰划成右派的，几次"启发"他"放"，但冯大概是吸取了过去的教训，就是不"放"。后来实在拗不过去，就提了两条意见：第一，1952年院系调整，清华大学的文学院和法学院并入北京大学，但是图书馆的文科书籍没有随之而并入北京大学，影响使用，应该也并入北大来；第二条，自从搬进北京大学住后，因为房子太小，书籍没地方摆放，只好放在床底下，使用起来极不方便，影响工作。

经有关方面研究，冯友兰提的这两条意见，哪一条都上不了"反党反社会主义"的纲，因而也就无法将之划成右派。相反，到了整改阶段，还给他扩大了住房。而张岱年因为早在20世纪30年代就讲辩证唯物论，"大鸣大放"时便没有什么顾虑，就对哲学系党支部负责人提了点具体意见，反右领导小组便给了他一顶"右派"帽子，一戴就是20年。

1962年，全国政协委员会开大会，陈毅主持，冯友兰在大会上讲了他写《中国哲学史新编》的情况和计划。闭幕那天，毛泽东来了。照相的时候，冯友兰恰好站在毛泽东和刘少奇座位背后的中间。毛泽东拉着冯友兰的手说："你的身体比我的身体好。"冯说："主席比我大。"毛说："不行了，我已经露出了老态。"他又问了一遍《中国哲学史新编》进行的情况，并说："你的中国哲学史写完以后，还要写一部西方哲学史吧？"冯说："我只能写中国的，写西方哲学史的任务已经派给别人了。"毛又说："对于孔子，你和郭沫若是一派。"正说着，刘少奇插言道："你的发言很好，言简意赅。"周恩来也向毛泽东介绍道："这一次开会，他是三代同堂：任芝铭任老是他的岳父，孙维世是任老的外孙女，是第三代。"任芝铭和孙维世都参加了此次会议。任是河南新蔡人，前清举人，辛亥革命的元老，著名教育家；孙是任的二女儿任锐与孙炳文之女，延安来的"红小鬼"。

冯友兰这一次与毛泽东接触，感到非常愉快，毛泽东像对待多年不见的老朋友一样同他交谈。回家以后，冯友兰带着激动的心情写了一首诗：

> 怀仁堂后百花香，浩荡春风感众芳。
> 旧史新编劳询问，发言短语谢平章。
> 一门亲属传佳话，两派史论待衡量。
> 不向尊前悲老大，愿随日月得余光。

1963年，中国科学院哲学社会科学学部委员会开会。闭会的时候，毛泽东又接见了代表们。他亲切地握着冯友兰的手，微笑着询问他的身体状况和《中国哲学史新编》的进展情况。摄影师拍下了这一具有历史意义的镜头。周扬、刘大杰、周予同也被摄进镜头中。当冯友兰拿到照片时，心情十分激动，信手为照片作一副对联：

> 执手感关怀，三人并列文、史、哲；
> 集会明任务，一笔齐扫帝、反、修。

冯友兰对这副对联很满意，说："这是副'绝'对。刘大杰是搞文学史的，周予同是搞历史的，我是搞哲学的，这就是'三人并列文、史、哲'。下联对帝、反、修，但不能再出现'三'字，就来个'一笔齐扫'了。"

不久便开始了"文化大革命"，冯友兰从此再也难见到毛泽东。只是在早请示、晚汇报时见到他的画像，背毛主席语录时感悟到他的话语。那时，以冯友兰的学术影响，他首当其冲地被扣上了"反动学术权威"的罪名，关进红卫兵指定的具有监狱性质的"隔离带"——北大外文楼，失去了行动、就医等一系列的自由和权利，并被强制劳动。1968年秋，情况忽然好转，红卫兵通知他可以回家了。冯友兰突然有一种"皇恩大赦"的感觉。为什么会对他这样宽大呢？原来是毛泽东在关心他。毛泽东在一次会议上提到他和翦伯赞，说："北京大学有一个冯友兰，是讲唯心主义哲学的，我们只懂得唯物主义，不懂得唯心主义，如果要想知道一点唯心主义，还得去找他。翦伯赞是讲帝王将相的，我们要想知道一点帝王将相的事，也得去找他。这些人都是有用的，对于知识分子，要尊重他们的人格。"（冯友兰《三松堂全集》第一卷，第157—158页。）毛泽东以作反面教材的方式向冯友兰伸出了援手。从此，冯友兰的境况便逐渐得到了改善，被侵占的住房也部分被返还。

噩梦时节

一切听指挥，早请示排队，晚汇报排队，背语录排队，出去劳动排队，每天三顿饭排队。每顿饭排队是到外文楼北边的"黑帮劳改大院"去打饭。每排队时必要报数，在报数的同时要自报自己的政治帽子。冯友兰先生在里面算是个子较高的几位之一，总是叫他排在头一个，并叫他说："报到！我叫冯友兰！是……是反动学术权威！"红卫兵说："不行！重报！你这是避重就轻！你是反动学阀！"冯先生便改口说："我……我是反动学阀！"洪谦先生由于害怕，怕也说他避重就轻，也说："我叫洪谦，反动学阀！"红卫兵说："不对！你还不够格，你是反动学术权威！"洪先生吓得连忙改口说自己是"反动学术权威"。冯定先生在自我报名为"反动学术权威"时，红卫兵说："你不是就写过一本《平凡的真理》吗？你还想往反动学术权威里钻！你是反革命修正主义分子！"

这是冯友兰当年的一位学生、后来的同事、"蹲牛棚"时的"棚友"郭兰芳回忆"文革"期间冯友兰等知识分子遭遇的一段文字。它把人们带进了那场史无前例的浩劫岁月，让后来的人们看到了它的荒谬和残酷。

1966年5月7日，毛泽东给林彪写信，说："学制要缩短，教育要革命，资产阶级知识分子统治我们学校的现象，再也不能持续下去了。"5月16日，中共中央政治局扩大会议通过了由毛泽东主持制定的中共中央通知（《五一六通知》），要求"彻底批判学术界、教育界、新闻界、文艺界、出版界的资产阶级反动思想，夺取在这些文化领域的领导权……同时批判混进党里、政府里、军队里和文化领域各界里的资产阶级代表人物，清洗这些人"；6月1日，《人民日报》发表社论，号召"横扫一切牛鬼蛇神"；8月8日，中共中央八届一中全会通过《关于无产阶级文化大革命的决定》（"十六条"），规定"我们的目的是斗垮走资本主义道路的当权派，批判资产阶级的反动学术'权威'，批判资产阶级和一切剥削阶级的意识形态"……一场史无前例的"文化大革命"迅猛展开。

冯友兰首当其冲。1966年6月，他以"资产阶级反动学术权威""反共老手"等罪名，被揪出来批斗。女儿宗璞、儿子钟越因为他而被扣上"冯友兰的女儿""冯友兰的儿子"的"罪名"，在单位里接受批判。孙子冯岱也被勒令退出幼儿园。7月5日，他又奉命开始在北大哲学系揭发、批判自己的"反动"言行。他以为这无非又是历次运动那一套，自己把自己痛骂一顿便可过关。所以，他作了一次长篇发言，从"抗战时期"起，一直骂到现在。谁知"文化大革命"换了搞法，不仅文斗，还要武斗。就在他作完检讨不久的一天晚上，一支红卫兵队伍，高喊着"打倒冯友兰"的口号，开进了三松堂。他们来到院内，拿出一张纸，"啪"一声，贴到了墙上，上面一个大大的"封"字。然后气势汹汹地告诉冯友兰："这些东西现在都属于人民了！"接着又在门外贴一幅告示，宣布他的"罪状"及对他的惩罚措施：文物书籍全部封存，扣发工资，每月只给他们夫妻二人24元生活费。

半个月后，红卫兵又来抄了他的家。他们翻箱倒柜，上自天花板，下至地下室，搜查个遍。折腾一两个钟头后，他们走了。冯友兰家里的存折、照相机和一些稍微值钱的东西都被抄走了。他们还从梅家寄存在冯家的箱子里，抄走了蒋介石赠给梅贻琦的奖章等。同时封锁了住房，规定冯友兰夫妇只能住一间房。从此，他们只能在院里做饭。燕南园居委会还规定，以后由任夫人承担全部家务，并负责打扫燕南园道路，保姆不劳动，工资照发。

入秋以后，该换衣服了。可是放衣服的卧室被红卫兵锁着。任载坤去找他们要钥匙，他们总是推诿不给。当时，常常夜里要开批斗会，不管哪个系开，冯友兰都要被叫去"接受教育"。会议往往开到深夜，天气很冷，他还穿着夏天的衣服。实在冻得不行，就把院内的一条还没有受到管制的麻袋拿来，披在身上去开会。这也算校园一大"奇景"。然而这一奇景，对于一个七十一岁的老人是多么残酷。

厄运还远不止这些。因为担心和照顾他，老伴任载坤的心脏病也累犯了，常常心慌背疼，头晕眼花。同时，他所住的燕南园57号，又先后被安插进五户人家，生活极其不便。不久，他也得了重病——前列腺肥大，小便不通。因为是"反动学术权威"，所以，便不准其住院。后经宗璞与妈妈的多方奔走，才得以住进北京医院。然而，手术只做了第一步——膀胱引流，医院就下了逐客令。冯友兰说："我的手术还没有做完呢。"院方说："那我们管不了，反正叫你走，你就得走！"冯友兰只得回家休养，一边休养一边写交代材料。

半个月后，病情加剧，经多方努力，再次住进北京医院，做第二步手术——切割前列腺。与此同时，对他的批判也在不断升级。1967年3月，北大成立了"批冯联络站"，炮制了一批批判文章。"北大革命委员会作战部资料组"还编印了《反共老手、反动学术"权威"冯友兰反动论文选编》。

1968年8月，"工人阶级毛泽东思想宣传队"（工宣队）进驻北大，宣布对冯友兰等年老体弱的"牛鬼蛇神"进行隔离审查，俗称"蹲牛棚"。这便有了前面郭兰芳所描述的情状。冯友兰等的"牛棚"在外文楼，因为没有床铺，他只好铺稻草席地而卧。他和"棚"友每日的生活是扫外文楼、办公楼外道路，扫完后学习，背"毛主席语录"及"老三篇"，写交代和揭发材料。吃饭时先整队向毛泽东像请罪，然后排队往劳改大院吃饭。在家里的任载坤非常担心他的身体。她每天上午提前吃午饭，吃了以后，就走到办公楼前边，坐在台阶上，望着外文楼，直到看见冯友兰跟着队伍出来吃饭，知道他又平安地过了一夜，才放心地回去。第二天又来这里等。这里有几块石头，冯友兰后来就戏称那几块石头为"望夫石"。

后来，冯友兰虽然离开了"牛棚"，回到家中，但常常在夜里听到红卫兵"打倒冯友兰"的口号声及嚓嚓的脚步声，老伴还心惊肉跳。翦伯赞自杀以后，气氛更加紧张。其中有一段时间，一会儿让他搬出去住，一会儿又让他搬回来住，反反复复，苦不堪言。

风波再起

1971年9月以后，全国掀起了批林的浪潮。1973年，批林运动又转向了批孔运动。不仅批孔，还要批尊孔。可怜已死两千多年的孔丘又被拉出来"鞭尸"。冯友兰顿时紧张起来，觉得自己又要成为"众矢之的"了。这时他已七十八岁高龄，再蹲次"牛棚"遭受喊打，快要散架的骨头还能承受得起吗?正在他忧悒之际，毛泽东写了首批判郭沫若《十批判书》中尊孔思想的诗：

> 郭老从柳退，不及柳宗元。
> 名曰共产党，崇拜孔二先。

毛泽东曾经对冯友兰说过："对于孔子，你和郭沫若是一派。"郭沫若既受批判，自己还能逃脱吗?左思右想，上下权衡，冯友兰思想终于转了一个弯：何必站在群众的对立面，跟党中央对着干呢?我和大家一样批孔批尊孔不就没事了吗?况且，共产党、毛主席总比我正确。这时，他的大脑中又浮现起胡适当年在北大课堂上说的话："反正老子也不是我的老子。"

在这种思想的支配下，冯友兰不再蹲在家里被动挨批，而是积极响应上级号召，批林批孔。他先后在哲学系全体师生和北大老年教师批判会上作了《对于孔子的批判和对于我过去尊孔思想的自我批判》及《复古与反复古是两条路线的斗争》的发言，深受群众的好评。不久，《北京大学学报》便将两篇发言稿拿去，在同年第4期上同时发表。接着，《光明日报》又连续转载了这两篇文章，并加上了"编者按"，肯定了冯的"进步"。紧接着，《北京日报》又原封不动地转载了《光明日报》的按语和冯的文章。这一切都是在冯友兰无法控制甚至毫不知情的情况下完成的，他当时只觉得有点蹊跷。

这两篇文章在社会上产生了极大的反响。赞扬信、鼓励信从大江南北雪片儿般飞来。写信人有青年，有老年人；有男人，有女人；有工人，有农民；还有学生，解放军。他们异口同声地称赞冯友兰在批林批孔运动中立了新功，"从旧营垒中冲杀出来，给孔丘一个回马枪!"(一位知青的信中所言)。在逆境中受到吹捧，冯友兰心中多少产生了点飘飘然的感觉。

"文革"后期，有一个流传很广的顺口溜："小报抄大报，大报抄梁效。"这个"梁效"(两校)就是当时北大、清华两校成立的大批判组。冯友兰受北大党委之命当过"顾问"。请他出山是毛泽东的主意。当时有一个关于批林批孔的文件送他圈阅，他针对文件上所列孔子言论和注解作了批示，要求将冯友兰和魏建功吸收到两校大批判组当顾问，史料和文字可以请教他们。

"梁效"班子成立后，冯友兰曾帮他们查过一些成语、典故的出处，如"天马行空"最初见于何书，少正卯的"少正"二字是官名还是姓氏，"忠孝节义"四字连用最早见于何书，等等。有时也推敲一些古书，如《易·系辞》的"尺蠖之屈，以求伸也"的意义。还奉命在津京一些工厂、农村参加大批判会和参观，但涉及一些重大问题，则没有他参加的份儿。所以，"文革"结束以后，揭批"四人帮"及其爪牙的罪行时，连"梁效"班子里的人都不认为冯是它的成员。

由于这一经历，粉碎"四人帮"以后，许许多多受过"左"倾路线迫害的人都欢欢喜喜地平了反，他还得在污泥中艰难跋涉，接受无休止的审查和形形色色的攻击。事情一直闹到1979年才得以解决。

1997年1月，蔡仲德在台湾《清华学报》发表长篇论文《论冯友兰的思想历程》，将冯友兰一生分为三个时期：1918至1948年为第一时期。这一时期，他建立了自己的思想体系；1949至1976年为第二时期，这一时期他被迫放弃自己的体系；1977至1990年为第三时期，他又回归到自己的体系。蔡仲德把他这一思想历程归纳为：实现自我，失落自我，回归自我。蔡氏同时认为，这一概括也是相对的。因为第二时期冯并未完全失落自我，第三时期他则于回归中既有修正又有发展。蔡仲德的分期是符合冯友兰思想发展实际的。在这三个时期之中，1949年和1977年是关键的两年。1949是其一生由顺转逆的开始，而1977则又由逆转顺。蔡仲德还将冯友兰的人生历程称为"冯友兰现象"，认为"它是中国现代知识分子苦难历程的缩影，是中国现代学术文化曲折历程的缩影，具有典型意义"。这不失为确论。哲学界的贺麟、金岳霖，文学界的郭沫若、茅盾、巴金、老舍、曹禺等，哪个没经历过实现自我和失落自我的过程，只是程度和影响各有参差而已。这是1949年后大的政治气候决定的。

冯友兰的失落自我自然也有政治信仰和学术思想的因素。他出身于书香之家，自幼接受传统儒家教育，关注民族的兴衰，看重自己的责任，所以，当学术的独立与国家的要求发生矛盾时，便自主不自主地放弃前者，选择对后者的适应。《赠王浩诗》也昭示了这一点。

20世纪70年代初，中国的国际地位发生了重大变化：1971年恢复了在联合国的合法席位；1972年2月，第　超级大国美国总统尼克松访华，中美关系开始正常化，冯友兰还应邀出席周恩来欢迎尼克松宴会及尼克松告别宴会；同年9月，日本总理大臣田中角荣访问中国，中日邦交正常化……回想着百年来的国运，向以"阐旧邦以辅新命"而自认的冯友兰感慨万千，心中涌现出无比的自豪感。这一段时间，他诗兴大发，常常写诗表达对于时代的感怀。1972年7月，清华时期的学生王浩从美国回国参观，与冯谈起哲学思想转变之事，冯赠之诗一首。这首诗流露出了他对祖国统一、国运昌盛的赞美之情：

> 去日南边望北云，归时东邻拜西邻。
> 若惊道术多迁变，请向兴亡事里寻。

王浩1946年离国赴美时，中华大地还在内战。而他回来时，不仅祖国大陆统一了，曾经欺侮我们的"东邻"还来拜访。这是多大的变化啊！你要寻找我学术思想变化的原因，就从这里开始吧。

国运的新变不仅令冯友兰激动，曾在人民大会堂当众顶撞过毛泽东的梁漱溟同样激动。1971年除夕，他给冯写信，希望共话这一激动：

回忆50多年前我们同在北大哲学系，当时熟友有谷锡五、黄仲良，今锡五故去多年，仲良恐怕已难健在（大约五六年前看到一面，衰老不堪矣）。难得吾二人还同在北京，更难得的是过去好多年令人焦愁闷损之国势，今乃形势大大舒展开朗，为始料所不及者，却竟在吾人亲历目睹中完成其转变。我们相去咫尺的两人，岂可不一谈耶？如承同意，乞回一信，约定日期、时间、地点（颐和园何如）相会，如或一时不得其便，故不妨俟之他日耳。

冯友兰得信后，回信邀梁来家中晤谈。1972年1月9日，梁漱溟来到冯府，激动地对冯友兰说，中国进入联合国，标志着中华民族和世界上其他民族处于平等的地位了。这是我们小时候就向往的。它说明共产党毛主席确实是领导中国人民，推倒了"三座大山"，叫中国人民站起来了。两位老儒对毛泽东十分佩服。

关于尼克松、田中角荣访华，冯友兰还有诗两首：

其　一

才送总统回北美，又来首相自东洋。
百年争斗今全胜，不是葵花也向阳。

其　二

生逢西后弃疆土，老见东邦拜国门。
一代兴衰亲历过，不须家祭望儿孙。

他站在中国百年巨变的大背景上，从出生时的慈禧太后丧权辱国、丢弃国土，想到现而今的国运兴旺、列强来拜，共产党、毛泽东领导中国人民赶走了侵略者，实现了民族独立。再也没有南宋诗人陆游的遗恨了，自己将来死了，也无须儿孙们家祭时告慰了。一种难以扼制的民族自豪感和对于共产党、毛泽东的崇敬之情，回荡于冯友兰的胸中。

这些诗作反映了冯友兰当时的心态，也反映了他那一代知识分子的共同心态。正是这一心态，促使他们不断地接受思想改造，并由开始时的被动改造，逐渐变为主动接受。正是出于这种心态，冯友兰参加了"批林批孔"运动，写了《咏史诗》；同样出于这种心态，金岳霖致函冯友兰，肯定该诗，并说："批林批孔是伟大的运动，它不只是中国的大事，而且也是全世界的大事……"

征服夕阳

夕阳无限好，只是近黄昏。

李商隐的这两句诗引发出千年的悲叹，表述了一代又一代人对于"夕阳"的无奈。

等到冯友兰能有一个平静的心境的时候，他已经八十四周岁了。"七十三，八十四，阎王不要自己去。"此时，生命对于他来说，已是夕阳接着地平线了。思想至此，他惊得出了一身冷汗：我并没有赤条条来去无牵挂啊，还有一件大事牵挂着我，那就是祖国"旧邦新命"的命运，中华民族的前途。

为此，他要征服夕阳。

他所说的那件大事，就是用马克思主义的立场、观点和方法重写一部《中国哲学史》，阐发中国哲学的伟大价值，鼓励民众爱我中华、信我中华、振我中华。这是他于新中国成立前夕即立下的宏愿，毛泽东泼了瓢凉水后，他于60年代初才开始着手。那时他模仿苏联哲学家，生搬硬套些马克思主义词句，写成了《中国哲学史新编》第一、二册。现在，他不顾"夕阳西下"的威胁，决定将之推倒，另起炉灶，计划写成七册。他雄心勃勃、斗志昂扬，如同佘老太君点将出征。亲人们在为他加油助威的同时，每人手心里都捏了把汗。

按说，一千个理由，一万个理由，都该让他歇一歇了。然而，他不能。一个声音在呼唤着他，一个理由在鞭策着他——

在振兴中华的伟大事业中，每一个中华民族的成员，都应该尽其力之所及做一点事。我所能做的事就是把中国古典哲学中的有永久价值的东西阐发出来，以作为中国哲学发展的养料……

本来，他风烛残年，点将出征，已是何其迟暮。然而他却不急于拿下"敌方"的重镇——《中国哲学史新编》，而是侧道迂回，写起了洋洋三十万言的自传《三松堂自序》，真是出了一次"奇兵"。他缘何要出此"奇兵"？《三松堂自序》之"自序"曰：

古之作者，于其主要著作完成之后，每别作一篇，述先世，叙经历，发凡例，明指意，附于书尾，如《史记》之《太史公自序》，《汉书》之《叙传》，《论衡》之《自纪》，皆其例也。其意盖欲使后之读其书者，知其人，论其世，更易知其书短长之所在，得失之所由。传统体例，有足多者。

未曾出兵，先布阵图。他为其一生最大的一部书——《三松堂全集》作一个"总序"。写此书时，他因高烧住进北大医院，就把清华时的高徒涂又光从黄鹤楼边招了过来，他躺在病床上口授，涂又光记录。

冯友兰晚年境况极差，耳聋目盲，老伴谢世。好在他对自己的身体很有信心，又排除了尘世的纷扰，独守一方净土。"精神变物质"，他居然真的战胜了常人难以想象的困难，创造了一个又一个奇迹。寿命也像老太太手中的棉条，越扯越长。不少人向他询问起了长寿的秘诀，他只淡淡地以"三字经"相告："不——着——急。"其实在这三个字之后，还应再加上三个字："有事干。"

因为有事要干，就要筹划；有了筹划，就有了运动；有了运动，就有了生命。为了完成这件大事，他将生活安排得十分规律。每天早上，伴随着一阵阵呛咳声，他窸窸窣窣地起床了，然后慢慢地摸索着走到书桌旁，让史料在眼前过"电影"；接着开始让思想从口中缓缓地流出来，助手一丝不苟地记下来；当他自觉完成了一节时，就让助手念给他听。如是工作近三个小时。为了充分利用这三个小时，他一上午几乎不喝一口水，以免上厕所耽误时间。除非累倒住进医院，他几乎没有中断过一天工作。中午坚持午休，下午闭目养神，或练幼年时学过的童子功，或听人读报，心情不好时就背诵《古诗十九首》以散怀。

这期间他又出了一次"奇兵"，以八十七岁的高龄，横跨太平洋，远征美利坚。1982年7月，夏威夷召开国际朱熹讨论会，邀请他参加。本来，以此年龄是不宜去的，况且他的七册新编的宏伟计划才刚刚开头。但他坚持要去，亲人们也支持他去。想着1977年10月，要求应邀出席东京国际大学的一次会议未获批准；想着1978年D.卜德访华，两次到北大，要求见见老师都未获准；想着政治待遇的被取消……他必须出一次国，不然就不算解决了"政治问题"。

夏威夷会议之后，他又赶往美国大陆，参加母校哥伦比亚大学赠予他名誉文学博士学位的仪式。由于仪式定于9月份召开，冯友兰便到匹兹堡，在长子钟辽的家中住了一个多月。9月9日，同钟辽夫妇和宗璞一起赶往纽约哥伦比亚大学。离别母校六十年了，哥大当年的情景，导师们的音容笑貌，校园两边赫贞江的宜人春色依然历历在目，只是人事全非。冯友兰不免感慨万千，于是吟诗一首：

一别贞江六十春，问江可认再来人？
智山慧海传真火，愿随前薪作后薪。

1982年在美国与卜德重逢

赠予仪式于10日下午4时在哥大图书馆圆形大厅举行。仪式由哥大校长索尔云主持。哥大哲学教授狄百瑞首先致欢迎辞。他说：

我们为他（指冯友兰——引者）艰辛获得的成就感到骄傲，从他的顽强决心受到鼓舞。我们深感快乐，今天又有他和我们在一起——这位中国的真正的儿子，哥伦比亚的杰出的校友，他的学术，为使我们两国人民更好地互相理解而做的工作已经如此之多。

接着，冯友兰发表了一篇英文答词（由宗璞代为宣读），简要叙述了他的学术历程，并表达了今后的希望：

索尔云校长，狄百瑞教授，女士们，先生们：

我很感谢我的母校给予我的荣誉，我很高兴……在将近六十年之后，我又终于回到了哥伦比亚……

六十年是个很长的旅程，我这个旅程充满了希望和失望，成功和失败，被人理解和被人误解，有时居然受到赞扬和往往受到谴责。对于许多人，尤其是海外人士，我似乎有点令人困惑不解。让我借这个机会说说我的旅程的性质，或许能澄清令人困惑不解的地方。

我生活在不同的文化矛盾冲突的时代。我所要回答的问题是如何理解这种矛盾冲突的性质；如何适当地处理这种冲突，解决这种矛盾；又如何在这种矛盾冲突中使自己与之相适应。……

我经常想起儒家经典《诗经》中的两句话："周虽旧邦，其命维新。"就现在来说，中国就是旧邦而有新命，新命就是现代化。我的努力是保持旧邦的同一性和个性，而又同时促进实现新命……我按照自己的判断继续前进。

仪式结束后，哥大为冯友兰举行了招待会和宴会。在美华裔学者吴健雄、夏志清、周文中、杜维明、余英时、唐德刚及卜德等前来祝贺。众多故旧、学生及慕名者纷纷请他签名。

此次扶杖远行，居然能安然无恙地回来，是一个奇迹。他所得到的远不止政治上争了一口气和得到一个名誉博士的头衔，同时也让外界进一步了解了他自己，了解了中国文化。回国之后，他不顾远征疲劳，又踏上了既定的征途。

在南岳时，郑昕说他写起书来，"简直就像一部开动的机器"。而晚年，他却说自己像一头老牛：

我现在就像一头老黄牛，懒洋洋地卧在那里，把已经吃进去的草再吐出来细嚼烂咽，不仅津津有味，简直是其味无穷！其味无穷，其乐也就无穷了。古人所谓乐道，大概就是指此吧！

就是以这种"老黄牛"的精神，他写出了整整七册的哲学史新作，洋洋一百五十万言！第一册完成于1980年，第二册完成于1983年，第三册完成于1984年，第四册完成于1986年，第五册完成于1987年，第六册完成于1988年，第七册完成于1990年。

冯友兰晚年虽然耳失聪目失明，但头脑却十分活跃，每每有新的认识出现。他把这些"新论"戏称为"非常可怪之论"，如说毛泽东的哲学思想是中国传统哲学的继承与发展等。陈来在《默默而观——冯友兰》中写道：

一日他又对我说："我近来又有一个想法，也可以说是非常可怪之论，就是毛泽东的哲学实际上也是接着中国古典哲学讲的。"一般人都认为毛泽东思想乃是马克思主义的中国化……冯先生说："从孔子到王船山，中国哲学有个基本问题，就是一般和特殊的问题，到了王船山，给了一个解决。解决的方法是'理在事中'。《矛盾论》《实践论》讲矛盾的普遍性即寓于特殊性之中，其思想归结起来是'一般寓于特殊之中'，这个'寓'字从前人不常用，而这个思想也就是'理在事中'。所谓实事求是，就是指在事上求理。"

在"新编"写到近代时，他又来了一个"非常可怪之论"，认为洪秀全起义是历史的倒退，因为他要搬到中国来的，是西方中世纪的神权政治。而曾国藩打败了他，客观上则是阻止了这种倒退。"不过，曾推行一套以政代工的方针违背了西方国家近代化以商代工的自然道路，又延迟了近代化。"两年后，陈来从海外归来，冯友兰又欣喜地告诉他："我又有了几个'非常可怪之论'。"

"新编"的写作还算顺利，前六册也均于他生前出版，唯第七册的写作和出版最为艰难。从1989年下半年起，他的身体状况日渐不佳，生病住院的次数也较以往多起来，而且眼前常有幻象。此时他想的不是延年益寿，而是如何加紧完成"新编"的最后一册。他告诉小女儿宗璞："孔子说过，朝闻道，夕死可矣。……我现在是事情没有做完，所以还要治病。等书写完了，再生病就不必治了。"有人担心看不到他写的第七册，建议他放下中间的几册先写第七册，或先列一个提纲。冯友兰绽出一丝苏格拉底式的微笑，爽快地说大可不必。他似乎已经知道上帝安排的日程表，天降大任于斯人也，必将给其完成大任的时间。所以他依然以往常的心态，不紧不慢地写着。待他写完初稿，已是1990年的4月。他又勉力作了修改，于7月上旬定稿。这时，他已听到了孔子呼其归去的声音。

四个月后，1990年11月26日，他带着功德圆满的心绪安详地闭上了眼睛。二十天前，李泽厚、陈来前来探视。此时，他还惦记着中国哲学，告诉他们要注意研究《周易》哲学，并充满信心地说：

中国哲学将来一定会大放光彩！

这是冯友兰所说的最后一句关于哲学的话。

儒道气象

在同冯友兰作别，结束本章的时候，我们似有必要对他的一生作个印象式的小结。

冯友兰的性格是一个蕴藏极其丰富的大海，但显露在外的主要特征则是风平浪静。几十年以来他给人们的主要印象是长须飘胸，神态岸然，一副圣贤气象。他曾用程颐说程颢的话形容蔡元培，并说蔡先生的气象如"光风霁月"，而在人们的心目中，冯友兰自己恰恰也是这一"气象"中人。

有人说他的这一气象是"儒"。因为他常以"新儒"自称，其学说也以儒家学说为主要继承对象。不少人也习惯了这样看他。有人甚至把他当做当代孔子。学术界一位与冯友兰有过交往的人，问他的朋友："你们见过孔子没有？"答曰："没有。""那你们就去见一见冯友兰吧！"他的意思是说，见一见冯友兰，听一听他的言谈，就能感受到一种超乎寻常的精神力量，走进一个阔大深邃的精神境界，在那里能感觉到孔子的存在。

三松堂

更有人说他的这一气象是"道"。当年在清华的时候，就有一种说法，说教授是神仙，学生是老虎，职员是狗。在"教授治校"的方针下，教授既有相当大的职权，又超脱于日常事务之外，工作清闲、体面，出入自由，逍遥得如活神仙一般。而冯友兰当时恰又住在清华乙所，那里幽雅静僻，绝少尘喧，加上他一向处事豁达，谈吐幽默，颇具仙风道骨，学生们就给这"乙所"送了个雅号，叫"太乙洞天"，他自然也就成了"太乙真人"。

这还是其"真人"气象的起始阶段。而当他在南渡途中骨折以后，其"老道"形象便真的在许多人的心中成了共识。

1938年早春，冯友兰同朱自清、陈岱荪、汤用彤等一起乘车离开长沙，前往昆明。不料，车到离镇南关不远的凭祥县城，穿过城门的时候，他的左臂碰在了城墙上，上臂骨折，在河内住了一个月的院，胡子就长长了。从此，冯友兰就成了一个美髯翁。与此同时，他的好友闻一多也成了美髯公。闻一多体壮气盛，随学生大队步行到昆明，参加了一次别有意义的"万里长征"。沿途他没有剃胡子。因此，在西南联大的校园飘逸着两

1981年冯友兰手书"三松堂"横额

位美髯公的身影。

从此，几十年间，冯友兰都留着长长胡须，飘然若仙，又加上处子般的容颜，温柔敦厚的性格，所以有人说，他不是"儒"，而是"道"，其境界与其说是儒家思想，不如说是道家精神。

20世纪50年代初，以研究佛学著称的汤用彤任北大副校长，而曾任清华校务委员会主席的冯友兰却是北大的一名无任何职务的教授。哲学系的同仁戏称道："看来道家终究不如佛家呀。"由此看来，人们喜欢将冯友兰作为道家而津津乐道由来已久。

今天，空洞地谈论冯友兰是儒是道已无多大意义。我们似应透过其"气象"的表象去体味其本质意义。冯友兰的"气象"不仅体现在其表征上，更体现在其内在气质和涵养上，体现在不近流俗、温文尔雅、雍容大度、志若磐石，不以物喜、不以己悲的精神境界上。这种境界从本质上讲，是儒也是道。在西南联大时，生活条件和教学条件十分差。冯友兰住在乡下的一个农家小院里，夏天，鸡屎和猪粪的气息不绝于鼻，外加蚊叮虫咬，一到晚上，别人家早就端了凳子，拿着蒲扇，去闲话"牛郎织女"了，他却一如既往地参禅般坐着研究学问。走三个小时的路程到学校，校园里的泥巴路，有顶无窗的平房，夹杂着刺耳的警报声，也丝毫未能影响他泰然自若地给学生讲课的兴致。这即其"气象"的内在本质的体现。

"九叶"诗人郑敏曾讲过一个故事，也体现了这一点。一次，冯友兰戴着近视眼镜，拖着长须，穿着灰蓝色的长袍，去给学生讲"人生哲学"。郑敏和一位同学悄悄尾随其后。快到教室的时候，突然从另一条小径上走来一位先生。这先生身材高大，戴着副墨镜，穿着西裤衬衫，走热了，将风衣搭在肩上。先生径直走过来，朗声问道："芝生，到什么境界了?"冯友兰回答说："到了天地境界了。"于是二人哈哈大笑，擦身而过，各自去上课。那位戴墨镜的先生就是刚从美国回来不久的金岳霖教授。这两位先生都是郑敏和她的同学们敬仰的哲学名师。从这里，我们能直接感悟到冯友兰"气象"的袭人魅力。

　　还有一个故事也能使我们感悟到冯氏独特的精神境界。1951年秋，中国组成一个文化代表团赴印度、缅甸访问。团长是著名的喜剧作家丁西林，成员有冯友兰、郑振铎、阳翰笙、钱伟长、刘白羽、季羡林等学界名流。著名作家、文学史家郑振铎比冯友兰小两岁多，喜欢开玩笑，而且特别喜欢拿冯友兰开玩笑，喊他为"大胡子"。有一次，冯友兰在理发店里刮脸，郑振铎在旁边起哄，连声对理发师高呼："把他的络腮胡子刮掉!"理发师在他的诱导下，一失手，真的把胡子刮掉一块。郑振铎大笑，旁边的人也陪着哄笑。刮掉了蓄了十几年的心爱的胡子，人们以为冯友兰要生气了。谁知他只是微微一笑，神色不变。《世说新语》中记载了王子猷、王子敬的故事。说有一次二王坐在一起聊天，忽然房子上边起了火，子猷急忙逃走，慌得连鞋都顾不上穿。而子敬神色恬然，像平时谈了话告辞一般，轻声地叫来随从，扶着他一同出去。世人以此"定二王神宇"。看了冯友兰的那种雍容大度的气概，在场的季羡林感慨道："芝生先生的神宇有点近似子敬。"这的确是中肯的评价。

　　关于那一次骨折，金岳霖曾对冯友兰的小女儿宗璞说了这样一段话：

　　当时司机通知大家，不要把手放在窗外，要过城门了。别人都很快照办，只有你父亲听了这话，便考虑为什么不能放在窗外，放在窗外和不放在窗外的区别是什么，其普遍意义和特殊意义是什么。还没考虑完，已经骨折了。

　　金岳霖当然是在开老友的玩笑。但这种玩笑中却透露了对冯友兰的透彻了解。冯友兰一生的全部就是"思想"："为天地立心，为生民立命，为往圣继绝学，为万世开太平。"或许他当时根本就没有听到司机的警告，因为他正在思想。不仅在车上，而且在路上，在讲台上，在餐桌旁……他都在思想，无论严寒酷暑，无论硝烟连天，都不曾改变。因为在思想，凡俗尘事才被他抛得老远。这是冯友兰之所以为冯友兰的本质规定性。"他在思想。"这一点给宗璞留下了极深的印象。

抗战前，在清华乙所，他的书房是禁地，孩子们不得入内，但是我们常偷偷张望。我记得他伏案书写的身影，他听不见外界的一切。他在思想。在昆明为避轰炸，我们住在乡下，进城需步行三个小时，我随在他身后走着，一路不说话。但我感觉到，他在思想。在"文革"期间，我家被迫全家人挤在一间斗室，各处堆满东西。父亲能坦然地坐在一盘食物上，害我们找了半天。他不能再感觉别的事物，他在思想。

更有甚者，当年他被国民党特务铐走，惊动了整个中国知识界，一向清静的清华园更是炸开了锅。可当他被释放返校时，人们却惊讶地发现："冯先生态度自若，如无其事者。""文革"挨斗时，批斗的人歇斯底里，声色俱厉，而冯友兰却"呆若木鸡"，面容平静。他依然在思想。

冯友兰之所以能达到这等"天地境界"，是因为"他在思想"。晋代大诗人陶渊明曾身处闹市，却能心若止水，听不见车马的喧闹之声。别人问他怎么能达到这种境界，他回答说："心远地自偏。"是的，当你的心不为尘俗所牵引，而专注于某种崇高的使命时，是不会介意身外的喧嚣的。孔子困厄于宋，绝粮于陈，仍能泰然自若，也是因为"他在思想"。思想是可贵的。"天不生仲尼，万古长如夜。"这是对孔子的肯定，也是对所有的"思想者"的肯定。

1985年12月4日，在冯友兰九十华诞庆祝会上，弟子陈来献副寿联，也道出了他的精神境界。联曰：

> 极高明，别共殊，觉解真际，心通天地有形外；
> 道中庸，任自然，后得混沌，意在逍遥无尽中。

你说他是儒，我说他是道，看起来都有道理。而冯友兰自己的说法似乎更有道理。他曾在《赞中华》一文中描述过"中国人"，说："有儒家墨家的严肃，又有道家的超脱，才真正是从中国的国风养出来的人，才真正是'中国人'。"看来，冯友兰更像这里的"中国人"。

近年来，冯友兰的哲学思想已越来越得到人们的重视，一门新兴的人文学科——冯学已然兴起。冯友兰对中国文化建设的贡献是无人能够替代的。他曾经将自己毕生的事业概括为"三史释今古，六书纪贞元"。其中，"三史"是指《中国哲学史》《中国哲学简史》《中国哲学史新编》，它们代表着冯友兰在中国哲学史领域的贡献；"六书"是指《新理学》《新事论》《新世训》《新原人》《新原道》《新知言》，它们代表着冯友兰对中国现代哲学的贡献。除此之外，他还在教育、史学等方面有着突出贡献。

晚年冯友兰

冯友兰在国际上的影响也与日俱增。据介绍，20世纪末，美国出版了一本较大篇幅的哲学工具书《哲学家指南》，以囊括历史上的哲学家。书中所列20世纪中国哲学家仅有康有为、毛泽东和冯友兰三人。三人中，仅冯友兰一人是纯粹的哲学家和哲学史家。在全球化之文化多元化的浪潮中，学术界对哲学教材里西方哲学内容一家独大的情况提出了疑义，要求加入新的内容，于是，美国颇具盛名的高等教育出版社又在20世纪末组织出版了一本《哲学的探索——跨文化读本》。在这本教材中，有7位中国哲学家入选，按其选材的内容，这些哲学家分别是慧能、王夫之、庄子、孟子、荀子、老子和冯友兰。也就是说，20世纪的中国哲学家中只有冯友兰一人入选。意大利国家发起电子数据世界文明博物馆，要王蒙推荐十个在中国最有影响的文化人的著作进入这个"博物馆"。王蒙也选了冯友兰。他选的十部著作是：《诗经》《论语》《孟子》《老子》《庄子》《史记》《全唐诗》《红楼梦》《鲁迅全集》和《中国哲学史新编》。因为《中国哲学史新编》可以体现中国五千年文化的优秀成果。

李慎之在《纪念冯友兰先生》中说，"在我看来，冯先生是中国第一个对中国哲学做到了融贯中西、通释今古的人。"他一连用四个"最"字称赞冯友兰和他的著作："他的知识最广博，鉴别最精当，介绍最系统，解释最明白。"所以，"要对中国的传统经典有所钻研，首先还是要向冯先生请教"。据他所知，迄今为止，在西方的大学中，凡开中国哲学课的，冯友兰的《中国哲学史》是第一本必读书。因此，他总结道：

如果说中国人因为有严复而知有西方学术，外国人因为有冯友兰而知有中国哲学，这大概不会是夸张。

第五章
兄妹齐飞

◎

在北京大学燕南园57号，有三棵古朴的苍松，掩映着一座造型素雅的院落。三松或高大稳重，或逶迤多态，引起人们无尽的遐思。其主人便以此命名住斋，曰"三松堂"。

巧合的是，该堂主人，兄妹三人，均成就斐然，声震四海，人们亦以"三松"喻之。

—※—

中华民族的祖先曾经创造了光辉灿烂的古代文明，引起了千万代子孙的自豪；然而，漫长的封建社会和封建意识制约下渐趋疲沓与闭锁的国民性格同时又在吞噬着这种文明，尤其是吞噬着创造文明的活力，使得我们的民族渐渐趋向封闭、衰弱，以致被动挨打。1840年鸦片战争，帝国主义的大炮轰开了中国紧闭的大门。古老的中华文明被迫与西方文明交锋，几近一败涂地。一种亡国灭种的感觉猛袭着一些有识之士，促使他们惊醒。他们开始反思，在祖先传递下来的文明后面打上重重的问号；他们开始求索，向一向为自己看不上眼的"夷人"寻觅富国强兵之道。起初，这种反思求索在认识上还是颇为表面的，只是为了改良我们的武器，引进西方的科技，以图"以夷制夷"。之后，才一步一步地加深，认识到封建专制政体的腐败是一切衰败落后的根源。随着资产阶级革命的开展与封建复辟丑剧的接连上演，他们又进一步认识到封建意识和封建思想是社会前进的最大障碍，不彻底清除这些残渣余孽，现代化根本无从谈起。于是，爆发了一场空前猛烈的思想解放运动——扫荡封建思想的思想革命运动，史称新文化运动。这是反思与求索的质的飞跃。

时势造英雄。在这横跨两个世纪的大反思与大求索的过程中，诞生了许许多多的社会文化变革的先行者。他们为治疗民族"病体"所开的药方虽然不尽相同，然而却均以各自的追求与创造，加入了这一大的历史洪流，成为民族文化建设的精英。

本章所叙的冯氏子弟，也是其中的一个组成部分。

横空出世三松劲

一个名不见经传的小镇，突然诞生了三个声名鼎沸的人物，而且出自一个庭院，一个母体，真可谓横空出世。

在我国近现代史上，同胞三人学术上均驰名中外的，只有两例。一是浙江绍兴的周氏兄弟，树人(鲁迅)、作人、建人；一是河南唐河的冯氏兄妹，友兰、景兰、淑兰(沅君)。

周氏三兄弟中，树人与作人曾一同崛起，和衷共济，向封建礼教进击，后又反目成仇，以致老死不相往来。

冯氏三兄妹则情深意浓，相助相携，和睦相处，及于始终。不仅如此，他们的后代亦均秉承此风，手足情谊，有增无减，天南海北，一脉相传。

周氏三兄弟与冯氏三兄妹间有过交流。20世纪20年代，冯沅君这棵文学上的幼苗，曾得到鲁迅的悉心栽培。他赞扬她的《旅行》是"精粹的名文"；50年代，冯友兰曾表示要学习鲁迅，追随时代，不做落伍之兵。

两门才子，犹如两个星群，齐闪烁于苍穹，又相互辉映……

祁仪学风

大凡大材大器的铸成，离不开时代的、历史的原因或特定地域的孕育。近代以来，祁仪人非常重视延师办学、送子读书，以至于使这个小小的山镇文风昌盛，人才辈出。这便是冯氏兄妹少年时的成长环境。

清朝末年，开办私塾或设帐授徒之风在祁仪兴盛，并涌现出了一批有名的私塾先生。除上文提到的赵一士之外，还有外埠的马焕芝及本埠的孔二先生、黄十先生等人。孔二先生是镇西十余里的孔庄人氏，终生教私塾，曾以二十年时间，专教城北后洼村李兰馨，从发蒙一直教到他考秀才、中举人、取进士。李兰馨中进士后，回乡办两件事：一是上坟祭祖，二是赴孔庄登门谢师，此事在当地可谓盛举，使人们感到进学光荣，为师光荣，一时成为美谈。黄十先生(本名黄贯卿)十年寒窗，未能考中秀才成就功名，遂愤而于镇南家中设帐授徒，自任塾师，所教生徒亦不乏成才者。马焕芝是新野县人(赵一士的同乡)。他曾带着自己的儿子马戢武来祁仪坐馆教学。其子马戢武受其影响，一生为祖国独立富强、振兴教育而奔走、劳作，并长时期担任开封北仓女中(新中国成立后改为河南省立北仓女中)校长，为培养女子人才作出了特殊贡献。他死后多年，弟子们感其德行，写了一些回忆录，结集为《春华秋实》出版，中国政协前主席邓颖超欣然为之题写书名。

辛亥革命以后，这一风习又广泛地推向社会，兴办学堂的风气兴起。祁仪有识之士，酝酿开办高小，以镇内关帝庙为校舍，合街内私塾与街南黄家私塾的学生为高小第一班，定校名为沘源县第四高等小学(后改为唐河县第三小学、祁仪小学)，用马车赴南阳府聘请吴祖武、蒋自静任校长，又延聘县内的名师执教。冯氏是校董，人力物力上大力支持。祁仪高小培养出了不少优秀学生。他们毕业后又到外地上中学、大学。

上学的人多了，民间藏书也多了。久而久之，又在祁仪形成了藏书的风气。

说起藏书，让人不禁想起李兰馨。他是清末海内知名的大藏书家，与蔡元培是同科进士。光绪皇帝钦点他为户部主事。他在户部做官多年，有学问，又有钱，在京城买了很多书。庚子之变，八国联军打进北京，慈禧太后率皇帝和文武百官逃了。宫廷和王府的好多藏书都流散于市，有些被外国人掠走。后来李兰馨随西太后返京，不惜重金收买了一大批善本、珍本书。民国成立，宣统退位，李氏回到老家后洼村居住，把大部分藏书也运回来了。他把这些书籍看得像宝贝一样，专门盖一座小楼用于庋藏。有一次他生了一场大病，估计自己不行了，儿子李伯恭上楼给他送饭时，他突然从床上爬起来要给儿子磕头，吓得儿子赶紧跪下来。伯恭心里惊慌，不知道是老爷子病疯了，还是自己哪里侍候得不周到，惹得老爷子生气。正在他狐疑不解的时候，李兰馨说话了："我年岁大了，又得了病，怕有个好歹，得给你托付后事。我死后，家里要是有个三灾八难，你可以卖房产、卖庄园，可千万不能卖我的这些书！"

李兰馨对书的珍视竟至于这般田地。这对家人、乡邻无疑会产生直接的影响。他确实藏了许多珍贵的书籍，据唐河图书馆的工作人员考证，藏于该馆的《户部奏折》《时事采薪》《官书局汇报》《光绪壬辰(1892)科会试职官录》《宣统庚戌(1910)爵秩全览》《廿一史》(署名李伯恭)，以及李兰馨数十件书札原件等，都是李兰馨的珍藏。此外，还有钤有"江南织造栋亭曹氏"曹寅的藏书，钤有"淮海世家高邮王氏"王引之的藏书等一批江南大家的藏书，也是李兰馨当年于战乱中收藏的珍本。

据老辈人回忆，当时祁仪的小康之家，不管经营田庄，抑或经营商业、手工业，都喜爱购书藏书。青少年想读书，在本村乡邻都容易找到。这样，在乡里自行拜师或自学成才的人也随之增多。人们虽穷，但却十分重视子弟求学。如果谁家子弟上学有困难，亲戚邻里也乐意资助。当地普遍形成一种观念：做绅为官不怎么尊贵，文化上有成就最为高尚。这样的环境，很利于人才的培养，以至于到20世纪30年代初期，祁仪即形成了"大学生成群，中学生如林，师范生遍布四邻(豫鄂两省数县)"的局面。本来是豫鄂两省交界的半山区偏僻小镇，竟成了孕育凤凰的金窝。一只只彩凤金凰从这里飞出，飞往省城、京师、海外，在那里辛勤耕耘，播撒文明的种子。

这些人才中，不少人誉满寰宇，录入史书。仅镇上的就有冯家的三兄妹和李家的李季，后者是中国现代著名的大诗人。

冯府藏书

祁仪一带的风气如此，冯府的具体情况又是怎样的呢?让我们走进冯府，看一看它的藏书。

冯府是近代祁仪的一面旗帜，仅藏书一项即居于祁仪之首。冯氏藏书的风气，大概从四世殿吉开始。经过几代人的努力，至友兰辈的少年时期，冯府已有相当数量的藏书。冯府藏书与一般家庭不同。一般家庭多为子女启蒙、求功名的用书，所以无非"四书""五经"和应付科举考试所需之类的书籍。冯府藏书是多方面多层次的。除为子女启蒙求学之用的书籍，如《三字经》《龙文鞭影》《幼学琼林》和"四书""五经"之外，在客厅及各门长辈的案头床边，还分别藏有不少史书及《古文观止》《文选》诗词选本等。可以说是经、史、子、集应有尽有，大大突破了科举的范围。并且随着时代的发展，冯府藏书也不断地增添新的内容。如《地球韵言》《泰西游记》之类的新学科书籍，即于清朝末年随着"西学东渐"而进入了冯府。现在唐河县图书馆中还有一部分当年北大、北师大的油印教材，也是冯府家藏的图书。由此可见，冯氏前辈不仅重视对子弟进行传统的国学教育，而且注重对他们进行新学科、新知识的培养，以使之开阔视野、丰富知识。

冯氏不仅重视藏书，而且注意让其发挥作用。这是其家族代出人才的关键。冯氏子弟著述甚丰，也成为冯府藏书的重要组成部分。冯友兰说："我们这一门有作诗的家风。"诗是冯氏子弟著述的重要成分，计有《梅村诗稿》(冯玉文著)、《知非斋诗集》(四二七首，《中州艺文录》卷二八中有书目，冯云异著)、《复斋诗集》(冯台异著)、《梅花窗诗草》(冯士均著)等。除此之外，还有冯台异的《复斋遗集》（七卷）——卷一、卷二是"判读"，卷三是"踏勘川汉铁路记"，卷四是诗，卷五是文，卷六是杂著，卷七为附录。冯云异的文章《鼎元吉亨》《唐县历代名人论赞》《读西铭书后》等，曾被清末唐县知县沈国芸编入他的《唐州课艺》一书中，在全县产生了广泛的影响。

冯氏前辈藏书、著述，用心营造了一个充满浓厚文化气息的家学环境，使得家中子弟从小沐浴其中，深受熏陶，以至后来在多种学科领域卓有建树。

这即是"三松"繁茂的肥沃土壤。

三松竞翠

祁仪。

冯家大院有数十间大房子。东面是大门，门前两旁插着旗帜；另有南院、北院、西院。西面临街的一排房子是商业门面房。往东走，花坛环绕着的一栋房子，是台异之母、太夫人刘氏的居室，二者之间是云异、台异兄弟二人的居室。靠南的是云异的，靠北的是台异的。正是在这靠北的居室中，诞生了三个重要人物。

1895年12月，老大诞生，起名"友兰"；1898年6月，老二诞生，起名"景兰"；1900年9月，小妹诞生，起名恭兰(后又改为淑兰)。

北京。

北京大学燕南园57号，一座古朴素雅的小院内有三棵劲松。它们不知来自于哪缕清风，受惠于哪滴甘露，也不知诞生于哪段岁月，沐浴过几多朝阳。总之，它们与小院同庚同在。它们来时没有发表什么宣言，居时也没有什么惊人之举，只是默默然，来居淡然。

它们似乎在等待。等待什么不得而知。时而俯首凝思，时而仰天呼啸，地感其心灵震颤，天闻其肺腑之音。风摩挲，雨梳洗，身躯上留下了造化的身影。

忽然有一天，天雨虹霓，小院来了新的主人。他徘徊于三松之前，垂长的胡须飘落在松干上，得意道："庭中有三松，抚而盘桓，较渊明犹多其二焉。"那惬意之状感染了三松，风过而摇曳不止。

从此小院得了个雅号："三松堂"。

人们用"三松"比喻友兰、景兰、淑兰三兄妹是有道理的。三松不畏酷暑严寒，不惧狂风霹雳，立于天地之间，与日月同辉，报人间春色；三兄妹不怕前途坎坷，更喜世道沧桑，拼搏科宛，勇摘奇葩，以卓越的成就报效祖国母亲。三松同翠，兄妹竞辉，乃自然造化之巧譬也。

冯友兰的女儿宗璞在《松侣》一文中有过这样一段描述：

回到家里，站在院中三棵松树之间，那点脆弱的感怀忽然消失了。我感到镇定平静。三松中的两棵高大稳重，一株直指天空，另一株过房顶后作九十度折角，形貌别致，都似很有魄力，可以倚靠。第三棵不高，枝条平伸作伞状，使人感到亲切。

那两棵"高大稳重""可以倚靠"的不正是两位长兄，而那个头不高、"使人感到亲切"的不正是小妹吗?

就像三松以各自的形象立于天地之间一样,三兄妹也以各自不同的建树立于人世之间。长兄友兰是位哲学家,为中华民族哲学理论的发展作出了重要贡献,其哲学思想融中西哲学而自成体系,反映了中西哲学交流的趋势;弟弟景兰为中国科学院首批学部委员,一级教授,我国著名的地质学家、矿床学家和地质教育家,为我国的地质学、矿床学及地质勘察工作作出了特殊的贡献;小妹淑兰是我国新文学史上第一代有影响的女作家之一,著名的文学史家、教育家,为"五四"新文学的发展、中国女性文学的建立、中国古典文学的研究以及中国的教育事业作出了多方面的贡献。

由于冯友兰我们已专章叙述,本章则重点讲述景兰、淑兰兄妹。

地质风流冯景兰

地球是一个具有多圈层、多种运动形式的复杂神秘而又历史悠久的星体。认识它的某一方面的发展规律,往往需要几年、几十年乃至几百年的时间。这里面凝结着古今中外广大人民的劳动与智慧,更凝结着地质学家的智慧与汗水。

冯景兰是地质学家队伍中的一员。

中国是创造过辉煌的青铜器时代文明的文明古国。几千年以来,我们的祖先在广袤的大地上,探测、开采过无数个矿藏。然而还有许许多多的矿藏尚沉睡在大地之下、海洋之中,不少已经找到或开采过的矿藏又重新掩埋于历史的尘埃里,难见其本来面目……凡此等等,又需要我们的矿藏学家和广大地质、矿藏工作者付出艰辛的劳动。

冯景兰又是其中的一员。

正因为如此,他被公认为地质学家、矿床学家、地貌学家,中国近代矿床学的奠基者,并当选为中国科学院首批学部委员(中国科学院院士前身),被评为全国"社会主义建设积极分子"……

飞鸟任逍遥

冯景兰,字淮西,1898年生。前面提到,1904年,母亲带着友兰兄妹三人去武昌与父亲团聚。他们是包船去的。船家是友兰一个姑母家的佃户,十分可靠。乘船在河里行走，对孩子来说简直是旅游，他们高兴极了。但是，这条船是内河运货的小船，在船舱里只能坐着，不能站着，谨慎的船家又特别补上了几条禁忌，结果弄得孩子们索然无味而又担惊受怕。一上船，船家就给他们说了许多禁忌，特别是要注意说话，千万不能说"翻""滚"等字眼。三天后，船到了襄樊，在襄樊歇息了一夜。船家又对他们说："明天进汉江，这是大河，跟我们家乡的小河不一样，在小河里说句错话还不要紧，在大河里可不能说错了话！"进了汉江，一路顺利，大约一个星期就到汉口了。船停在汉口，让人去通知台异。台异派人来说，房子等在武昌都预备好了，要他们不要下船，直接坐这条船到武昌去。船家听说要他开船过江，吓得惊恐万状，一再说自己的船从没进过大江。经过反复说服，他才勉强答应，但禁忌更多了，要求大家把窗子都关上，一句话都不能说。经过一番颠簸，他们终于过了江，住进了在武昌租的房子。

景兰长到六七岁，从来没出过远门，更没有坐过这么长时间的船，经过这么多大风大浪。这一次旅行，等于给他上了第一次关于大自然的课。

到武昌之后，友兰兄妹没有进学校学习，家里也没有请教书先生，只是由母亲对付着教些诗文。不过，他们并没有与武昌的学校教育隔绝。因为父亲就在教育界，遇到一般学校要做的事，他们也要做。当时武昌学校，大小学生都要穿制服。上身是浅蓝色短褂，镶上云字头的青色宽边，颇像当时军队穿的号衣。下身是长裤，也是浅蓝色的。台异就叫清芝给友兰兄弟俩也都各做一套。还教他们唱《学堂歌》。《学堂歌》是张之洞作的，用的是《荀子·成相篇》的调子。歌词开头为：

> 天地泰，日月光，听我唱歌赞学堂。
> 圣天子，图自强，除却兴学别无方。

接着便分说"新学"的要点和意义，有时还穿插着讲些历史、地理知识。有一段讲地理的说：

> 中国圆，日本长，同在东亚地球上。

在武昌，景兰不仅读着"有字人书"，还读了一本"无字天书"，那就是洪山这本大"书"。他家住的地方离洪山不远，家里的厨子经常带他们兄弟去玩。兄长友兰喜欢山上的景致，而景兰却对此没有兴趣，只喜欢在山上扒扒拣拣，找些奇石怪根玩。有一次，他捡到一枚形色特别的石头，惊喜万状，爱不释手，就带回去给母亲看，母亲也不识得是什么石类，又送给父亲鉴别，父亲说是大

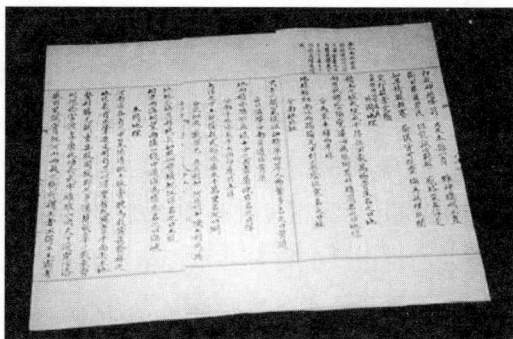
冯台异亲自为子女编写的地理教材

冶矿石，可以冶炼铁铜，很有价值。不料想，这颗平常的矿石竟在景兰幼小的心灵里点燃起一团炽热的火焰，引导他一生献身矿床事业，与地质科学结下了不解之缘，并进而成为我国著名的地质学家和矿床学家。

友兰与景兰虽然是兄弟，但性格却很不一样。景兰兴趣广泛，喜欢动手，对书法、音乐都颇为喜爱，读书之余，总爱耍耍书法，弄弄音乐。所以，他能写一手好字，画一手好画，会吹箫，能弹吉他。友兰自幼好静，喜欢沉思。小时候，许多孩子在一起玩，他都不参加。妈妈问他："友兰呐，你怎么不去和他们一起玩？"友兰说："我当个看家。"兄弟二人，一个务实，一个务虚；一个重实践，一个善玄思。这些童年时期已见端倪的秉性，已经预示了他们将来各自不同的学术之路。

自从捡到那枚"很有价值"的矿石之后，景兰心里一直热乎乎的，他想长大以后，一定要寻找很多矿石，让它们为人类发光发热。每个人的童年都有许多幻想，幻想长大以后当科学家、当飞行员、当元帅，或者当孙悟空、当如来佛、当二郎神……有些幻想后来实现了，成为"理想"；多数幻想随着年龄的增长而被抛在了脑后，成为大脑皮层上的一个泡沫痕迹。景兰肯定也有很多幻想，绝大多数幻想都被雨打风吹去，只有这个幻想却愈来愈清晰地刻在他的脑海里，成为理想并日益光亮。

1916年夏，十八岁的景兰带着童年时的梦想，第二次出门远行，考入了北京大学工科地质门预科。两年后，他再一次带着这一梦想，通过了本

省的官费留学考试，漂洋过海，去美国留学。

景兰之所以能够顺利去美国留学，其中还有一个小小的插曲。

1912年，中华民国临时中央政府成立，民主空气活跃，著名的民主革命家、教育家蔡元培执掌民国政府教育部，着手改革封建的旧教育，并于1912年1月19日颁布《普通教育暂行办法》，不久又发表《对于教育方针的意见》，提出"五育"并重、全面和谐发展的教育方针。当时在河南努力兴办新学的进步人士李时灿，大力推崇蔡元培的资产阶级民主主义教育思想。他利用河南教育总会会长、河南教育司长的身份，在河南省积极贯彻执行《普通教育暂行办法》，并与河南提学使陈善同，教育司科长林伯襄等人，上书当局，力陈兴办新学，引进西学，效法欧美，谋求富国利民之道。经河南省临时议会决定，创建"河南留学欧美预备学校"，校址就设在七朝古都、河南省会开封市东北角、原河南乡试场所"河南贡院"。这是一所派遣留学生、培养高级专门人才的重要基地。据说这类学校当时全国仅有北京清华学校、上海南洋中学和河南留学欧美预备学校三所。

景兰考入北大预科之后，河南省举行了公费留学生考试，分配给留学欧美预备学校二十个名额，别的学校很有意见。为了协调关系，河南教育当局决定再从其他学校招考二十名豫籍学生，一同派出留学。这样，景兰就有机会报名应试了。结果考中，被派往美国科罗拉多矿业学院学习矿产地质。由于这一批留学生限定从理工科学生中招考，所以兄长友兰没有考成。友兰于第二年，因为河南籍的留学生中有一个缺额，作为补缺，才考取了留学的资格。

1921年，景兰于科罗拉多矿业学院获得矿山工程师学位后，转入哥伦比亚大学研究院学习矿床学、岩石学和地貌学。此时，兄长友兰正在该研究院攻读博士学位。久在异国，思乡念亲，景兰便发挥他的绘画才能，以画寄托思念祖国和亲人之情。有一次，友兰来看景兰，看见他画的一幅中国画，题为"积满山皋图"，云高天阔，山深林密，一群鸟儿自由飞翔，那一份逼真和深意十分撩人。联想到前些天小妹沅君从遥远的北京寄来的那篇《悲秋赋》，友兰顿时思潮翻滚，诗兴大发，遂提笔赋诗一首：

秋意南山皋，吾弟妙挥毫。
密林忽疏阔，飞鸟任逍遥。

若非严萧瑟，何以肃清高。

寄语同怀妹，悲秋勿太劳。

回国以后，友兰又把这首诗抄在画的空白处，作为题跋，并十分珍重地把它送还给景兰。六十多年以后，风烛残年的冯友兰还深情地回忆起这幅画，说："这是我家可以传世的纪念品。'文化大革命'后，我问起这幅画，侄子们说：红卫兵抄家的时候拿去销毁了。文化大革命毁坏的重要文物太多了，这些小事又何足道，但也可以记在'文化大革命'的账上。日月不居，景兰逝世，已逾十年，回忆此图，弥增悲怆。"（冯友兰《回忆吾弟景兰的一幅中国画》）这幅国画充分显示了年轻的景兰对祖国大好河山的无限热爱之情。

服务桑梓

1923年，景兰从哥伦比亚大学获得地质硕士学位，回到祖国，回国后服务的第一站就是家乡河南。

此时，河南教育界人士倍感本省教育落后，呼吁奋起直追，纷纷要求创办大学，培养高级人才。他们认为"救国之道首在广植人才，尤在多设大学""本省自立大学实属要图"。河南省议会在1921年通过了筹办大学的决议，提出了建议案和简明计划书，拟将河南留学欧美预备学校改建为河南大学。原案交省政府执行，因河南政局不稳，财政拮据，其事遂寝。1922年5月，冯玉祥任河南督军，十分重视教育，力主创办大学。他把反动军阀赵倜的全部财产查抄归公，从中拨出专款作为河南大学的筹备基金，报北京政府核准，但北京政府认为河南大学如接受这项基金，校名必须有"中州"二字，方为合法。"中州大学"就这样成立。时已是1923年3月。它是今河南大学的前身。

中州大学成立以后，积极从海内外招聘人才，延聘名师。冯景兰一回国就被他们"挖去"，任科学通论讲师，不久晋升为地质系教授，并任矿物地质系主任。他教学认真，注重实践，亲自带领学生精心采集制作标本矿石，仅在河南各地采集的标本就有千种之多。他还十分注重教师队伍和教学设备建设。经他的积极筹建，到他离开的时候，中州大学矿物地质系已经建设得像个大学的系了。

由于少小离家求学，长大后又常年供职在外，家乡人对他的印象是相当陌生的。1945年初，他和兄长友兰一起归乡殡母，人们对他才有了较清晰的印象。丧事办完以后，应各界的邀请，随兄长一起做了几场报告，并到街坊邻居、亲朋好友处作礼节性的拜访。当时，友兰留着齐胸的胡子，头戴毡礼帽，身穿长袍，外套花羽缎马褂，手拿文明棍，很有风度。景兰头戴博士帽，身着鸭蛋绿长袍，架着金丝边眼镜，也是一派绅士气派。兄弟二人并肩而走，器宇轩昂。乡邻们大开眼界，啧啧赞叹：祁仪镇东冯、西李、南邵、北赵四大户，阔少富老不少，有谁见过冯家两兄弟这等儒雅脱俗的气派！

一天傍晚，景兰和哥哥来到小时候经常戏耍的清水河旁。只见清澈的河水在夕阳的映照下闪闪发光，不远处起伏的山上渐渐浮起了岚气。望着这美好的景色，嗅着田野上飘来的阵阵泥土的芳香，他们陷入了沉思。这青山绿水，孕育了他们可爱的童年；这沃野厚土，容纳了他们父母的遗骨。而今一旦告别，不知何时再能相聚……这时"啪"的一声脆响打破了宁静。景兰扭头一看，见河湾的土地上，一位老农正在挥鞭犁地。兄弟俩深情地向他注目一会儿，然后弯下身，抓几把新翻的泥土装进口袋里。

第二天，他们带着泥土踏上了离乡的征途，赶赴昆明。由于日寇入侵，道路阻塞，他们回家没带妹妹沉君。这次回乡，使他们加深了对故土的感情，同时也加深了家乡人对他们的认识。不久，经县长符明信呈报省政府批准，祁仪镇更名为"友兰镇"，足见家乡人民对他的崇敬。兄弟二人也一直深爱着家乡人民，1985年，九十岁高龄的冯友兰还在一篇文章中，深情地回忆道："从1921年起，我在国内、国外上学，靠的都是河南官费。我是河南人民养育出来的。借此机会，我向家乡的父老乡亲们致谢。"

以后，景兰再也没有以"游子"的身份回祁仪探亲，而是作为建设者回河南勘察，为建设"大家乡"而出谋出力。

20世纪20年代，还在中州大学教书的时候，景兰就开始了对开封附近的沙丘和黄河的考察研究。这是他与黄河治理和开发结下不解之缘的开始。那时，他写作了《开封附近沙堆之成因分布与风力水力风向之关系》等文章，探讨黄河岸边沉积物的成因等问题。1950年3月，冯景兰应水利部黄河水利委员会的邀请，赴豫西参加黄河水利调查及豫西黄河坝址地质考察，调查了三门峡、八里胡同、小浪底和三家滩等坝址地质，他提出了三门峡坝址地质条件最好的意见。此时，他离开中州大学已经二十年了。但他对家乡的感情丝毫没有减退。这次故乡之行，他写作了《黄河陕孟段坝基工程地质》《豫西黄河坝址地质勘测报告》《黄河的特点和问题》《黄河流域的地貌、现代动力地质作用及其对坝库址选择的影响》等学术论文与考察报告。冯景兰指出，"治河必先知河"，应当科学地、充分地了解黄河的基本特点，了解黄河的过去和现在。只有如此，才能根治黄河，把历史上不断危害人民的黄河改变成为人民造福的黄河。冯景兰还多次指出黄河

冯景兰（1898—1976）

含沙量的问题，认为这样高度的含沙量，不仅使下游河床淤高，因而泛滥、迁徙影响到防洪和航运，而且淤满水库，填满渠道，严重地威胁到水库寿命、水力发电和农田灌溉。他指出，黄河在它那广大的冲积平原上，不但不汇聚华北平原之水，反而成为河北水系和淮河水系间的分水岭。这样长达千里的"河道分水岭"是世界上独一无二的。1954年，冯景兰被聘为黄河规划委员会地质组组长。同年12月，他参与编写《黄河综合利用规划技术调查报告》中的地质部分。文中他又特别指出：黄河上中游的水土保持工作必须大规模地积极地推进。否则，像三门峡这样巨大的库容也能在蓄水后数十年内全部或大部被淤满而失去应有的效益。冯景兰对黄河的考察研究以及为治理黄河而提出的意见、设计的方案，无疑具有重要的意义。

在这段日子里，他还应河南地质调查所的邀请，偕同张伯声（河南留学欧美预备学校毕业生，地质学教授。曾任西北大学副校长、西安地质学院名誉院长、中国科学院地学部委员、全国地质学会副会长、全国政协委员等职务）、韩影山、曹世禄、阎廉泉、谢恩泽等人组成豫西地质调查队对平顶山煤田进行具体的调查，并编写了《河南宝叶襄郏平顶山煤田》的报告。他在报告中有过这么一段论述：

平顶山煤田可能证明是河南最大的煤田，并可能发展成我国黄河以南

数一数二的大煤矿……本区煤质佳，储量多，距武汉近，可能发展成华中钢铁厂最重要的燃料库。

报告对煤田储量的估算为11亿吨，是原来估算的26倍。同时，在大量调查的基础上，他还肯定了河南巩县铝土矿的经济价值。因此，在平顶山煤矿和巩县铝土矿的发现及其成矿理论的阐述方面，冯景兰作出了重要的贡献。

1965年，他不顾六十七岁高龄，风尘仆仆赶往河南灵宝金矿，指导实习和地质勘察，没有来得及休整就应邀给地质队作了一场学术报告。其不畏辛劳、严谨务实的作风在当地传为佳话。

景兰对平顶山煤矿、巩县铝土矿的勘探、建设以及豫西的开发、黄河的治理等作出了特殊的贡献。这是他为生育养育他的家乡送上的一份厚礼。

情满青山

冯景兰一生都在同山川打交道，除了讲台，就是山川。山川融入了他太多的爱——

1923—1927年，在中州大学任教时，考察了开封附近的沙丘。

1927年，调查了广九铁路沿线地质，并赴粤北曲江、仁化、始兴、南雄一带进行考察，对粤北地区的地形、地层、构造和矿产进行了研究。

1928年，调查了粤汉铁路广州至韶关段，并对以广西柳州为中心地区的煤矿地质及广西桂林、柳州、全州、阳朔、荔浦、平南等十四个县区的地质矿产等进行了调研。

1929—1933年，先后调查了河北昌平县黑山寨分水岭金矿、辽宁沈海铁路沿线地质矿产、河北宣龙铁矿、陕北地质等，并根据陕西和山西的地质地文特征，对陕西和山西中部地堑（汾渭地堑）的形成时代做了估计。

1933—1937年，调查了河北平泉、山西大同、山东招远金矿等地的地质和矿产，并研究了泰山杂岩。

1938年，调查了云南省永胜地区铜矿。

1939年，调查了西康荥经铜矿和四川省彭县铜矿。

1940年，调查了西康东部和四川西部各矿。

1941年，调查了西康会理天宝山铅锌矿和滇缅公路西段保山、昌宁、顺宁、蒙化地质及矿产。

1942年，调查了云南东川各铜矿和云南路南县地质矿产及地质构造。并在上述工作基础上，完成了《川康滇铜矿纪要》一书。由于该书既有理论概括又有实际意义，因而获当时教育部学术奖。

1944年，调查了云南滇缅铁路沿线地质。

1945年，调查了云南玉溪县地质矿产和云南呈贡县地质等。

1949年，应新中国中央人民政府燃料工业部的邀请，调查鄱（阳）乐（平）煤田，对煤田地质、煤质、储量及煤田的探采项目等作了评价与论述，还探讨了利用鄱乐煤炼油的可能性。

1950年，应水利部之邀，参加豫西黄河坝址地质考察，并应河南省人民政府邀请，与张伯声教授等进行豫西地质及矿产调查。其间对平顶山煤矿和巩县铝土矿的正确评价，为其后大规模地质勘探和确定为大型矿床奠定了基础。

1951年，被任命为中国地质工作计划指导委员会委员，参与对新中国地质工作的全面规划。

1954年，被聘为黄河规划委员会地质组组长，参与黄河治理的调查论证与指导工作。

1956年，参加"全国12年科学发展规划"工作，参与对新中国科学发展的全面规划。

1956—1958年，参加了中苏合作黑龙江综合考察工作，为中方负责人。其中，1957年赴苏联参加中苏黑龙江综合考察会议，两国专家共同研究黑龙江流域开发规划。他在会上的发言受到与会者的重视。

20世纪50年代，他还调查了吉林天宝山铜铅矿、辽宁兴城县夹山铜矿、甘肃白银厂铜矿等。

20世纪60年代初期，他的学术活动主要集中在金、铜等金属矿床的成因理论和区域成矿规律等方面的研究上。先后调查过北京平谷、河北涞源和鄂东赣北的一些矿床。1963年9月，提出"封闭成矿"的概念，集成矿流体、成矿构造和矿体就位于一体。同年10月，发表《关于成矿控制及成矿规律的几个重要问题的初步探讨》，此文得到同行的普遍赞赏，尤其是青年学者评价更高。

……

这一长串数字，只是他踏过的山川的一部分。弟子们说他是"一个把工作看成享受的人"。他的确是一位视探山寻宝为乐事的人。他工作中有热情，生活中又有才情，脚踏实地，不尚空谈。几十年来，带着一双探寻的眼睛，走过了除西藏、台湾之外的各个地区，越过了无数荒山野岭、大漠江河。披荆斩棘、荷星戴月，履板桥、宿野店，遭遇过许多凶险，吃过了许多苦头。这时的景兰真有点像晚唐诗人罗隐笔下的蜜蜂，"不论平地与山尖，无限风光尽被占"。只是他"采得百花成蜜后"，虽累虽苦心却甘。因为他是为国家的建设与发展而寻宝。他的学生刘浩龙曾问他怎样看待野外生活，他说："野外工作不一定都那么艰苦，我们是来做地质工作的，要乐观对待。"这些在常人看来非常艰苦的生活，冯景兰则是乐在其中。因为在山村野店，他能更多地接触到生活贫困的父老乡亲，能更直接地感受到祖国山河的壮丽美好。这些都激发了他对祖国与乡亲的热爱，坚定了他从事地质工作的信心与决心。

由于他在地质工作中的出色成绩，1956年，他被选为全国社会主义建设积极分子，光荣地出席了全国和北京市先进工作者代表大会。次年，又被选聘为中国科学院学部委员(院士)、一级教授，荣幸地成为中华人民共和国首届院士。

桃李满园

冯景兰的一生作出了多方面的贡献，包括两广地质、丹霞地形、川康滇铜矿、豫西矿产、铁（公）路路线地质、金矿地质等的勘察研究，还有黄河及黑龙江流域地质地貌、新构造运动及工程地质等方面所进行的大量实际工作和矿床学教科书的编著，以及成矿理论（成矿封闭说、矿床共生、成矿控制及成矿规律等）方面的贡献，等等。大而言之，其一生的工作有两项：一是亲赴各地考察，为国家寻找矿源或提供有关方面的决策依据；一是任大学地质专业的教授，培养地质、勘探方面的高等专门人才。

从1923年回国任教于河南中州大学至1976年去世，冯景兰在大学任教达五十三年之久。其中，1929年任北洋大学教授；1933年任清华大学地学系教授，次年任该系系主任，同时仍兼任北洋大学教授；1943—1945年，兼任云南大学工学院院长和采矿系系主任；1946年5月西南联合大学结束，师生北返，仍任教于清华大学；1952年起任北京地质学院教授。堪称为我国地质教育事业的先驱者之一。他知识渊博，讲解系统，态度认真，讲课很有条理，深受学生们欢迎。他讲课有几大特色，这些特色也是他的几大高招，这些高招像磁石一般，把学生们"吸"到他的身边。一是他的南阳方音。在给低年级学生讲课时，考虑到学生的接受能力，他用国语。景兰讲不好普通话，便操着他那浓浓的南阳方音讲解起来。他声音清晰响亮，语调抑扬动听，讲述生动通俗，南阳音不仅没有成为障碍，反而成为兴奋剂，极大地刺激着同学们听课的欲望，使得景兰的课锦上添花。到了高年级，他便放弃国语，用英语讲授，则又是另一番滋味。他的第二大高招就是板书。景兰有很深的书法功底，写的字本身就是艺术。他把这一门"手艺"出色地运用到课堂上。每讲完一堂课，他正好写满一黑板字。这些字既规规矩矩地排列在黑板上，又显得龙飞凤舞、气势非凡，给人以强烈的艺术享受。他的第三招是流动讲课。学地质，野外教学是重要的一环。地学系除课堂学习外，需经常到野外地质考察，认识大自然。每有这类课，景兰便将"课堂"搬到了野外。他长期从事野外勘察工作，身体强壮，走起山路来也能如履平地。野外讲课，他总是大步走在前边，学生们必须紧步才能跟上。他每小时大约行走10里路，边走边讲，行进速度既快又均匀。途中遇到地质现象，便停下来做详细讲解。一堂"课"下来，同学们累得疲惫不堪，但却都感到愉快兴奋，因为他们跟着景兰老师又学到了许多东西。他常常告诫自己的弟子，搞地质，就要学会走山路，这是野外工作的一项基本功。

景兰虽是出名的老教授，但每次上课还是精心备课，认真对待。他十分重视教材建设，晚年还与袁见齐教授共同主编《矿床学原理》。该教材于1965年由工业出版社出版，反响很好。他的实事求是、严谨认真的态度深为同行们称道。袁见齐回忆说："在编写教材工作中，冯老和我被推为主编，在他负责审阅教材前半部章节时，他在原稿上逐字逐句地斟酌、修改，连标点符号也不放过，这种认真负责、一丝不苟的精神，使我深受教育。"

冯景兰还是中华人民共和国成立后的第一批研究生导师。他先后指导研究生二十余人。他很重视研究生基本功的培养，要求他们既要有扎实的专业基本功，又要有较宽的知识面和健康的身体素质。这些都是做好地质工作的重要条件。他告诫弟子们，不能只重视理论，要深入实际，坚持做

院士冯景兰（左二）

实际工作，只有在实践中才能提高理论水平，才有可能创新。景兰本人即如此。他非常注重第一手资料的收集、积累和整理。该方面的成果占其学术著作和专业报告的基本部分。第一手资料是实地调查得来的，如果说，一些概念、论点每每有变化的话，实际资料是经得起时间考验的，所以特别珍贵。而且有的资料又是很难得到的，如果矿体采完了，又未及时整理、编录它的资料，就无法再现该矿体的地质情况了。景兰在这方面做了大量的极有成效的工作。他当年在两广、辽宁沈海铁路沿线、陕北、云南某些县区等处的地质矿产调查及其研究成果，是基础的地质矿产资料，又是开拓性的工作。新中国成立后，我国才大规模地进行区域地质调查和矿产普查工作。20世纪50年代时，有的地质工作者在野外用他的有关著述做范本，实地予以验证，结果证明冯景兰的描述准确、结论公允，堪称榜样。他还指导王植对山东泰山群进行研究，这是国内最早从事前寒武系课题的研究生工作。

在研究生论文选题上，冯景兰放手由学生自己选择，以充分发挥他们的主动性。他只要求研究成果应在前人基础上有所进步，这是起码的要求，也是很高的要求。能达到这种要求，就可以避免在低水平上的重复研究。对年轻教员他也做这样的要求。他热情鼓励年轻人上进，并坚信年轻人一定会超过老年人。弟子们回忆说："冯老师最喜欢的一句话是'譬如积薪，后来居上'。他常说，后生可畏，年轻人才是中国地质事业的未来。"他后来做科普刊物《科学大众》中《大众地质》的主编时，也积极地扶持年轻人，指导他们进行科学研究，增强他们从事地质学的信心。

在半个多世纪里，冯景兰立足讲坛，辛勤耕耘，为国家培养出一代又一代地质新人。而今，他的学生中，有的成了院士，有的成了教授、研究员、高级工程师或地质战线上的精英，可谓争奇斗艳，各领风骚。"桃李不言，下自成蹊。"他们的存在就是对景兰的最高赞美。

"文化大革命"期间，景兰也未能幸免于"牛棚""黑屋"。1969

年11月至1972年春，他与夫人在江西峡江农村五七干校度过。身在"牛棚"，心系地质，从干校回京后，他看到国外新出版的多册《岩浆矿床论文集》，觉得对中国的矿床勘探与研究很有意义，便计划予以翻译。在得到翻译出版的许可之后，他立即投入翻译工作。不久，唐山大地震爆发，北京城里，人心惶惶，政府要求人们住进抗震棚。此时，景兰的身体也很不好，但他不敢懈怠。他把书和译稿装进一个黑布包里，不论是回宿舍，还是进抗震棚，都随身携带，只要一停下来，就伏在桌子或床上继续翻译，直到心脏病突发，夺去了他的生命。这时，人们打开他的黑布包一看，已经有九篇论文被他译了出来。

1976年9月29日上午8时，冯景兰永远闭上了那双探宝的眼睛。

"衣带渐宽终不悔，为伊消得人憔悴。"他为地质和教育事业耗尽了最后一滴热血。

一代才女冯沅君

1923年秋至1924年春，当时中国极有影响的大刊物《创造季刊》和《创造周刊》上，突然出现了一个耀眼的名字——"淦女士"，并很快引起了人们的注意。

有人惊呼：文学的天空上又出现了一颗闪亮的新星！

这位被称作新星的"淦女士"，就是被现代文学之父鲁迅誉为创作了"精粹名文"的女作家冯沅君。而另一位文学巨匠沈从文则认为，"年轻人在冰心方面，正因为除了母亲的温柔得不到什么东西，而不无小小的失望"的时候，"淦女士"出现了，她的作品"在精神的雄强泼辣上，给了读者极大惊讶与欢喜。……淦女士的作品，以崭新的趣味，兴奋了一时代的年轻人"。

当我们走近冯沅君，观览其音容笑貌、文学风采的时候，我们要先看清这样一个事实："五四"时代灯火辉煌、彩虹齐天。打扮这华丽世界的，不仅仅是男性精英，还有女流才子。她们同样是那场开天辟地的启蒙运动的先驱，而且无愧于这个称号。她们的名字是：

陈衡哲、谢冰心、冯沅君、黄庐隐、凌叔华、苏雪林、石评梅……

她们的行迹已成为过去，上面已覆盖上了历史的尘迹，然而她们的青春还没有消失，依然跃动着勃勃生机。她们玉树临风，筚路蓝缕，春蚕吐彩，筑成了一道美丽的风景线，让时人扼腕惊叹，令后人流连忘返。

冯沅君是"她们"中的一员，风姿绰约，成绩斐然。她原名冯恭兰，后改名冯淑兰，字德馥，笔名有淦女士、漱峦、大琦、吴仪等。1900年9月4日生，1974年6月17日卒，终年75岁。

辣椒女孩

1900年9月4日，随着一声惊人的啼哭，一个瘦小而又倔强的女婴诞生在祁仪冯家大院里。老祖母轻轻地拍拍她的身子，自言自语地说："一个小辣椒落地了。"

"小辣椒"性格活泼，聪明好学，两只水汪汪的眼睛机灵地转动着，仿佛在探寻所有的问题。然而就是有些倔强固执，不肯妥协。1907年，父亲在崇阳任所为她兄妹请了一位教书先生。有一天教写大字，不知什么原因先生批评了她一句。她觉得委屈，噘着小嘴，说再也不去上学了。第二天果然不去，母亲生气地说："不去上学，就把你关在上房后边的那间黑屋子里！"她说："关就关，反正不去！"母亲见恐吓无效，转而好言相劝，哄了一阵子又亲自送她到书房门口，先生也急忙跑出来迎接，她还是死活不肯进门。

父亲病逝后，她随母亲回到了老家祁仪。这时，她这一辈的叔伯姊妹已有七八个，成活的有五个。照着大家族的规矩，男女大排行，最后一字取"兰"，由伯父云异统一定夺。兄长友兰建议，五个女子，中间一字用"温、良、恭、俭、让"排列。伯父一听，欣然同意。"小辣椒"在姊妹中排行老三，就起名"恭兰"。这个名字一直用到1917年她十七周岁时。其时她去北京报考女子高等师范，因嫌名字太"温良恭俭让"了，便自作主张改名"冯淑兰"。这又是她对封建家长制的一个小小反抗。

在祁仪老家，母亲吴清芝专门请了一位先生来家教友兰兄弟，同时还有云异的四儿子崧兰和友兰的几个表兄弟。沅君也跟着学了两年。后来因为请不来合适的先生，云异和清芝决定让崧兰、友兰、景兰三兄弟去报考县立高等小学，沅君的学业就中断了。因为此时，她已经过了十岁。照冯家的规矩(实际上也是一般封建大家庭的规矩)，女孩在六七岁的时候，可以随着男孩子一起读书，一过了十岁就不得入学了。吴清芝虽然开明，也不好公开违犯家规，特别是男孩子们都走了，她也不好专为一个女孩子请一位老师。

好在吴氏粗通文字，在家里亲自向女儿口授"四书""五经"和古典诗词。沅君自己也练习着写写诗文，颇有长进。

1918年，冯沅君（左二）与家人在一起

1915年暑假，长兄友兰考入北京大学中国哲学门。当时文学系有一位有名的教授，叫黄侃，讲《文选》和《文心雕龙》。他上课的时候，听讲的人很多，友兰也常去听。黄侃善于念诗词文章，每讲完一篇诗词或文章，都要高声念一遍，抑扬顿挫，十分好听。他念的时候，下边的听众也都跟着高声地念，台上台下书声朗朗，错落有致，时人称为"黄调"。他还常出题目叫学生作诗，有一文学系的学生不会作，请友兰代笔，结果友兰作了几首拟《古诗十九首》的诗，大受黄先生的赞扬。

第二年放暑假，友兰从北大回到家里，在家中常常学着黄侃的调子念诗词、文章，沅君听了很爱慕，就请兄长教她。友兰就照着黄先生的路数，选了些诗文，给她讲，教她念。沅君真是聪明绝顶，对这些诗文，在短短的一个暑假内就学会了，不但会讲会念，而且会写，兄长深为惊叹。尤令友兰惊喜的是，她居然还能写出像六朝小赋那样的小品文章。她还在家里贪婪地阅读大兄、二兄假期里带回的中国古典名著及新出版的报刊，从中接受新的知识、新的思想。等到友兰第二次暑假回家，沅君的学问更大了。这为她后来从事小说创作和古典文学研究打下了坚实的基础。

沅君的知识丰富了，心气也高了。她在家乡目睹了女子遭受的歧视，并亲自饱尝了不能上学念书的痛苦，那股子"辣劲"又上来了：

"我要上学！我要和大哥二哥一样到外地上学！"

一声惊雷！她要争取和男子同样的受教育的权利。

这时，北京传来消息，说北洋军阀政府把慈禧太后创办的女子师范改为北京女子高等师范，增设了国文专修科，当年就要招生。沅君理直气壮地向母亲提出去报考北京女子高师的要求。这是当时女学的最高学府。

母亲本来喜欢女儿念书学习，然而此时也犯了大难。一是当地封建习气重，女子大了，在自己家里都不能入学（私塾），哪里还能疯疯癫癫地去外地上学？"女子无才便是德"，这是千古"遗训"。二是台异在世的时候，就将女儿许配给唐河一户人家，男家是万万不会同意的。如果不通知男方，私自出走，男方如来问罪，周围的舆论压力将如何承受得起？

沅君见妈妈犹豫，就坚定地说："如果家里怕花钱，就把准备给我结婚时买嫁妆的钱先拿出来，到我出嫁时，我什么也不要。"

当时的地主家，出嫁一个女儿，陪送嫁妆是很大一笔钱财。姐姐温兰出嫁的时候就是这样。按当地的风俗习惯，有钱的人家，儿女婚姻由女家花钱，男家可以向女家提要求；没钱的人家，是男家花钱，女家向男家提要求。原因是，有钱的人家，女儿嫁到男家，是得到了一个继承财产的权利；没钱的人家，女儿嫁到男家，是凭空失去了一个劳动力。而这个"劳动力"是从小一点点养活大的，所以得向男家索要彩礼，以作补偿。沅君的一个堂嫂，回娘家说在婆家受委屈，她父亲不仅没有安慰她，反而训斥她说："你当去接受人家那几顷地是容易的吗？"一语道破了天机，原来婚姻如同买卖。

母亲终于为女儿求学的痴情所打动，决定一人承担所有的压力，同意沅君去北京求学。

家族的人提醒吴清芝："应该跟男家商量一下。"

吴清芝说："既然已经决定去，就不用同他们商量了。如果商量了他们不同意，事情反而难办了。"

族人又说："即使不商量，也得去打个招呼。"

吴清芝说："既然不商量，也不必打招呼。"

于是，暑假结束，沅君收拾好行装，梳上长辫子，穿着长裙子，拜别了母亲，跟着兄长踏上了北上求学的道路，也踏上了一条女子自我解放的道路。

从此，唐河少了一个"X冯氏"，而中国多了一位女作家。

这是1917年夏末。当时祁仪有人议论说："冯吴氏，这老妈子疯了！"

北上求学

　　唐河一带不通火车。沅君随友兰、景兰两位兄长坐了三天的马车，赶到三百里之外的驻马店，从驻马店坐火车到了北京。到北京后立即参加了入学考试，只考一门作文。沅君在老家时，对于吟诗作文已是养之有素，所以不费吹灰之力，便轻松地拿下了这次考试，顺顺当当地成为北京女高师的学生。

　　这次抗争的成功，极大地增强了沅君的信心，使其更加勇敢地在人生的大海中奋力搏击。

　　在冯沅君发出"我要上学，我要读书"呼声的前不久，安徽省太平县岭下村一位名叫瑞奴的女孩子也发出了这样的呼声。她为了要上学，"费了无数眼泪、哭泣、哀求、吵闹"，都没有用。她也是一个"不撞南墙不回头"的倔强女子，家里愈是压抑她，她求学的热望便愈高，竟弄得茶不思饭不进，如醉如痴，神魂颠倒，独自一人跑到一个名叫"水上"的树林里徘徊，几回都想跳到林中深涧自尽。终于迫使母亲动了慈爱之心，冒着犯上罪名说服祖母和族里的顽固长辈，允许瑞奴考学。后来这位女子与在安徽省立初级女子师范附小教书的庐隐女士一起，从安庆出发，考入北京女子高等师范学校国文系，成为沅君的学友。这位女子就是后来成为著名作家的苏雪林。她比庐隐大一岁，比沅君大三岁，然而却十分推崇她们。她认为自己"比不上那个家学渊源、胸罗万卷的冯沅君(她那时学名是淑兰)，又抵不上锋芒毕露、活跃文坛的黄英(庐隐女士)"（苏雪林：《我的生活·关于我的荣与辱》，台湾传记文学社1971年版）。

　　她们的成功，不仅仅是两位女子争得入学权利的胜利，从某种意义上说，也是女子向以男性为中心的社会争取"女权"的胜利。

　　人类的文明发展，有相当大的一部分是以牺牲女人为代价的。漫长的封建社会，女人失去了主体意识和做人的尊严，她们只是作为男人的附属品存在。资产阶级革命以后，争取男女平等才被提上了议事日程，"女权"运动兴起。19世纪末康梁维新，中国也兴起了一阵子"不缠足，兴女学"的妇女运动。20世纪初，中国出现了一位刚烈女子秋瑾，她的"身不得男儿列，心却比男儿烈"的慨叹，发出了近代女性争取男女平等和女子独立的先声。然而，妇女解放运动在中国大地上也只不过是小脚女人走路，一摇三晃，步履蹒跚。

"五四"运动以后，这个问题得到了很大的改观。1922年，中国共产党的创始人李大钊在他的《现代的女权运动》中第一句话就说："二十世纪是被压迫阶级的解放时代，亦是妇女的解放时代；是妇女寻觅伊们自己的时代，亦是男子发现妇女的意义的时代。"社会开始重视女性问题，女性的历史也终于从歧路步入了正途。

沉君入学时正值"五四"运动的前夜，新文化运动的声势日益壮大，一种有别于两千年以来的新思想、新文学正在孕育、成长。不久就爆发了震惊中外的"五四"运动。

"五四"运动是彻底的反帝反封建的爱国民主运动，同时也是一场伟大的思想解放运动。在这场石破天开的运动中，"人"的觉醒，特别是女性的觉醒格外引人注目，中国妇女解放运动出现了一个空前的高潮。

"五四"运动爆发的当天晚上，北京女高师的同学听到其他学校三十多名男同学因参加反帝游行而被捕的消息后，发出了"天下兴亡，匹夫有责，女子岂能无责"的豪言壮语，要求上街游行，声援男生，与他们一起坐牢。然而校长是一个顽固不化的老官僚，对女学生们反帝爱国的热情和争民主、争自由的革命行动不但不支持，反而千方百计地压制。为了阻止学生们上街游行，他下令在学校的大门上加一把似铁牢中用的大锁。冯沉君怒不可遏，搬起一块大石头将大锁砸开，同学们夺门而出，立即汇入到反帝反封建的革命洪流之中。接着成立了学生自治会，联络北京其他女学生，一起举行罢课游行活动。天津、上海等许多大中城市的女学生也不顾世俗非议，纷纷抛头露面走上街头，与男同学并肩参加示威游行和演讲宣传活动，成为"五四"运动中一支引人注目的生力军。

"五四"期间，要求男女教育平等的呼声也日益强烈。有两个取名"兰"的姑娘，同一年以前的另一个"兰"——冯淑兰(沉君)一样，强烈要求与男子一样有上学的权利。她们一个叫邓春兰，一个叫王兰。邓春兰从"春风不度玉门关"的家乡循化（隶属甘肃西宁道）致信北京大学校长蔡元培，要求大学开放女禁，随之用了一个多月的时间，辗转万里进京求学；北京城里的王兰启足出户，面见北大教务长陶孟和，提出入校学习的要求。二兰的合理要求感动了大学校长。蔡元培发表讲话，同意北大招收女生。二兰等九名"兰花""芳草"被录为北京大学旁听生，从此打破了大学不能男女同校的清规戒律。此后南京、上海、广州、天津、厦门一些公、私立大学相继招收女生，为实行男女教育平等迈出了坚实的一步。

与此同时，各种名目的妇女协会、妇女团体风起云涌般地成立。她们创办了名目繁多的妇女报刊，提倡男女平等，宣传妇女解放，启发广大妇女的自觉意识。其中"中华妇女协会"最有代表性，其在"宣言"中颇有煽动性地呼吁：

　　起，姊姊妹妹，鸡鸣夜尽了，快洗洗脸，拜那东方太阳之雄姿。……我们为什么悲我们的身世呢？为什么怒我们的前人？这个身世我们又传给我们的子孙。这样前人之徽号，我们又带到坟墓中去了呀。姊姊妹妹起来，革命从自己起。

"我们为什么悲我们的身世呢？为什么怒我们的前人？"这振聋发聩的质问，喊出了广大女同胞的心声。

在反对封建主义的斗争中，一批思想解放的女青年还勇敢地向包办婚姻挑战，青年男女中出现了冲破"父母之命"、争取恋爱自由的新风气。如向警予与蔡和森，革命成双，婚姻自主。结婚时不搞封建俗套，而是并肩坐在一起，面前摆着《资本论》照了一张结婚照，并自誉为"向上同盟"。1919年《新诗年选》中刊选了一篇署名黄琬的新诗《自觉的女子》。这首诗非常清楚地表明女子们要求婚姻自由的决心："我没见过他，怎么能爱他？我没有爱他，又怎能嫁他？……这简直是一件买卖，拿人去当牛马罢了。我要保全我的人格，还怎么能承认什么礼教呢？爸爸！你一定要强迫我，我便只有自杀了！"这算不上什么好诗句，但从诗中却可听见作者剧烈的心跳，可以看出新一代女性抵抗封建礼教、争取婚姻自由的战斗英姿。这在当时形成了一股强大的思潮。

冯沅君也积极参加了这一斗争。为了反抗封建家长统治，她还把《孔雀东南飞》改编成话剧。到演出时，无人肯扮演剧中的反面人物焦母。冯沅君自告奋勇，粉墨登场饰演焦母。当她以焦母的口吻蛮横地指责"儿媳"不唯婆命是从而擅作主张，要"儿子"休了她再娶秦罗敷的时候，其惟妙惟肖的表演，博得了台下观众的一片掌声。

《孔雀东南飞》原是汉乐府中的一首叙事长诗，本题作《古诗无名人为焦仲卿妻作》，后人常取诗中首句"孔雀东南飞，五里一徘徊"的前半句为诗名。它记叙了汉献帝建安时期，庐江府小吏焦仲卿和妻子刘兰芝忠贞不渝的爱情故事，对以焦母为代表的摧残青年人幸福和生命的封建势力发出了血泪控诉，千百年来广泛流传于民间。"五四"运动爆发后，这一古老的爱情悲剧，适应了新的时代的需要，一下子成为剧作家们借以表现反对封建礼教主题的绝好素材。20世纪20年代，先后有多种这一题材的剧本问世。冯沅君编的这本算是最早的了。接着又有了杨荫深改编创作的《磐石和蒲苇》、袁昌英改编创作的《孔雀东南飞》、熊佛西改编创作的《兰芝与仲卿》等。它们使这一汉代"枯木"再度生花。

在家乡的时候，冯沅君虽然勤奋自学，但学的多是诗词歌赋。考入女高师之后，置身于新文化运动的激流中，特别是"五四"运动之后的革命洪流中，她的眼界大为开阔，阅读了大量的新文艺作品，如鲁迅的小说、散文，文学研究会、创造社的创作，特别是创造社的鼻祖郭沫若的诗歌、戏剧，那热情奔放的气势和积极的浪漫主义情调，震撼着她年轻的心。

在女高师，她还有一个重要收获，就是结识了庐隐、石评梅、苏雪林几个才女同学。她们虽然身世不尽相同，性格也各有差异，但都爱上了"缪斯"，一起诗词唱和，以文学的方式向社会抗击，参加到反帝反封建特别是反对封建婚姻制度的革命洪流之中，成为闻名中外的作家。她们同男士一起，积极参加各种社会活动，包括文学活动，接受新文化运动的洗礼。正如苏雪林晚年在《己酉自述——从儿时到现在》（1969年4月15日《国语日报》）中所说"……我便全盘接受了这个新文化，而变成一个新人了。"

淦女士

1922年夏，冯沅君在北京女高师毕业，旋即考上北京大学研究所国学门研究生，研习中国古典文学，开始了她的三年研究生生活。

北大是哥哥友兰的母校，哥哥本身就是她崇拜的偶像，而今又能如愿成为这里的学生，而且是北大第一位女研究生，真是无上光荣。冯沅君好不惬意。不过，此时的沅君虽身为国学研究生，却迷恋上了文学创作。还在女高师时期，新文学运动的惊涛骇浪和郭沫若的吞吐寰宇、才情横溢的诗篇已激荡过其淑女心扉，撞击过其情感的闸门。待考入北大研究所，绞缠在心中的万端思绪再也无法抑制，直如春蚕吐丝，不吐不快，火山激荡，非喷不可。于是她接连在郭沫若等编辑的《创造季刊》和《创造周刊》上发表了《隔绝》《隔绝之后》《慈母》《旅行》等短篇小说。此时，她对人生和自我价值的认识与思考又有了新的发展，由原来的争取女子享受和男子同等的受教育权利，升华到争取妇女婚姻自主和人身自由的更高层次上。这四篇小说正是她这一思考的结晶。

创作这些小说的直接动机是对表姐吴天的同情和对扼杀青年女子婚姻自由和人身自由的封建礼教的控诉。吴天是冯沅君母亲吴清芝的娘家侄女，从小聪颖好学，后来到北京求学，遇到了在北大物理系学习的同乡王某，二人一见倾心，很快谈起了恋爱。吴天本是个地主小姐，在幼年时就依"门当户对"原则许配给另一家土财主的儿子。吴天与王某的事被她母亲得知后，认为是家门的奇耻大辱，便把她招回家里，囚禁在一间小屋里，并不许她再上北京读书。吴天以绝食自杀表示反抗。恰巧吴天的两个哥哥从美国回来，苦心劝慰母亲，才把她放了出来。冯沅君与吴天从小就颇要好，很同情她的遭遇，也苦苦劝说舅妈。而这个舅妈打小就喜爱这个小外甥女，见大家都劝说，也就同意吴天继续去北京上学。吴天的一段经历被沅君写进了《隔绝》和《隔绝之后》。作品中的女主人公隽华的原型就是表姐吴天。不过，为了强化封建礼教吃人的本质，冯沅君舍弃了吴天返京的结局，而让男女主人公双双服毒殉情。

不幸的是，后来吴天的哥哥在美国得到了个博士头衔，便瞧不起没有博士头衔的王某了。他公开要求吴天与王某扯断关系，并把自己在美国的同学介绍给吴天，吴天坚决拒绝。这一次冯沅君又站在表姐的一边，帮她出主意想办法。她劝吴天和王某一起回河南参加河南教育厅的"官费"留学考试。《旅行》正是根据吴天和王某一对恋人从北京坐火车到开封参加考试的一段经历写的。出师不利，他们没能考上。王某从此一蹶不振，整天沉溺于赌博，染肺病而死。吴天的爱情终以悲剧收场。

冯沅君为此深感痛心，再联系到自己的遭遇，便把它写进小说里。后来这几篇小说结集为《卷葹》出版时，她在扉页里印上了晚唐词人温庭筠的《达摩支曲》的词句：

捣麝成尘香不灭，

拗莲作寸丝难绝。

把麝捣成碎末，它的香也不会消失，将藕折成一截一截的，它的丝也不会断尽。冯沅君借此意在说明，青年人追求个性解放、婚姻自主的心香和情思，任凭封建礼教怎样捣砸拗折，也是不屈不挠、不灭不绝的。这是作者的心声，也是作品的根本主题所在。

《隔绝》中男女主人公的爱情受到了长辈的压制。他们不解社会为何如此。男主人公士轸说："我不明白为什么对于我不爱的人非教我亲近不可，而对于我的爱人略亲近一点，他们就视为大逆不道？"女主人公隽华说："怎么爱情在我们看来是神圣的、高尚的、纯洁的，而他们却看得这样卑鄙污浊？"更为不幸的是，隽华竟被母亲幽禁在小屋里，逼她与土财主的儿子刘慕汉成亲。但他们都不屈服。隽华秘密给士轸写信，让表妹设法传递出去。两人约好，夜里十二点隽华翻墙逃走，让士轸在墙外接她。假若不成，就以身殉情。她说：

身命可以牺牲，意志自由不可以牺牲，不得自由我宁死。人们要不知道争恋爱自由，则所有的一切都不必提了。这是我的宣言……

在惴惴不安的等待时刻，她打开稿纸，一往情深地给情人写信、写诗，叙说他们相处的幸福、爱情的甜蜜：

你记得吗？在这桩事发生后，不久我们又去逛二闸，踏遍了秋郊，寻不到个人们的眼光注射不到的地方。后来还是你借事支开了舟子，躲在芦花深处拥抱了一会，kiss了几下，那时太阳已快要落了，红光与远山的黛色相映，渲染出片紫色的晚霞来。林头水边也还有它的余光依恋着。满目秋色显出一片无限的萧瑟和悲壮的美，更衬得我们的行为的艺术化了。无奈，苍茫的暮色自远而来，水上的波纹也辨不清晰，雪白的鸭儿更早已被人们唤了回去，我们不得不舍陆登舟，重寻来时的途径。我们并肩坐在船板上，我半身都靠在你的怀里，小舟过处，桨儿拨水的声音和芦荻的叶子发出的声音相和，宛如人们叹息的声气，但是我们心中的愉快，并不为外物所移。

这些美妙的文字虽然出自隽华之口，然而却发自沅君之心，是男女青年纯洁爱情的礼赞。

爱情虽然甜蜜，然而由于得不到家长的认可又是十分苦涩。虽然已经安排好了逃走的计划，心里还是不很踏实，因为她知道旧礼教的势力太强大，人生注定要与痛苦相伴：

爱的种子何啻痛苦烦恼的源泉，在人们未生之前，造物主已把甜蜜的花和痛苦的刺调得均均匀匀的散布在人生的路上。造物主在造爱的糖果的时候，已将其中掺了痛苦的汁儿呵。

《隔绝之后》是《隔绝》的续篇。正在隽华准备逾墙逃走的前夕，母亲闹胃病，合家不眠，她无法逃走，而刘家的儿子晚上12点要来了。为了逃脱这桩婚事，她服毒自杀。士轸闻讯赶来，抚尸痛哭，说了声"等我一等"，也服毒自尽。"爱史的最后一页是血写的"，他们以生命作代价，对封建礼教作出了愤怒的抗议。与《孔雀东南飞》中的焦仲卿、刘兰芝相比，他们更为勇猛，更为坚决。他们始终没有把自己的意志和自己的感情交给别人。

冯沅君追求纯情的、净洁的、一尘不染的爱情生活。《旅行》正表现了这一点。一对热恋中的男女独自生活在一起，旅行、住旅社达十天之久，在一般世俗人眼里，肯定会出点儿"饮食男女"的事儿。然而"我"和"他"没有。"我们"看重的是心灵的默契、精神的融会，追求的是"神圣的、高尚的、纯洁的"爱情：

这是很自然的，彼此都有些害羞，两个青年男女初次住在一起的时候。我所稀奇的就是，我们既经相爱到这样程度，还是未能免俗。当他把两条被子铺成两条被窝，催我休息的时候，不知为什么那样害怕，那样含羞，那样伤心，低着头在床沿足足坐了一刻多钟。他代我解衣服上的扣子，解到只剩最里面的一层了，他低低的叫着我的名字，说："这一层我可不能解了。"他好像受了神圣尊严的监督似的，同个教徒祷告上帝降福给他一样，极虔敬的离开我，远远的站着。我不用说，是受着同样的感动——我相信我们这种感动是最高的灵魂的表现，同时也是纯洁的爱情的表现，这是有心房的颤动和滴在襟上的热泪可以作证据的。

柳下惠坐怀不乱屡屡为人们所称道，而冯沅君笔下的这一对男女夜夜同衾共枕，拥抱睡眠，竟无丝毫肉欲之举。二人的恋情之纯可想而知。

社会的舆论毕竟是可怕的。虽然冯沅君笔下的女主人公们发誓"与其作已经宣告破产的礼法的降服者，不如作个方生的主义真理的牺牲者"，然而她们毕竟出身为"大家闺秀"，中国女性仁爱、温顺、善良、谦让等传统的道德风范和缺乏主见、情感脆弱等性格弱点同时在她们身上发生着作用，令她们在反叛礼教、走向自新的道路上，又心存畏悸，摇摇摆摆。《旅行》中有一段描写女主人公在列车上的心理活动的文字，就生动地表现了新女性们的这一特点：

我很想拉他的手，但是我不敢，我只敢在间或车上的电灯被震动而失去它的光的时候，因为我害怕那些搭客们的注意。可是我们又自己觉得很骄傲的，我们不客气的以全车中最尊贵的人自命。

鲁迅很欣赏这篇小说，说它是"提炼了《隔绝》和《隔绝之后》的精粹的名文"，同时更欣赏这段话语，并在《中国新文学大系·小说二集导言》中写下了一段赞赏的文字：

这一段，实在是五四运动之后，将毅然和传统战斗，而又怕敢毅然和传统战斗，遂不得不复活其"缠绵悱恻之情"的青年的真实写照。和"为艺术而艺术"的作品中的主角，或夸耀其颓唐，或炫鬻其才绪，是截然两样的。

冯沅君小说反封建主题的一个重要内容是"情人的爱"(性爱)和"母亲的爱"(母爱)的剧烈冲突。在对母爱的描写上，她与冰心有着较大的分歧。冰心是一味地写母爱的美好、和谐，而沅君则将母爱置于与男女情爱尖锐冲突的严酷背景中进行描写。女主人公既爱情人，又爱母亲，而"母亲"和"情人"又水火不容，二者不可得兼，于是她陷入了深深的矛盾泥潭之中。

> 我爱你，我也爱我的妈妈，世界上的爱都是神圣的，无论是男女之爱，母子之爱。

这是隽华对士轸的表白。因为对母亲的爱，她不敢毅然解除与刘家的婚约，并且明知母亲让她探家是为了逼她与刘氏订婚，却还要冒险归来，自投罗网；因为对情人的爱，她宁愿牺牲社会名誉和天伦之乐。她明明知道这两种爱是两种不可调和的思想冲突，却企图把它们融合起来，"使爱情在各方面都满足"。她没有看到，在当时的历史条件下，男女情爱与母女(或母子)之爱冲突的主要内涵不仅仅是个人之间的矛盾，更重要的是新旧思想意识、新旧道德观念，乃至新旧政治势力的尖锐冲突。这是一对不可调和的矛盾，其根本性质是非此即彼、你死我活。隽华想用她的善心和孝顺来填平她与母亲之间的特定"代沟"，真可谓号错了脉搏。冯沅君通过这一形象，深刻地表现了"五四"时期知识女性的独特的苦闷性格，展示了她们炽热亢奋而又惴惴不安的内心世界，显示出震撼人心的艺术力量。

也许是因为吴天的特殊经历，也许是因为冯沅君的特殊家庭背景，她的小说中是缺少父亲角色的。站在主人公对立面的不是强暴的父亲，而是慈爱的母亲。这大概是因为沅君早已没了父亲，因而"封建家长"的职位只好由母亲代替。又由于母亲在沅君的心目中实在是个完美的形象，所以只好调和。调和到什么程度就是什么程度。在《隔绝》和《隔绝之后》中没有调和成功，她又写了《慈母》《误点》和《写于母亲走后》，此中的"母亲"已是孟郊《游子吟》中的"慈母手中线，游子身上衣，临行密密缝，意恐迟迟归"的慈母了。母爱消解了性爱，主人公沉醉于"伟大的母性的爱"中：

> 假如我是个大诗人，宇宙间一切的美丽伟大我不歌颂，我只歌颂在爱的光中的和乐家庭。

蓄意的调和，显示了冯沅君理想主义的情怀和对母亲的挚爱，然而也因此而削弱了作品的现实主义力量。

冯沅君在《创造季刊》和《创造周刊》上发表《隔绝》等四篇小说

的时候用的是"淦女士"的笔名。陆侃如在《卷葹》再版后记中曾说："'淦'训'陆',取庄子'陆沉'之意。"《庄子·则阳》中说:"方且与世违,而心不屑与之俱,是陆沉者也。"沉君取"淦"为笔名,正说明她虽隐于市朝,乃至遭受被埋没的厄运,但仍不甘与之同流合污。至于在"淦"之后又赫然添上"女士"二字,则是向社会公开打出女性的旗帜,表明作者向"男尊女卑"的旧有社会制度挑战的勇气。

"淦女士"的名字很快就引起了人们的注意。不少作家评赞了她。在现代女作家中,她第一个以热烈的情感、严肃的态度正面地同时也是充分地表现了"五四"时期新女性的恋爱理想,当然也是作者自己的恋爱观。当时就有人如此评价她:

技术方面虽无高超处,然而在时代意义上,实乃新女性作家之先锋。

——毅真《几位当代中国小说家》

其时,陈衡哲没有特别关注这一领域,冰心也极少写到男女之爱,庐隐虽然描绘了不少恋爱中的女子,但她主要是"披了恋爱的衣裳"抒写人生的苦闷。"淦女士"大胆揭开一切虚伪的面纱,赤裸裸地展示女性的隐秘心理,以积极热烈、纯洁高尚的情爱描写向虚伪的封建道德观念挑战。这一点,确实比同时代的女作家表现出更大的胆量和勇气。这是她在当时深受欢迎的重要原因。关于此,著名作家沈从文谈得十分清楚:

淦女士的作品,在精神的雄强泼辣上,给了读者极大惊讶与欢喜。年轻人在冰心方面,正因为除了母亲的温柔得不到什么东西,而不无小小的失望;淦女士的作品,却暴露了自己生活最炫目的一面。这是一个传奇,一个异闻……淦女士作品,是在这个意义下被社会认识而加以欢迎了。……在1923年,女作家中还没有这种作品,在男子作品中,能肆无所忌地写到一切,也还没有,因此淦女士的作品,以崭新的趣味,兴奋了一时代的年轻人。

——沈从文《论中国现代小说创作》

1926年,冯沅君将《隔绝》《隔绝之后》《旅行》《慈母》四篇小说结集为《卷葹》，由鲁迅编入"乌合丛书"，交北新书局出版(1928年再版时又增加了《误点》《写于母亲走后》两篇)。它虽然被收入"乌合丛书"，但从其浪漫主义抒情格调来看，实属于"创造社丛书"之一员。鲁迅曾对"卷葹"一词作过解释，说："卷葹是一种小草，拔了心也不死。"(《鲁迅书信集》上卷，第100页) 鲁迅对书名的解释，实际上是道出了这几篇小说的主题，它与"捣麝成尘香不灭，拗莲作寸丝难绝"是一样的意思。

《卷葹》是冯沅君创作的起点，也是她创作的顶峰。

1924年冬，孙伏园得到鲁迅的支持，在北京创办《语丝》。鲁迅当时是北京大学研究所国学门的学术委员，冯沅君是国学门的研究生，自然十分熟悉。由于这个原因，在文坛上初露锋芒的冯沅君，也就成了《语丝》的经常撰稿人。她接连在《语丝》上发表了十多篇短篇小说、议论、杂感或考证性的文章。其中小说有三篇，即是后来收入小说集《劫灰》中的《劫灰》《贞妇》和《缘法》。从《创造》转向《语丝》，时间虽不长，但冯沅君的思想、兴致却起了变化，文笔也起了变化。基于这一原因，发表作品时署名也由"淦女士"改为"沅君"。从此"淦女士"这一响亮的名字渐渐为人们所遗忘，而"沅君"的名字却日益光亮起来。屈原《九歌·湘夫人》中有诗句曰："沅有茝兮醴有兰，思公子兮未敢言。荒忽兮远望，观流水兮潺湲。"

"茝"就是白芷，多年生草本植物，开白花，有香气；"兰"是"兰草"。东汉王逸在《楚辞章句》中对第一句作了这样的解说："言沅水之中，有盛茂之茝；澧水之内，有芬芳之兰，异于众草。"沅水之中盛长"异于众草"的奇茝，那么其主宰当是清新俊逸、不染俗尘的君子了。取名"沅君"，显然是作者的自勉，她要做一个高洁、脱俗、不随波逐流的人。《春痕》中常提到"澧君""湘子"，并有"与我相约终生为伴侣的澧君，为我而入病院的湘子"之句，说明了她对屈原这一佳句的倾慕。

发表在《语丝》上的三篇小说，除第一篇《劫灰》采用第一人称手法，写其童年的一段匪灾生活之外，其余不再采用她惯用的第一人称手法，所写内容也不限于青年男女争取婚姻自由的生活了。后来她又创作了《林先生的信》《我已在爱神前犯罪了》《晚饭》《潜悼》《EPOCH MAKING》和《春痕》，结集为《春痕》(1927年北新书局出版)、《劫灰》(1928年北新书局出版)。

这两个集子里的小说，虽然也表现了对旧礼教的控诉、对美好爱情的歌赞(如《贞妇》《我已在爱神前犯罪了》)，然而《卷葹》中的那种反叛精神和火热的激情却明显地减弱了，一个充满着浪漫主义热情的小说家正在被一个有着严谨学风的学术研究家所代替。

石头的爱情

1925年夏，冯沅君在北京大学研究所毕业，经原女高师的老师介绍，到南京金陵大学任教，从此开始了她长达半个世纪的教书生涯。此时她还没有过二十五岁生日。

也许是初去南方水土不服，也许是第一次单独外出谋生孤独不适应(以前虽也外出，但有两位兄长及表姐、表妹们相陪，身边还有一群志趣相投的同学)，到了南京之后她常常害病。沅君小时候体弱多病，但到北京上学以后，由于心情愉快，病也少了。这一次到南京真可谓是"旧病复发"。虽然病不怎么大，但一月之内总要请一两个星期的假，否则在课堂上就上气不接下气，讲不成课。学生们私下送她一个雅号："病愁公主"。鉴于这种情况，第二年她又返回北京，一面在中法大学教课，一面在北京大学研究所国学门作古典文学研究工作。此时她进入了准学者的行列，并取得了不小的成绩，在《北京大学研究所国学门月刊》上，连续发表了《读〈笔生花〉杂记》《楚辞之祖祢与后裔》《南宋词人小记》等一批考论文章，再加上她用"漱峦"笔名发表的两篇唐河的民间故事《老丑虎——关于老虎母亲的传说》和《唐河的传说》(包括《牛郎织女的来历》《灶爷之来历》《猴老精》《蛇吞相(象)》四则)，在《北京大学研究所国学门月刊》的作者群中，冯沅君是发表文章最多的一位。除此之外，她还是鲁迅、周作人、林语堂等"语丝"派的同路人。1924年10月《语丝》在北京创刊，即聘她为杂志长期撰稿人。从第6期起，她连续发表了七篇短论和考据性的文章。

1926年的秋天，冯沅君进入了又甜又涩、又喜又愁的"梅雨季节"，一个青年的丘比特之箭射中了她。

这个青年中等个儿，小分头，圆圆的脸上尚带有几分稚气，但谈吐清爽伶俐，眉宇间透露出聪颖机敏。他就是后来成为著名的古典文学研究家、文学史家、国家一级教授的陆侃如。他还曾担任九三学社中央常委、山东大学副校长。

陆侃如比冯沅君小三岁，江苏海门人，1926年夏从北京大学国文系毕业后，随即考入清华大学研究院做研究生。他也是研究中国古典文学的。此时除了研究《楚辞》之外，就是协助梁启超校注《桃花扇》传奇，并在《北京大学研究所国学门月刊》上发表论文。业务上的相近，使得他有机会与冯沅君接触。沅君当时在文坛上已是声名鼎沸，在文学研究上也显露出了才华，再加上她性格开朗、谈吐文雅，很快赢得了他的倾慕。这一点沅君看得十分明白，但她一味地装着不知。有时，聪明的侃如旁敲侧击、迤逦迂回，欲引水入渠，而矜持的沅君总是巧妙地拨舟避礁、绕道扬帆，不予理会。她始终以姐姐对弟弟的心态对待这个聪明热情的"小弟弟"。

然而坚固的防护堤终敌不过爱情潮水的猛烈冲击，就在这一年的秋末冬初，沅君接受了侃如的爱情。这突如其来的爱情使她兴奋，令她幸福，然而也使她无端地增添了许多忧愁。少年时是不知愁为何物，上学时是"为赋新词强说愁"，就是一年前金陵大学的学生说她"多病多愁"，她还有几分生气，而现在是真正地体会到愁的滋味了。首先她要天天盼信，天天写信。她本是一位有着浪漫主义气质的女子，容易感伤。自从被侃如的爱箭射中之后，天天想念。"一日不见，如三秋兮"，她是一时不见，如隔三秋。无论干什么，心头总是浮现出"一个人"的影子，风吹不散，雨打不走。由于各有各的工作，相距又有一段距离，不可能天天见面，所以只好以信代面。常常是一天几封，每封信中还有一两个"又及"。侃如是有过之而无不及。他本也是文学中人，长于表情达意，信中的语言热得烫人，他不仅天天写信，有时一封信中还要连用五六个"又及"，害得沅君连连告饶，劝他还是平淡些，因为，淡淡的才能持久。

沅君本是一个疏于打扮的人，早上还爱睡个懒觉。谈上恋爱之后突然来了个一百八十度的大转弯，早上早早起来，梳洗打扮一番，弄得利利亮亮地去看哥嫂，惹得小侄女莲儿好奇地把她从上到下看了半天。

从1926年底两人相恋，至1929年1月结婚，可以说，冯沅君是在愁喜交加中度过的。她想与陆侃如见面，又怕与他见面，怕他那炯炯逼视的双眸，怕他说出教人回答不上来的话语。侃如年轻单纯，热恋中勇往直前，得到的都是欢乐；而沅君年龄稍大，社会阅历丰富，有过"爱"的创伤，自然是格外的谨慎，有时是保持矜持。她早已许配人家，虽然说不上男方有什么坏处，但终究成了陌路人。虽然是"陌路人"，又偏与自己挂联在一起。如果退掉这门亲事，就害了那位不能使她爱而又在想着她的财主的儿子；如果退不掉这门亲事，又害了这位痴爱着她又为她所痴爱的人儿。这是她这一方的愁源。还有对方：陆侃如的父母是什么态度？他们会喜欢这个比儿子大的"洋"媳妇吗？侃如现在年轻，未曾品尝过人间愁苦滋味，将来，随着年龄的增长和两人交往的进一步加深，他还会适应她、恋着她吗？是不是也会"始乱之而终弃之"呢？因为这样的男子她见得多了。在社会的沸锅里煮过了一番，特别是亲眼目睹了表姐吴天悲剧，冯沅君感觉到陷入了无边无际的愁渊：

前也茫茫，后也茫茫，左右也无不茫茫，问此天涯倦羽，更向何处栖息？

局外人很难理解沅君的心情，以为她自寻烦恼，其实她的这种心情正是一个身处新旧交替时代的进步知识女性的正常心理。在当时，她们的追求，她们的幸福，随时都有可能被强大的封建势力像折断一根草芥一样轻易毁掉。吴天不就是一个很好的例子吗？她的幸福可以说直接毁在了她的母亲和两个受过新式教育的洋派哥哥的手里。而站在母亲和哥哥背后的自然是顽如磐石、杀人不眨眼的封建势力。正如冯沅君在《春痕》中所言：

……多愁善感的她，虽见到鲜艳的花儿不免暂时嫣然，但望望四周的荆棘，她比未有花时所感到的苦痛更深！

虽然爱把她抛入了望不见尽头的愁渊，然而她还是停止不了对侃如的思念。侃如是美酒，她是李白，纵然喝得醉死，醒了还要想他！为此她责怪自己，怎么这么轻率地就坠入情网？想想前途渺渺，她甚至想"悬崖勒马"，并以屈原《离骚》中的诗句"回朕车以复路兮，及行迷之未远"劝导侃如。然而正如一个嗜烟如命的烟民戒烟一样，屡戒屡抽，烟瘾愈浓。

这一年的寒假，陆侃如做了一件痴事，又吓了冯沅君一大跳：他决定不回家过年了，要在北京呆着，因为沅君在北京跟哥嫂一起过年。

陆侃如家本来人少，又有父母在堂，他们早在盼儿南归，怎能不回去

倚树听流泉——唐河冯氏家族文化评传

团聚呢?况且，年年寒假回家已成惯例，今年怎好因为"一个人"而破坏天伦之乐?沅君好言相劝，侃如还是执意不肯回家。弄得她心里很是不安，连连后悔自己不该"放火""烧"了自己，也"烧"了别人。

侃如喜欢到北大研究所与沅君见面。每一次去之前，沅君就把她的小工作室打扫得干干净净的，因为侃如很爱干净。有一次下午他又来了，说自己近几天饭没心思吃，书没心思读，文章也没心思写。沅君说，这全是"一个人"的过错，你忘记她吧。侃如说，不!我要你整日陪着我，永世陪着我。沅君见他的"疯"话又来了，赶紧说我们已离岸越来越远了，卷进波涛里去了，冷静些吧，小弟弟。说罢莞尔一笑。叫他"小弟弟"还真不亏他，因为沅君二十六岁，而侃如还不过二十三岁。

她提议他们选辑宋词中的习语，说如果每见面一次辑上百十条，到暑假的时候就十分可观了。这事儿陆侃如非常乐意，只听他高声念道：

> 众里寻他千百度，蓦然回首，那人却在，灯火阑珊处。

"这一条好!是南宋词人辛弃疾的。"沅君高兴地说，然后她也吟咏一句：

> 此水几时休，此恨何时已?只愿君心似我心，定不负相思意。

"这是北宋沧州无棣人李之仪的。"陆侃如录下这一条后，又吟一句道：

> 候馆梅残，溪桥柳细，草薰风暖摇征辔。离愁渐远渐无穷，迢迢不断如春水。

"这是北宋欧阳修的一首艳词，"冯沅君说，"看来离愁别绪害了古今多少人啊!侃如，记上这一条。"她站起身来，高声诵道：

> 两情若是久长时，又岂在朝朝暮暮!

"还是秦少游的境界高呀!"

"哈，哈，哈……"

……

两人你一句，我一条，竟忘记了时间的存在。待他们感到有些饥肠辘辘的时候，推开门，太阳已消失得无影无踪了。

冯沅君的担心是多余的。他们以后的爱情生活比她想象得还要好，成为其同代人钦羡的典范。

1927年秋，冯沅君经母校女高师国文系主任、后在上海暨南大学国文系当主任的陈钟凡先生介绍，到上海暨南大学、中国公学大学部任教。不久，陆侃如也从清华大学研究院毕业，应邀到上海暨南大学、中国公学大学部、复旦大学等校国文系任教。两人既是一对恋人，又是同行同事，更是有说不尽的话、做不尽的事。他们互相听课，互相鼓励，还开始了学术研究上的合作，共同撰写《中国诗史》。陆侃如早已有志于此，并已完成了《古代诗史》，正在着手撰写《中代诗史》。冯沅君精于唐诗宋词和元明散曲，就接过《近代诗史》的撰写任务。这虽然是一时的分工，却定了两人后来终生的研究方向：陆侃如研究唐以前的文学，冯沅君研究唐以后的文学。两个人"包揽"了两千余年中国文学的历史。共同的爱好，和谐的性格，还有献身中国文学研究事业的精神，将两个年轻人紧紧地联结在了一起。两人的爱情之花也越开越艳。后来(1931年)，他们的这一爱的结晶——《中国诗史》公开出版，受到了不少专家的好评。评论者认为，冯、陆的《中国诗史》"取材审慎，要言不烦"，是当时我国唯一的诗歌史著作。鲁迅也于1933年在致曹靖华的信中推荐过它：

至于史，则我以为看(一)谢无量：《中国大文学史》，(二)郑振铎：《插图本中国文学史》，(三)陆侃如、冯沅君：《中国诗史》，(四)王国维：《宋元词曲史》，(五)鲁迅：《中国小说史略》。

在鲁迅先生看来，当时涌现出来的数十种文学史中，这五种是最好的。两个初出茅庐的青年，能够在文学大师鲁迅的笔下，名列于王国维、鲁迅、郑振铎等大家之中，真是莫大的荣幸。

这期间，陆侃如又将冯沅君的三个短篇小说集全部整理出版或再版，连封面题字和《编后记》也是他一手所写。在《卷荭》再版后记中，陆侃如写了这样一段话：

……以上的话，本该作者自己向读者说明。只因作者秉性疏懒，故托我代说。

侃如满意之情溢于言表。从这段话语之中，我们可以明显感受到陆侃如和冯沅君二人爱情的美满、性格的和谐和事业的顺达。

关于《春痕》，陆侃如写下了这一段话：

《春痕》作者告诉我：《春痕》是五十封信，假定为一女子寄给她的情人的，从爱苗初长到摄影定情，历时约五月。

……每一封信里也许讲的两件事，故标题极难定，现在避难就易，因以首二字命篇。

虽云"假定"，但评论界却以为颇似"实录"，写的是她与陆侃如二人的恋情。陆比冯小，小说的女主角瑗称情人为"璧弟"；陆在清华大学研究院，受业于梁启超门下，"璧弟"也住在"水木清华"的所在，有二三大师"可借质问"；陆曾协助梁启超校注《桃花扇》，小说中的瑗也在信中问："璧今日何以自遣？大约仍校注《桃花扇》？"作者在家乡时曾受"父母之命"许配他人，小说中的女主人公也与一财主的儿子订婚……《春痕》确实带有很强的自传性，它记录了1926年冬至1927年春，冯沅君与陆侃如相识相爱的过程和心理。

二百多年以前，曹雪芹写了一本《石头记》（《红楼梦》），记叙了一个石头和一株小草的恋情。雪芹先生感叹地说道：

满纸荒唐言，一把辛酸泪。
都云作者痴，谁解其中味。

"爱情"是人类永也说不完的话题。从曹雪芹到冯沅君，不知又有多少痴情男女为这二字落下清泪，一遍又一遍地重复着爱的故事。冯沅君的

《春痕》即是其中的一个篇章。

我们之所以把曹雪芹先生请到冯沅君女十的故事中来，是因为她在《春痕》中也写了"石头"的故事。曹氏的"石头"为"通灵宝玉"，而冯氏的"石头"是两个"玉器"。圆形而扁平、中间有孔的，叫做"璧"；大孔的璧，又叫做"瑗"。瑗与璧大小参差，珠联璧合，真是天赐的一对，地造的一双。冯沅君便借此将自己与情侣陆侃如的故事注入其中，于是就有了作品中的两个主人公：瑗与璧。瑗为"姐"，璧为"弟"。

璧热烈地追求着瑗，那么坚定、那么勇敢，又那么单纯、那么脆弱，瑗的一个咳嗽，到他那里就变成了五雷轰顶。她一时的不高兴，使了点小脾气，少时已烟消云散，而"璧仍在愁暴雨之将至"。

由于经历了一些坎坷，品尝过爱的苦果，所以在情人热烈的追求面前，瑗显得沉着、冷静，善于自制。她忧郁惆怅，顾虑重重，既热望着爱，又怕再被爱所烫伤。这是当时在社会上碰过壁的一些知识女性的一种心态：

> 在清醒的时候也觉得自己的行为太浪漫，太把爱情轻易与人；但一看见璧弟的信，或和他晤面时，我又为他的杯中的醇酒所陶醉了！为之奈何！怅惘！微茫！

> 漫漫的长夜谁知做些什么梦呢！柔脆的心情，颠连的身世，一切一切都注定我今生应该做人生悲剧的主角。

> 璧君！想到我日来处的境地，看到你这情意深厚的信，我觉得我这个人不应再在人间！我此时消灭了，可以免除多少悲剧！

冯沅君笔下，勇敢地同封建礼教抗争的女性没有了，有的是败下阵来的愁面女子，疲倦了的旅人。她想退出社会角逐，和可意的人在一个清静的处所"隐居"下来。作品中有一种浓浓的"隐士"风味——

> 春阴漠漠，春寒恻恻，今日天气太似江南。此种时节，宜小病，宜清

淡，宜推敲诗句，宜闲行山中，最忌忙碌碌的作教书匠。

病并不是可诅咒的。它可使人感到超现实世间的滋味。在斜风细雨轻寒恻恻的时节，躺在床上看看沁人心脾的文艺，听听有风趣的富有安慰和热情的谈论，也算享尽人间幽静而清雅的温柔。

在巴黎读书时的冯沅君

冯沅君曾说："花儿不是为结果开的。"但是花儿开得盛了，自然是要结果的。当本书中的两个主人公的共同事业《中国诗史》完稿的时候，当陆侃如整理好冯沅君的三部小说集拿去付梓的时候，两人的爱情之花已到结果的时节了。二人不愧是搞古代文学研究的，还没有完全忘掉先人那"父母之命"的遗训。因母亲不在身边，沅君便去征求长兄的意见。由于友兰对侃如的家庭不甚了解，便没有立即表态。二人心急如焚，又找到蔡元培、胡适等几根大粗柱子，要他们撑撑腰，给友兰写信，让他不必多过问，友兰也就没有再坚持自己的意见。二人算是得到了家里的默许，终于在相知相爱两年多之后，于1929年1月24日在上海结婚。

这一年，冯沅君二十八岁，陆侃如二十五岁。

女博士

在冯沅君幸福地享用爱情婚姻的醇香美酒的时候，她在女高师时的几位学友却在品尝着爱的辛酸。她是她们中最为幸运的一个。"自古红颜多薄命"，这话除了冯沅君之外，在庐隐、石评梅等人身上都应验了。

庐隐的童年很不幸，她降生那一天，正好外祖母过世，母亲即认定她是一颗灾星，便把她送给一个奶妈喂养，她成了亲生父母的弃儿。六岁时，父亲又因心脏病去世，寡母率领她和她的三个哥哥寄居在北京舅父家里。在这个家里，她常常受到责骂和毒打。十六岁那年，在舅父家认识了一位表亲林鸿俊。此人读书不多，人却聪明漂亮，家境贫寒、无依无靠，博得了庐隐的同情。他发现庐隐是一位多情的女孩，便趁机给她写了一封长信，诉说自己的不幸身世，庐隐看后热泪横流，之后两人便渐渐亲密起来。不久，林便向她求婚。母亲和哥哥嫌林鸿俊缺少深造，家里又穷，一口拒绝。这事激起了庐隐的反抗，她本想过独身生活，这一激偏偏要嫁给他。母兄无奈，只好让步。但有个条件：大学毕业后才能举行婚礼，并要庐隐签了字。

1919年她投考北京女高师。因误了考期，她和苏雪林均成为旁听生。后来年假大考，二人成绩最优，才转为正式学生。"五四"新思潮冲淡了她心里的悲哀，她精神焕发地投入斗争之中，被选为学生会的干事、女高师福建同乡会代表，到北大、师大开会，又几次被选为大会副主席。这是她第一次同男生合作共事。这时候，她才发现未婚夫林鸿俊思想平庸、无所作为，便主动与他解除婚约。

庐隐1921年参加文学研究会，在这里遇上了无政府主义者郭梦良。1923年夏，她不顾家庭、朋友的反对和强烈的社会舆论，与有妇之夫郭梦良在上海结婚。两年后，郭梦良因肠胃病死去，撇下她和一个不满周岁的女儿。她的精神再度受到打击，心里充满绝望、哀伤。当她送郭的灵柩回乡安葬时，又遭受了刻薄的婆婆的恶骂和迫害，只好带着小女儿漂泊于上海、北京等地。苦难的遭遇，使她信奉了叔本华的"人生——苦海"的悲观主义思想。此时，只有好友石评梅常来陪她散步、谈心或跑到陶然亭对着荒冢放声痛哭。后来，石评梅也死了，她成了一个没有伴侣的长途旅人。天天喝酒吸烟，萎靡不振，"但愿早点死去"。

1928年，她认识了比她小九岁的乐天派青年诗人、清华大学的学生李唯建。两人由友谊很快发展成爱情，她感觉到自己从"重浊肮脏的躯骸中逃逸出来了""宇宙从此绝不再暗淡了"。1930年秋，她又不顾一切，东渡日本，与李唯建结婚。这一次确实给她带来了幸福，然而也因此送了命：1934年5月，因难产为庸医误诊死于上海大华医院，年仅三十五岁。

她的婚姻路上洒满了泪水。

1923年，石评梅以优异的成绩从北京女高师毕业，带着一颗初恋受伤的心走上了社会，在北京师大附中女子部当训育主任和体操教师。北京大学助教高君宇闯入她的生活。高是她父亲的学生，邓中夏的战友，中共中央委员，早期中共的领导者之一。他曾代表中共出席在莫斯科举行的远东各国共产党和民族革命团体一次代表大会，领导过"二七"大罢工，同李大钊、毛泽东一起，以共产党员的身份参加了国民党第一次代表大会。他对石有火一般的恋情，但石因受过挫折，抱定独身主义，只与他保持"冰雪友谊"。待高年仅二十九岁因积劳成疾于1925年3月溘然长逝的时候，她才大梦初醒，感到失去了一个知己、爱己的高贵的心。然而为时太晚了。

她带着悔恨的心情，把高君宇的尸骨送到他们多次交游的陶然亭埋葬，并在墓碑上写下了充满诗情和忠贞的碑文：

我是宝剑，我是火花。
我愿生如闪电之耀亮，
我愿死如彗星之迅急。
这是君宇生前自题相片的几句话，死后我替他刊在碑上。
君宇！我无力挽住你迅急如彗星之生命，我只有把剩下的泪流到你坟头，直到我不能来看到你的时候。

从此，在荒凉寂寥的陶然亭边，高君宇的孤坟头前，无论阴晴雨雪，常常可以看到石评梅的身影。她的泪水浇绿了坟头的野草，滴洒在墓旁的松柏上。三年之后，她清泪流尽，追君宇而去，年仅二十六岁。友人和学生们遵照她的遗愿，将她葬在高君宇的身旁。两位相知相恋的情人终于生不同床、死同穴，在冥冥之中完成了爱的使命。

与庐隐和石评梅相比，苏雪林似乎要幸运些。她比庐隐、冯沅君、石评梅都大。在德国留学期间，有不少多情男子追求她，其中有一位曾大胆地向她求婚，她也为之动情，甚至倾倒。但父母非要她与一位从未谋面的五金商人的儿子结婚不可。她也曾与这位"未婚夫"通过几封信，发现情不投意不合，便写信给父亲，要求解除婚约，但遭到父亲的责骂，卧病在榻的母亲也托人写信劝她，甚至哀求女儿答应这门亲事。雪林无奈，为了父母，只好与那个不爱的人结了婚。婚后，她尽量委屈自己的情志，将婚姻生活描述得美丽一些，然而终于不能长久地欺骗自己，几年后，两人分道扬镳，婚姻以悲剧结束。

冯沅君没有滴过她的这几位同学那样的辛酸泪，她的婚姻生活实在是太幸福了，幸福到她几乎"关进小楼成一统"，袖手敛足，离文学园地越来越远，甚至成了局外人。人们说愤怒出诗人，愁苦出创作，生活过于安逸反而会失去创作的动力。这话在冯沅君与庐隐、石评梅、苏雪林等几位同学身上得到了很好的印证。庐、石等"苦人儿"，创作到了生命的最后一刻，而沅君则在写《春痕》之后再无创作。她的一生只留下了三部薄薄的小说集子。

对于冯沅君创作的落潮，鲁迅曾十分惋惜，并有责备之意。他在为《中国新文学大系·小说二集》作序的时候，即十分俏皮、委婉地提出了批评：

……这使我又记起匈牙利的诗人彼兑菲(Petöfi Sandor)题B．S．夫人照相的诗来——

听说你使你的男人很幸福，我希望不至于此，因为他是苦恼的夜莺，而今沉默在幸福里了。苛待他罢，使他因此常唱出甜美的歌来。

不管怎样说，冯沅君在婚后已经不再从事文学创作了。她的兴趣转向了学术研究，这种转向颇有些夫唱妇随的味道，同时也正是其婚姻美满的体现。

从此，文学天空上的那颗星星暗了，而学术天空上的一颗星星却亮了起来。

冯沅君活了七十五岁，文学创作生涯尚不足其生命的十分之一，从1923年秋开篇，至1929年初搁笔，不过六年，创作的数量也不多，然而却取得了不少作家倾毕生精力都没有取得的辉煌成绩。在20世纪的中国，她除了是一位著名的学者、教育家之外，又是人们公认的"五四"新文学史上第一批有影响的女作家之一。

需要说明的是，这一时期冯沅君在创作之余还写过一些文艺论文，阐述了她对文艺的独到见解。如《"无病呻吟"》《不著名的文人的作品》《对于文学应有的理解》《愁》《闲暇与文艺》（分别见于《语丝》第6、10、22、23期）等。她认为文学创作的动力是作者的"内心要求"，文艺"乃艺术家内心智慧的表现"。为此她十分强调作者的主观情绪，说：

"文艺是生命的象征，在生命之流不到可翻波澜的时期，决成不了可观的东西；纵是勉强成功，也是纸花或喷水池喷的水"（《春痕》）。这一点也反映在她的小说创作上。其小说有着浓厚的抒情色彩，蕴含着诗的气息。尤其擅长以第一人称手法展开回忆、随笔式的描述，以抒情独白的方式袒露主人公的内心世界，语言华丽自然，气韵清新优美。她认为要注重研究作品的艺术价值，从价值出发给作品定位，不能以作者的"名"为标准。为此，她认为无名文人的作品也应重视。因为无论如何，"它总是天地间的一件艺术品；犹如晴空彩霞，无论在南在北，都是自然界的美景"。所以，她主张选作品集时，"绝对应收无名的文人之作品；如果作者之年代可考，且作品在艺术方面有最高之价值，文学史亦未尝不可选录以代表一代文学之精神"（《不著名的文人的作品》）。她说，在研究文学作品时，可以"以作者的生平与作品互证，但是不可太拘泥了"。文学虽然是人生的表现，但人生不是单面的，人性也不是单一的。为此，她批评了研究上存在的两种错误倾向："一种是就作品中诉说的判定作者的生平，一种是以作者的生平来判作品，若此作品不与作者的为人相符，则判定不是他作的。"……

1930年秋，冯沅君又只身回到北京，在北大国文系讲授中国古典文学。据说她初次讲课时，有的老学究投以怀疑、轻蔑的眼光，心想一个年轻女子，能站住堂堂北大的讲坛？不料，沅君却讲得有板有眼、充实严谨，博得学生的好评，不仅牢牢地站稳了讲台，而且成为当时中国屈指可数的大学女教师之一。不久，她与陆侃如合著的两本专著《中国诗史》（1931年）、《中国文学史简编》（1932年）出版了。

婚后，他们在从事古典文学研究的同时，还有一个共同的心愿，就是出国留学。于是小两口节衣缩食，积攒了一些钱之后，于1932年夏从上海乘邮船去了法国，双双考入了法国巴黎大学文学院博士研究生班。次年，她的论文集《沅君卅前选集》由上海女子书店出版。

在法国留学期间，她和陆侃如还参加了法国著名作家巴比塞组织领导的"反战反法西斯同盟"。这个"同盟"下设中国留学生支部，参加的人，除了冯沅君夫妇之外，还有著名的"现代派"诗人戴望舒和戏剧家李健吾等人。他们办了一张油印小报，由冯沅君夫妇负责编辑。他们经常借巴黎的咖啡馆聚在一起，讨论世界形势和文艺问题，也曾讨论过马克思、恩格斯著作的法文译本问题。

1935年，冯沅君与陆侃如在法国学成毕业，获得了博士学位，放弃了在巴黎工作的机会，毅然回到贫穷落后、灾难重重的祖国。陆侃如去北京燕京大学教书，冯沅君赴天津河北女子师范执教，直到抗日战争爆发，日本侵略者占领平津。这期间，一次偶然的机会，他们夫妇二人见到一部世间罕见的奇书《九宫正始》，遂激起了他们整理南戏资料的兴趣。两年来，他们利用课余时间，完成了一件南戏曲文的辑遗工作，编成了《南戏拾遗》一书。正是这一次偶然的机会，使冯沅君的兴趣又发生了转移。这一次转移倒是没有第一次转移(由创作转向研究)的跨度那么大，然而毕竟也是一次不小的变动。她由诗词、散曲的研究转到古代戏剧方面的研究，并撰写出了《古剧四考》等学术价值颇高的论文。

奔走滇粤川

1937年7月7日，卢沟桥事变发生。当时，冯沅君因患盲肠炎动手术，正在燕京大学寓所疗养。得知这一情况，心情悲愤不已，强撑起身子，题《北平事变》诗一首：

地室避兵朝复夕，亲朋生死两茫茫；
相逢事后无他语，骨肉平安谢上苍。

正欣失地俱收复，忽报大军去析津。
两地悲欢浑一梦，河山梦里属他人。

在谴责日本帝国主义的侵略给中国人民带来灾难的同时，冯沅君还希望中国军队不要甘心将中原付与"岛夷"，要时刻记着"幽燕父老望旌旗"。

然而，客观现实却让她失望：燕京大学校园里的一些纨绔子弟，还像"太平盛世"一样，照旧骑马郊游，下象棋打麻将，华灯高照，歌舞升平，仿佛冀北大地依然春色融融。更有甚者，日军渡过黄河占领济南，这样国土沦丧的事件居然对学校当局没有丝毫触动。他们竟通知教职工多备茶点、游艺，欢度圣诞节。冯沅君沉痛地写道：

金爵翠盘纵以横，燕园何处不歌声。

可怜圣诞狂欢里，万姓椎心哭历城！

由于抗日战争的兴起，强烈的爱国主义激情和颠沛流离的生活，冯沅君又恢复了中断了近十年的创作热情，创作了大量的旧体诗词，成为其创作园地里的一道风景。

1938年春，冯沅君与陆侃如一起离开了沦陷的北京城南下，开始了八年的流徙奔波生活。他们离京后，经过上海，取道香港、越南河内，然后从滇越铁路乘火车到达昆明。在河内的时候，得知兄长友兰受伤住院，他们专程赶去探望，沅君并写下《河内病院见大兄》一首：

间关避贼过南越，伯氏折肱伤未瘥；
一见惊呼欲下泪，家人情切在中年。

到昆明之后，朋友们前来迎接他俩，她心里方有了点安顿之感，但立即又陷入了惆怅之中：

群山万壑到昆明，故友新知倒屣迎。
解罢行囊顿怅惘，书生才短只偷生。

不久，中山大学聘请陆侃如去执教，冯沅君便随之去了广州。后来广州失守，他们又随中山大学师生沿西江迁到粤西的罗定。此时传来日寇占领江苏海门的消息，沅君夫妇心急如焚，因为侃如的老父尚滞留于此，不知死活。沅君又写了《闻海门失守》一诗，表达她对日寇的愤怒与对老人的担心，最后两句是：

故园三月音书绝，魂断宜舫同寿亭。

日本帝国主义者曾狂妄地宣称在三个月内灭亡中国，结果在中国军民的奋力抗击下连连受挫，"三个月"之梦很快成为泡影。"八一三"抗战之后，仅上海一战就打了三个月之久，而且迫使日军三易统帅，数次增兵，总兵力达三十万人。上海之战后，国民党军队在李宗仁将军的指挥下发起"徐州会战",从1938年3月下旬至4月中旬,在台儿庄苦战26天,重创日军精锐板垣、矶谷帅团,打死打伤日军两万余人,俘敌六百余人,取得了台儿庄战役的胜利。台儿庄大捷是抗战以来我国正面战场所取得的重大胜利,极大地鼓舞了全国军民的抗战信心。消息传到罗定,冯沅君欣喜若狂,当即吟了一首《台儿庄大捷》,祝贺英勇的抗敌将士:

> 鲁南一战树奇勋,万姓欢呼处处闻。
> 范氏平吴前例在,范金合铸众将军。

1939年初,冯沅君应武汉大学之聘,只身一人经昆明、成都来到峨眉山下的嘉定城。同年,中山大学由粤西迁到云南澄江。放暑假的时候,她又只身一人奔赴澄江与侃如相聚。这样,自1938年南下以来,她即来回奔波于滇粤道上,看到郁郁葱葱的香蕉林、榕树林环抱着一个个村庄,弯弯曲曲的溪水萦绕着茅屋和稻田,繁茂的木棉齐齐地站立在道路两旁。看着这美丽的南粤景象,勾起无限的思乡之情,竟令她产生"粤南毕竟似中原"的感叹。

然而南粤到底不是中原。这里的土地还在中国人手里,中国人还可以自由自在地在这里出入、耕作,而中原大地正在日寇的蹂躏下,广大沦陷区的人民生活在前所未有的灾难之中。"幽燕于粤,是处鹃啼血"。沅君蛰居西南一隅,心系北国人民。乡音久已隔断,故国群魔乱舞。想纵目回望水深火热中的亲人们,又被万水千山挡了眼睛。偶尔遇见故人,或翻翻过去的诗句,竟也是"寻常一样寒暄语,酒醒梦回忍泪看",真是"南北东西处处愁,日落长天暮"。

沅君在从嘉定去澄江途经重庆的时候,连遇日机空袭,后又闻嘉定也遭到日机的轰炸。"谁道年时游赏地,而今城郭半成灰"。武汉大学也难以继续上课了,于是便应聘留在了中山大学。澄江确实山清水秀,景色宜人。然而她的心情依然愉快不起来,"惆怅河清未有期""闻道桃花半作泥"。只有到秋天的时候,她与陆侃如晚饭去散步,看到满眼的丰收景象,偶尔才激起一丝愉悦的心情,觉得山水妩媚了:

> 荷尽犹存粳稻香,远村烟树郁苍苍。

晚来倍觉秋山媚，一抹浓青卧夕阳。

——《澄江秋晚》

八年抗战，冯沅君"漂泊西南天地间"，愁思百结，心情沉重，像这样心情愉快的时候还很少见。她行走于云贵川粤各省，饱受流离奔波、水土不服、病魔缠身、思念亲人(母亲还留在河南老家)的折磨。尤其是民族的命运，战局的变化，城镇的陷落，人民流离失所，豫、鲁的饥馑灾祸，等等，无不牵动着她的心。她情动于衷，形之于笔，写出了大量的忧国忧民的诗词，辑为《四余诗稿》《四余词稿》《四余续稿》等。这些诗词中，有描写苦难经历的，如"身世百年陌上尘、七哀五噫太酸辛"；有写敌机轰炸的，如"铁鸟破空来，……尸骸纷狼藉"；有写豫鲁饥荒的，如"百金籴斗粟，无人不菜色"；有斥责执政当局奢侈腐败、纸醉金迷的，如"战士饥欲死，狗彘食人食"，"肮脏乾坤行欲遍，不知怀抱向谁开"。

1942年夏，沅君夫妇再度入川，到设在三台的东北大学任教，才过上两年较为安定的生活。在三台期间，冯沅君参加了爱国社会活动。她同陆侃如接受老舍先生的委托，组织在东北大学或流寓在那里的文化人，成立"中华文艺界抗敌协会"川北分会，著名作家姚雪垠和哲学家赵纪彬(向林冰)也在其中；会址就设在三台东门内陈家巷冯沅君的家中。他们开展了座谈、讲演、演剧等文化活动。冯沅君还在1943年三台妇女运动大会上，作了题为"妇女与文学"的长篇演讲，从介绍我国历史上许穆夫人、蔡文姬、李清照等爱国女诗人的事迹和创作入手，激发广大与会青年妇女的爱国热情。

1944年，母亲在老家去世，两位哥哥因嫌路途颠簸没有通知她。待农历除夕那天，她突然接到兄长的来信，说母亲已经安葬。想想母亲一生为儿女操碎了心，到晚年还只身一人滞留家乡，饱受战乱的惊扰，不禁热泪滚滚而下。此时邻居们正在欢庆节日，阵阵笑声破窗而入，而她却心情沉痛不堪，仿佛五内崩摧：

戊申哭父时，母哭儿亦哭，
甲申儿哭母，天地同黳黩。

天路云幂幂，墓门柏森森，

泪湿泉下土，识儿此夜心。

在颠沛流离的岁月里，学校数次迁徙，图书资料极其缺乏，冯沅君在繁忙的教学之余，还克服重重困难，挤出时间进行学术研究，写出了《古剧说汇》《古优解》等学术价值很高的著作。特别是《古优解》和《古优解补正》，从社会学的角度揭示了"优"这种常见于古籍而又为后人所不甚了解的人的地位、职能、特点，得出了"古优"为一种供君王贵族们娱乐的奴隶的科学结论，并进而探讨了"古优"与后世"优伶"的渊源关系等问题。这是冯沅君在学术上作出的重要贡献。

《古剧说汇》1947年由商务印书馆出版。这是冯沅君的重要著作，被誉为继日本青木正儿的《中国近世戏曲史》、王国维的《宋元戏曲史》之后，戏曲史上又一部辉煌巨著。

抗战胜利后，冯沅君夫妇随东北大学复校到沈阳。由于国民党反动派的迫害，1947年夏又转到青岛山东大学任教。这期间，她一扫抗战以来的沉郁心情，又恢复了活泼开朗、文思活跃的个性。除了继续进行古代戏剧研究，发表了《元杂剧中的〈东墙记〉》《记侯正卿》《元杂剧杂考三则》等论文外，还翻译了《法国歌曲的价值及其发展》《新法国的文学》两篇文章以及《播种的季节·薄暮》(雨果作)、《他曾从这里走过》《我曾漫步》《一天早上我起来》《人民颂》《双牛吟》《工人歌》等诗歌。在《人民颂》中，她通过自己的笔传达了发自心底的激情：

如果你们爱听，
我的好朋友，我向你们歌颂人民。
……
人民已变得茁壮，强大，
我以我是人民的孩子为光荣。

从这些译作中，我们可以看出，冯沅君的思想正在发生着变化，她开始由崇尚个性、追求自由，转向为人民而颂，为工人而歌。正是怀着这样的心情，冯沅君迎来了祖国的新生。

国家一级教授

中华人民共和国成立后，冯沅君怀着愉快的心情投入到社会主义新中国的建设之中。作为一个旧社会过来的知识分子，她全身心地投身于1952年的思想改造运动。1958年学校由青岛迁到济南，停课大炼钢铁，她也以花甲之年，满腔热情地与师生一起砸矿石，显示其努力跟随时代前进的热忱。在新中国的日子里，她主要是作为一个教育家而鞠躬尽瘁的。二十多年以来，她一直兢兢业业地从事教学工作。20世纪50年代，她历年为山东大学中文系本科生授课，讲中国宋元明清文学；并开设过《历代散文选》《陆游研究》《中国戏曲研究》等专题课；60年代，她重点指导研究生和进修教师，历年坚持每周给他们上课、辅导答疑，定期为他们批改作业和读书报告；70年代，她还曾同师生一道编写教材，研讨教育方法的改革，从来不拿一点教授架子。多年以来，经她之手培养了一大批优秀的古典文学教学、研究方面的人才。

由于她在教育、学术研究、新文学创作上的突出贡献，以及她为社会主义祖国培养人才作出的卓越成绩，她曾先后被选为一、二、三届全国人大代表，山东省人民政府委员，山东省文联副主席和妇联副主席，晋升为国家一级教授，1963年又被国务院任命为山东大学副校长。

在繁忙的教学和行政工作之余，冯沅君还坚持进行科学研究并取得了新的成就。她与陆侃如合作撰写了《中国文学简史》（修订本）。这是我国重要的文学史著，曾由国家外文出版社译为英文、捷克文，在国外发行。毛泽东生前将它摆在案头，作为他喜读、常读的书。同时，她还受教育部的委托，先后同中山大学王起教授等编写了《中国文学史教学大纲》（1956年）、同北京大学林庚教授共同主编了《中国历代诗歌选》（1965年）。前者为全国大学的中国文学史课提供了讲解的依据，后者为大学中文系贡献了一部完整的诗歌教材。此外，她还撰写了《王实甫生平的探索》《陆游的生活道路和创作道路》《怎样看待〈一捧雪〉》等水平颇高的学术论文。

作为学者，她有一句名言："做学问，功夫要死，心眼要活。"所谓"功夫要死"，就是要肯下苦功，博览深钻，不能玩花架子；所谓"心眼要活"，就是要肯动脑筋，勤于思考，有所创见，不能人云亦云。她一生作了大量的读书笔记，遗留下来装订成册的多达几百万字。仅写《古优

冯沅君与陆侃如在青岛

解》《汉赋与古优》《古优解补正》三篇论文，就引用了古今中外的文献资料达一百多种。而这三篇论文，连同引文在内也不过十万字左右，真可谓"博观而约取"。

　　精益求精、不断完善是冯沅君做学问的一贯风格。她从不满足自己已经取得的成绩，而是不断修改、不断充实。《古优解》是一篇影响很大的论文，问世后受到了学术界高度的评价，而她心里却"丝毫没有踌躇满志的喜悦"，"更感到惭愧，材料不充分，见解不正确，需要修改的地方太多了"。于是又花了两三年时间，写出了《古优解补正》。她与丈夫合著的《中国文学史简编》，新中国成立之前一连出了八版，是一部学术水平很高的论著。但她仍然不满意，新中国成立之后又进行了改写，在《文史哲》月刊上连载，搜集反馈意见后再进行修改，至1957年作家出版社出版的时候，在体例、内容和观点上已较原著有较大的变动，终于成为不可多得的文学史佳作。她对学生的要求也是精益求精、一丝不苟。有一次，一位青年教师与她闲聊时说："咱们写文章也能像人家那样一下子提出个尖锐问题，分析作品也能达到个新的高度就好了。"冯沅君听后一笑，说："那样的文章不是咱们这些人所能写的！"意思是说，做学问要老老实实，虚张声势不得。

沅君一生生活俭朴。夫妇二人都是一级教授，工资收入高，经常得到稿费，身边又没有子女。然而在吃、穿、用方面对自己却极其苛刻，有时甚至残酷。吃饭是一饭一菜，内衣是补了又补。1962年，长兄友兰利用出差之便前去看她，竟看见她室内的陈设非常简陋。她喜欢买书，但书架子几乎是用几根棍子支起来的，让人感到好像明天就要搬家似的。

她对自己虽然十分吝啬，而对别人却相当大方。这颇有些类似于其父批评其母时所说的"予人太多，而自为太少"。新中国成立前夕，一位进步哲学家因反动派的追捕而隐匿胶东，家庭面临着断炊危险，她知道后亲自送去40元银元接济他们；新中国成立初期，国家困难，他们夫妇认购了万元公债券；50年代中期，一位刚留校的青年教师生活困难，她背着这位青年教师交给系里的公务员10元钱，托其买几百斤煤，供这位青年教师晚上在教研室学习时取暖……

冯沅君与陆侃如之所以如此节俭，还有一个原因，是想为中华民族的科技文化事业作些贡献。这从他们的遗言中得到了有力证明。沅君生前曾对山东大学王仲荦教授说："我一介寒儒，连个后嗣亦无，能为国家民族留点什么？我想个人艰窘一点，存几个钱，身后让国家做学术奖金，奖掖后人吧！"侃如生前留下遗嘱说："按冯沅君和我个人的愿望，将全部藏书、数万遗款赠山东大学。"

生前为民族，身后为国家，其拳拳爱国之心日月可鉴。

1973年春，冯沅君感到身体不适，但她舍不得离开自己耕耘了半生的三尺讲台，不肯去住院就医。一直坚持到放暑假才不得不住进医院检查治疗，但同时又盘算着下学期开课的事。不幸的是，她患的是直肠癌。从此，永远告别了她所热爱的讲坛和讲坛下可爱的学生。

1974年6月初，她大概预感到自己不行了，便请求医护人员把她扶到病房隔壁的房间去。一走进那间屋子，她便正襟危坐，大声地讲起课来，态度和蔼安详而又严肃认真。医护人员和病人们不解地看着这个奇怪的病人，屏着呼吸站立着……

这是一堂别开生面的课，也是冯沅君讲授的最后一堂"课"。

1974年6月17日6时30分，冯沅君的心脏停止了跳动。一个作家、文学史家、教育家消失了。

死神强行拆散了这对恩爱夫妻，但"春蚕到死丝方尽，蜡炬成灰泪始干"，沅君虽然去了，而侃如对她的情还没有偿完。他利用余下的岁月整理她的遗稿，想在他的有生之年将她的所有稿件公开出版。这样他可以心安理得地去九泉同她会面了。然而天公偏不作美，在沅君去世后的第三个年头，他突然患了脑血栓，造成了偏瘫。他就在病榻上半躺着，面前放一块纸板，艰难地整理沅君漂泊西南时写的旧体诗词，并写了序言。他让沅君的得意门生袁世硕誊清了序言，并交代袁与出版社联系，出版沅君的诗词稿。

1978年，侃如的病情突然转重，一天不如一天。10月底，袁世硕要到北京的一家出版社修改书稿，临行前去医院看望他，他已经不能清楚地讲话了。问他还有什么事要交代，他艰难地从枕边拿起纸笔，写了一行歪歪斜斜的字，要袁去北京联系出版沅君的遗著。

真是生命不止，偿情不已！12月初，在袁世硕还没有返回济南的时候，陆侃如便已与世长辞了。可以告慰这位老人的是，他的弟子已整理出版了冯沅君的古典文学论文集和创作译文集。

前边提过，陆侃如与冯沅君曾辑录过秦观(字少游)《鹊桥仙》中的词句。《鹊桥仙》把牛郎织女因悲欢离合而产生的真挚、复杂的感情写得淋漓尽致。冯、陆辑录的"两情若是久长时，又岂在朝朝暮暮"是最后一句，在它的前边还有一句："柔情似水，佳期如梦，忍顾鹊桥归路！"这一句正应了侃如晚年的情形。自从沅君去世后，侃如每每回忆他们一生的似水柔情，感觉到像做梦一般，往昔的情形历历在目，而当事人却天各一方。现在，他终于踏上了"鹊桥"，去会见几年来朝思暮想的"织女"了……

第六章 作家宗璞

◎

人道是锦心绣口，怎知我从来病骨难承受。兵戈沸处同国忧。覆雨翻云，不甘低首，托破钵随缘走。悠悠！造几座海市蜃楼，饮几杯糊涂酒。痴心肠要在葫芦里装宇宙，只且将一支秃笔长相守。

这首散曲不仅唱出了作者宗璞对于文学事业的执著，字里行间还透露出一股袭人的豪气。

—※—

在书堆中长大

"从小在书堆中长大，磕头碰脑都是书，父亲训诲我们很少，而多在潜移默化。"少不更事时，甚至常把各种杂志放在地板上铺成一条路，在上面走来走去……

这就是宗璞童年生活的写照。

宗璞出身于书香门第。她不仅出入于一流的学者、专家之列，而且处于书籍的海洋之中。徜徉于书的"海洋"，想不被书籍浸染恐怕都不容易。

绿色童年

宗璞出生在一个动荡的时代。辛亥革命过去十七年，"五四"运动过去九年，西方列强的铁蹄刚刚踏过，东洋鬼子的魔爪又伸了进来，并终于酿成了大规模的侵略行动和华夏儿女的奋起抗争。但这一切并未搅动她童年的平静。她生活在一个充满温馨的书香之家，过着相对安逸的童年生活。这一点与冰心极其相似。有人说，从其成长的环境来看，她极可能成为冰心式的作家。事实上，她确也写了不少"爱在左，同情在右"的文章。然而，她终于没有成为"冰心第二"。"文革"的冲击，使她的纯净若泉的心灵掺进了泥沙，目光也由单纯清丽变得有些深邃驳杂。当然其温柔敦厚的主体文风并未因此消失。

公元1928年7月26日，宗璞出生于北平海淀成府街父亲当时所任教的燕京大学。两个月后，父亲到清华大学工作。从此，水木清华的青石绿草便与她结了情缘，以后随其父下南岳，迁昆明，至燕园，均与大自然的宠儿——绿相随相伴。可以说，从童年至中老年，除了极特殊的离乱年月，自然的宠儿都在滋润、陶冶着她的心灵，其生活也都充满了"绿"意。

现代著名作家冰心在《绿的歌》中写道：

苍绿的是松柏，翠绿的是竹子，衬以遍地的萋萋芳草。"绿"把我包围起来了。我从惊喜而沉入恬静，静默地、欢悦地陶醉在这铺天盖地的绿色之中。

我深深地体会到"绿"是象征着：浓郁的春光、蓬勃的青春、崇高的理想、热切的希望……

绿是人生中的青年时代。

绿是诗，绿是歌，绿是希望的笑靥，绿是和谐的音符，绿是生命的象征。宗璞的童年正处在这浓浓的"绿"中，不论是生活环境，还是内心世界，都是"绿色"的。正可谓是"绿色的童年"。她后来说自己平生喜欢山水，这是其童年耳濡目染所致。

小时候住在清华园乙所，这地方被父亲的学生们戏称为"太乙洞天"。房子旁边有一条浅浅的小溪，溪水不紧不慢地流着。溪水上有两块石板搭成的古朴的小桥。她和小伙伴们常在那一带玩耍。有时候还到小桥那边玩耍。桥那边有一个土坡，女生宿舍楼隐约在茂密的树丛中，显得有些虚无缥缈。女大学生们很喜欢她，有时还拉住她的手，端详着她的脸，说："哇，你的眼睛好黑好亮啊！"

乙所给她印象最深的，除了小溪，还有萤火虫。她的窗户正对着那小溪。夏天的时候，萤火虫喜欢闪着银色的、灵动的光，在溪上草丛里穿梭，坐在房间里便可以看到其起伏明灭。这些小精灵似乎还很懂礼貌，从不飞近她的家，只把光点儿投向反射出微光的溪水，溪水中便也闪动着小小的亮点，牵动着两岸草莽的倒影。这使幼小的宗璞产生了无数奇妙的感觉，也给她带来了无穷的欢乐。大概在她三岁的时候，有一次，妈妈进城去了，天黑了许久还不见回来，她不禁哭了起来，而且哭个不停。突然，飞来一只萤火虫，接着两只、三只……飞来一片，把小溪上的草都点亮了。宗璞顿时活跃起来，大声叫着："灯！飞的灯！"竟忘了寻找妈妈的事儿。直到家里灯火通明，一片呼喊她的声音自远处传来，她才醒悟过来，飞快地向家跑去。从昆明北返，又回到这所房屋时，她已经长大了。此时，溪水窄了，草丛也矮了，只有萤火依旧。"有时抛书独坐，在黑暗中看着那些飞舞的亮点，那么活泼，那么充满了灵气，不禁想到仲夏夜之梦里那些会吵闹的小仙子，又不禁奇怪这发光的虫怎么未能在《聊斋志异》里占一席重要的地位。它们引起多么远、多么奇的想象。那一片萤火后的小山那边，像是有什么仙境在等待着我。"她后来如此回忆道。

1937年，日本帝国主义攻入北平。清华大学等高校被迫南迁，但这亡国之痛在一个八九岁的小孩心里是微乎其微的。下南岳，抵昆明，进入小宗璞眼帘里的主要是南国苍翠可餐的风景。

在昆明的时候，有一段时间冯家与闻家（闻一多）住隔壁。两家门前都有一小块土地，种了些豌豆之类的作物，好做菜用。宗璞的妈妈和闻一多的夫人常常站在各自的菜地里交谈。宗璞和小弟钟越及闻一多的儿子立鹤、立雕在一旁玩耍，他们当时都是西南联大附中的学生。1945年1月，联大学生组织一次活动，去石林附近的尾泽，请闻一多参加。四个宝贝疙瘩也缠着要去。闻一多只好带着他们，先乘火车到路南，再骑一种矮脚马到尾泽，住在尾泽小学。以后便是步行游山逛水。先欣赏石林的千姿百态，再寻访瀑布大叠水、小叠水。给宗璞印象最深的是尾泽附近的长湖。湖边的石头奇巧秀丽，树木品种很多，一片绿景映在水中，反照出来，有一种淡淡的幽光。水面安详闲在，妩媚极了。五十年以后，宗璞回忆这一情景的时候，心中还充满了无限敬慕、留恋之情，说："我以后再没有见到这样纯真妩媚的湖。"

这一次活动是一个朗诵会。大家在尾泽小学的操场上围一个大圈。闻一多先发表讲话，接着大学生们朗诵诗词，最后还唱了些歌。宗璞对此没有兴趣，就在操场边学阿细跳月。结束活动时，学生们给闻一多照了一张相。这就是世上广泛流传的那张闻一多口衔烟斗照。照片上，闻一多浓眉下的双眼炯炯有神地注视着世界，烟斗中仿佛有轻烟袅袅升起。闻一多身后远处有个瘦瘦的小人儿，坐在地上，衣着看不清，头发略长、弯弯的。这个小人儿就是宗璞。但尘封在照片中半个世纪无人知晓，包括"小人儿"自己。半个世纪后的某日，闻一多的二公子立雕去医院探望生病的宗璞，带给她这一张放大的照片，夫君蔡仲德才发掘出了这一"宝藏"。童年的伙伴们又惊又喜。

1980年，宗璞重访西南联大旧址，特去参拜闻一多的衣冠冢，并赋诗一首，后半截有这样几句：

> 亲眼见那燃着的烟斗
> 照亮了长湖边的苍茫暮霭
> 我知道这冢内还有它
> 除了衣冠外

昆明的这段时光一直珍藏在宗璞的记忆里。冯、闻两家的友谊也一直在延续着。五十年以后，回忆起这些事，宗璞还一往情深：

从那桌面大的豌豆地，从那长湖上的暮霭，友谊延续着，通过了星期三的晚餐，还在延续着。我虽伶仃，却仍拥有很多。我有知我、爱我的朋友，有众多的堂兄弟姊妹、表兄弟姊妹，还有因上一代友情延续下来的诸家准兄弟姊妹。

——宗璞《星期三的晚餐》

闻立雕就是宗璞重要的"准兄弟"。他与宗璞同年，是闻一多的次子。1991年早春，宗璞生病住院，立雕也承担起了送饭的任务，而且主动选择"星期三"。因为这一天不能探视，他把探视的日子留给了蔡仲德，自己充分鼓动"三寸不烂之舌"，说得医院守门人心中开花，手下放行。每每此时，"鸡汤面""煮米粉""酿皮子"……便来到宗璞面前。

　　立雕自然也没有忘记两家的友谊。冯友兰去世后，他写了封情意深重的信，说："伯父去世是我们国家和人民的重大损失。我永远忘不了在我们最困难的时候，伯父、伯母给我们的关怀、帮助和安慰。我们两家两代人的友谊，是我脑海中永不会消失的美好记忆与回忆。"闻一多牺牲以后，冯友兰让出一部分房子给闻家住。闻立雕形容那时的情形说："我们两家不仅是同顶一片蓝天，简直就是同顶一片屋瓦了。"这是后话。

　　由于日机轰炸，联大的教师们都被疏散到昆明郊区农村。冯家疏散到离城十七八里的村子，叫"龙头村"。这个村子是昆明郊区一个比较大的集镇，又叫"龙泉镇"。当时疏散来的人很多，除"联大"的，还有"中央研究院"等单位的人，一时间形成了一个小文化中心。冯家先住在村子里，后来又搬到村边小土山上的一个旧庙里，庙里已没有了神像，成了办公机关和居住地。庙里有两层院子，冯家住在前一层院子的西厢。东厢住的是一对德国犹太人夫妇。据说男的原是德国的外交官，被希特勒赶了出来。当时，冯友兰每天都在联大上课、办公，只能住在城里，周末才能回家。孩子们上中学也不在家。家里只剩下"女管家"任载坤一个，觉得很孤单，到了夜晚还有些害怕。恰好，犹太人有个朋友要回国，想给他的小狗找个新主人，就送给了任氏。那是一种矮狗，一身白色长毛，十分聪明，还能拿耗子。冯友兰给它起了个名字，叫"玛丽"。一家人都很喜爱它，特别是小公主宗璞，常用小手梳理它的毛，给它喂食、洗澡，还和小弟一起带它出去游山玩水。可是，玛丽来了几天，忽然不见了，遍山寻找，毫无踪影，宗璞伤心得哭了一天。对门犹太人说，大概又回到原来的主人家了。冯友兰赶到那里一看，玛丽果然在那里。主人的大门已经锁了，可它还忠实地在外边守门。经好言相劝，物质利诱，它才怏怏地跟着冯氏父女重返新家。

　　从此，玛丽成为冯家忠实的守护神。冯友兰住的那座旧庙，进了大门是条甬道，冯家和犹太人的家以甬道为界。玛丽就认定这是两家的界线，凡是进了大门往西拐，或者看着像要往西拐的人，它都要拦住，样子很凶。若不听从劝阻，它就扑上去咬，有时还把人咬伤。可是，它对主人却非常温驯忠诚。女主人一人在家，它总是步步紧跟，寸步不离。晚上就卧在门前，把头枕在门槛上，两眼注视着外面。任载坤高兴地说："有了玛丽，真是解决了大问题！"抗战结束后，离开昆明北返时，冯家人也没忘记带上它。不幸的是，到了重庆时坐飞机不准带狗，只好把它送给任载坤的大姐。可几天之后，它又失踪了。几个月之后，自己又回到了重庆，脖子上带了一块贵阳的牌子。它是顺着来重庆时的路线，回昆明找主人的。大概走到贵阳时被人扣留，又从贵阳逃回了重庆。《晋书·陆机传》载，陆机有一条"骏犬"，名叫"黄耳"，常在他的老家与洛阳间传递家书。玛丽也是具有这种灵性的"骏犬"。

玛丽是宗璞童年时忠实的伙伴。她后来根据它的故事写一篇小说《鲁鲁》。"鲁鲁"就是玛丽。她为这个遭受了两次丧家打击而身心交瘁的特殊小伙伴作了一次感人肺腑的心祭。老作家孙犁读后，也深受感动，在《人的呼唤》（人民文学出版社1991年版）中，他写道：

这只小动物，是非常可爱的，作家已届中年，经历了人世沧桑、世态炎凉之后，于摩肩接踵的茫茫人海之中，寄深情于童年时期的这个小伙伴，使我读后，不禁唏嘘。

孙犁还深有感触地说："把动物虚拟、人格化并不困难，作家的真情与动物的真情，交织在一起，则是宗璞作品的独特所在。"

一脉文心传三世

1988年宗璞60岁生日时，父亲冯友兰为她拟了一副寿联：

百岁继风流，一脉文心传三世；
四卷写沧桑，八年鸿雪记双城。

下联是说宗璞的长篇小说《野葫芦引》的。当时《野葫芦引》的第一卷《南渡记》即将出版，冯友兰也为之而高兴。这部长篇的名字原本拟作《野葫芦引》，有人说不好懂，宗璞遂将书名改为《双城鸿雪记》。寿联之"八年鸿雪记双城"，说的就是此事。"双城"，就是北平和昆明。小说写的就是八年抗战期间，发生在这两个城市间的流亡生活和世道人心。后来觉得"双城""鸿雪"用得有点俗，便又改了回来。

上联说的是冯氏家学传统。唐河隶属于南阳。南阳古称南都帝乡，自古以来就是文风昌盛的一块宝地。从这里涌出的文人墨客不胜枚举，美文佳构也美不胜收。这种优秀的文化传统一直传递到现代，孕育了冯沅君、姚雪垠、李季、宗璞、乔典运、二月河、周大新等一批彪炳中国现当代文学史册的名家。

这是"南阳盆地"的大环境。处于盆地中的祁仪冯家大院，其文脉也已形成传统，冯氏家族大部分人都有艺术气质，特别是女性。所以，冯友兰说他们家有出女作家的传统。他的姑姑士均是一位诗才颇高的诗人，著有《梅花窗诗草》。可惜天不假年，才情未能得到发挥。他的妹妹沅君更是一代才女，五四时期的著名作家。她的作品歌颂人性的解放、爱情的自由，得到鲁迅的称许，时有黄(庐隐)、凌(叔华)、冯(沅君)、谢(冰心)之称。及至女儿宗璞，冯氏"文心"已一脉传了三代。更令人欣喜的是，冯友兰生长于美国的孙女冯岇也有诗才，她能写一手漂亮的英语诗文。所以，他曾自豪地说："吾家代代生才女，又出梅花四世新。"

宗璞出生于高级知识分子家庭，经常接触到一流的专家、学者，深为他们的学养、气质所熏陶；而且能够长期置身于书籍的海洋之中。按照她自己的说法"从小在书堆中长大，磕头碰脑都是书"，少不更事时，甚至常把各种杂志放在地板上铺成一条路，在上面走来走去，徜徉于书的"地板"。这样的环境自然对她的人生与创作产生重要影响。

姑姑沅君自然也是宗璞心仪的对象。她与姑姑还有一个有趣的巧合：她们不谋而合地想到了"四余"。在接受香港作家施叔青采访时，宗璞谈到，她喜欢抒情短诗，并写了一些，将来准备编一个诗集，叫做《四余诗稿》。"四余"者，工作、写作、疾病和家务之余也。意谓自己在工作、写小说、散文，做家务，同病魔抗争之余，偶尔吟些小诗，助助雅兴。没想到后来见到袁世硕编的《冯沅君创作译文集》，冯沅君也将自己的诗稿起名为《四余诗稿》！宗璞感慨道："多奇怪！真恨不得找到姑母问一问，她的四余是哪四余。"当然，阴阳两界，是不可能"问"出个所以然的。这大概只能归因于"心有灵犀"了。

大学毕业时的宗璞

宗璞虽然是冯氏"文心"的第三代传人，又与姑姑有着心有灵犀的"四余"巧趣，但她受姑姑的直接影响却很小，她们一直没有住在一起，见面的机会也很少。倒是作为哲学家的父亲对她产生了巨大影响。父亲虽然是哲学家，但他在文学方面很有天赋，能写旧诗，并且常常谈一些文学见解，对宗璞启发颇大。宗璞记得，在她很小的时候，父母亲就让她背诵唐诗，吟哦《古诗十九首》。八九岁时，她就读起了《红楼梦》。抗战时期住在昆明乡下，住处离北大文科研究所很近，她每天就到那里看书，文学，哲学，甚至自然科学，无所不看，父亲也从不加以限制。他认为：书读千遍，其义自见。这时，宗璞刚至十一二岁。这一阵子"海读"，无疑为她日后的文学创作打下了深厚的文化底蕴。

当然，身边的文学大师们对她自然也产生了影响。像朱自清、闻一多、冯至、卞之琳、李广田等。西南联合大学北返复原后，卞之琳在南开大学外文系一年级班上教过宗璞他们"英文诗初步"，只是他不知道宗璞有那么好的中国古典文学根底。李广田还亲自批改了她的作文，并给予了高度评价。李广田早在20世纪30年代已是国内颇有影响的散文家和诗人，与卞之琳、何其芳并称"汉园三诗人"。

1946年，宗璞考入南开大学外文系（两年后转入清华大学外文系）。入学后第一篇作文就是李广田批阅的。李广田很欣赏她的这篇名为《雪后》的散文习作，给了当时的最高分"A$^+$"。他在批语中写道："我很喜欢你文章的节奏，像听一个会说话的人说话，像听一个会唱歌的人唱歌，我想，你也许可以写诗了。"这里隐含着李广田对宗璞诗才的肯定。

她有四篇作文得到了李广田的批阅，而且都被给了高分。除《雪后》外，李广田给她的散文习作《荒原梦》打了个"A"，眉批道："我在荒原上住了一年，有很多地方都不曾体会到，凭借你这篇深切而灵动的文字，我才体会到了荒原之为荒原：它也可怕，也可爱，而从人的变迁上看起来——如你最后一段所写的那一片荒原倒是叫人非常怀念了。"《明日》是一篇短篇小说，李广田也给了个"A"。他的理由是：这篇习作，"结构是完整的，发展也自然，有些细节写得生动，那些活的语言，尤其是一特点，这在你别处的文章中是还没有见过的。假如能把他的日常生活，他的生活习惯再补叙一些就更像小说了。"老师对学生的习作既较为欣赏，又提出了进一步的要求。《劳动人民的儿女们——追记四妇女劳动英雄讲演会》是一篇通讯报道，李广田又打了个"A⁺"。他从这篇文章中发现了学生新的潜质，并为此而倍感兴奋。他写道："我以为你最不喜欢而且不善于写这样的文字的，而这篇文字却写得很好，这是你一大进步。以后可以多写些这样的报道，这极有用，叫任何人看了都会觉得振奋的。"李广田对宗璞的赞赏、关爱溢于言表。

这些文学大师对宗璞或多或少地产生着潜移默化的影响。而且，他们中的一些人还一直在关心着宗璞的创作。《南渡记》出版以后，冯至、卞之琳都写了热情洋溢的读后感，认为它是"一部严肃的小说，能使具有一定文化水平的普通读者既得到美学享受又在不着痕迹中得到思想境界的提高"（卞之琳）。对于宗璞的创作特色和文学成就，著名翻译家、编辑家、散文家、学者冯亦代也给予了很高的评价。他认为读宗璞的文章，就像南方人嚼橄榄，初嚼时五味俱全，最后却是满口清香。他特别欣赏宗璞描写山水草木的能力，说："她把山山水水、花花草草的美，尽染在一张素笺上，写得又如此玲珑剔透，真愧杀我这个自幼生长在西子湖边的人。"他还用诗一般的语言，在《读书》（1994年8月号）中，对宗璞的描写能力和灵气做了一番描述：

同样是尽染的层林，这里有黑、有黛、有绿、有碧、有翡翠、有嫩绿；绿中便有各色不同的绿，而且还有"绿得幽""绿得野""绿得闲"。要看到如此层次分明，如此清晰，那就要凭一个人的慧性和恬静的气质。有此空灵的脾性和宁谧的胸怀，才能看出这些颜色的不同，而发现美之所在，这些又何以能为心浮气躁的人所省得。

自然，一个作家的成长是要吸收古今中外文学营养以丰腴自己的。这期间，许多优秀的文学家都对他（她）产生过影响，只是这些影响已经弥散在作家的作品之中，形成一种具有作家自己特色的文气，很难再去做泾渭分明的区分。宗璞也不例外。在谈到她的作品受何家影响的时候，她表示自己是说不清楚的，需要研究。若要说，"可以列举几位我喜爱的作家。古人苏东坡，近人鲁迅，英国人哈代（T.Hardy），美国人霍桑(N. Hawthorne)"。这是一种认真的态度。

"冯友兰的女儿"

总的来说，宗璞的人生是平静的、幸福的。幼年无忧无虑地生活于清华园。五岁入清华大学子弟学校成志小学。抗战后，入昆明南菁小学、西南联大附中。1951年，从清华大学外文系毕业，经统一分配，到政务院文教委员会宗教事务处工作。之后又在中国文联、《文艺报》编辑部、《世界文学》编辑部等单位工作，直到1988年从中国社会科学院外国文学研究所英美文学研究室退休。人生之路基本上顺风顺雨。

但是，这并不是说，她的人生就没有坎坷；也不是说厄运就不会光顾这位一向追求简单和恬静的作家身上。疾病的纠缠姑且不说，"政治"的棒槌也常常击打着她的身心。她记忆最为深刻的大概是1966年夏秋之交的一天。

这一天，哲学社会科学部文学研究所在吉祥剧院主办了一次批判大会，批判著名诗人和理论家何其芳。宗璞穿着短袖衬衫，坐在剧场的左后方。何其芳在几位"革命者"的押解下，走上台，垂头站着。他身着七零八落的纸衣，手持一面木牌，上面写着"何其臭"三个大字。不一会儿便有人将他按跪在地上，让他作检讨，他的"我有错，我有错——"的四川口音不时回荡在剧场中。然后，俞平伯、余冠英、邵荃麟、冯至、钱钟书、贾芝等作为陪斗在一片"打倒"声中被揪上了场。忽然一个造反派看到了宗璞，便大叫："冯宗璞！"她没等那人叫第二声，就起身跑上前去，而且尽量弯着身子将自己缩小，她怕别人来强制她。上了台，发现天幕后剩下的几顶高帽子，没有她的。看来事先并没想到她。有人低声说："快糊！"折腾了些时候，批判会要收场了。"牛鬼蛇神"们排着队走到麦克风前自报家门，准备下台。轮到宗璞，她不知道自己到底有什么罪，就临时抱佛脚给自己拣了个"三反分子"的大号。三反者，反党、反社会主义、反毛泽东思想是也。台下人不满意，叫道："看看你的帽子！"这时，她才敢看看那顶刚刚为她特制的帽子，只见上面赫然写着："冯友兰的女儿"。

　　宗璞这才恍然大悟。她的罪名原来如此！于是她对着麦克风重报了家门，而且积极主动地在"冯友兰的女儿"前边加上修饰语"反动学术权威"。台下不再嚷叫。在他们看来，"冯友兰的女儿"比"三反分子"重要。

　　本来，"冯友兰的女儿"对于宗璞来说，已不成其问题。然而在一个极为荒唐的日子里，却成了她"不齿于人类"的罪证。历史在这里给它的臣民开了一个玩笑。这个玩笑未含笑意，只有酸楚。

　　当天夜晚回到家中，想着那么多学术英才在台上被肆意凌辱，想着这种灭绝人性的"革命"明天还要继续，一个可怕的念头在宗璞的脑际突现：结束生命！这时，"冯友兰的女儿"的纸帽在她眼前晃了一下，宗璞悚然而惊：年迈的父母已处在死亡的边缘，难道我再来推上一把？

　　宗璞没有自杀。妈妈任载坤去世以后，她挑起了照料爸爸晚年生活的重任。为此，她搬进了燕南园"三松堂"，为晚年的老父身兼数职：秘书兼厨师，管家兼门房，医生护士兼跑堂。她照顾得体贴入微，使晚年丧偶的老父在经受沉重的打击之后能够振作精神，完成其鸿篇巨制。冯友兰的外甥冯宝兴曾写信给宗璞，感谢她为舅舅作出的牺牲，并誉之为冯友兰的"守护神"。

　　此时，宗璞正值创作盛年，且正在写一部反映抗战前后知识分子流离生活的多卷本长篇小说《野葫芦引》。为了侍奉父亲，只好停止写作。为此，冯友兰也感到过意不去。在女儿进入六十岁之后，每逢她的生日，他就为她撰一副寿联，表达自己的谢意和歉意。1990年，女儿六十二岁生日时，他又作了一副。这是他为女儿作的最后一副寿联。联云：

　　　　鲁殿灵光，赖家有守护神，岂独文采传三世
　　　　文坛秀气，知手持生花笔，莫让新编代双城

　　"新编"，指冯友兰的《中国哲学史新编》；"双城"，指《野葫芦引》。为了让年迈的父亲完成他的哲学巨著，她尽心尽力，作好后勤保障工作。《野葫芦引》第一卷《南渡记》在1988年出版后，宗璞就停止了创作，直到2000年底，才完成第二卷《东藏记》。对于这种牺牲，她看得很淡："我必须以《新编》为先，这是应该的，也是值得的。"

慢慢地，宗璞对老人的照料，更成了父女间心理上的相互依赖。冯友兰通晓古今，涉猎广泛，对文史哲更有很深的造诣。这也使宗璞受益匪浅。一日，父女俩又对坐餐桌两旁，话题扯到中国古典小说《儿女英雄传》上。冯友兰兴致勃勃地谈了自己的看法：

你看，在中国小说中，《儿女英雄传》的技巧是很新奇的。就说主人公十三妹的出场，这部小说并不像其他作品先开宗明义讲出主人公姓甚名谁，从哪里来。这部小说先让一个无名无姓的神秘女子登场，这就有一种神秘气氛。等到她的活动引出了邓九公，小说就又放下她重新从邓九公开头叙述……

他洋洋洒洒侃了一个多小时，宗璞都始终聚精会神地听着。谈到精彩处，她咻咻笑两声，父亲也嘿嘿笑两声。这种"餐桌"旁的会谈，使宗璞想起了五十年以前。在她五六岁的时候，因为与梅贻琦家是邻居，她和弟弟钟越经常同梅家小女在一起玩耍。童心无饰，有一次，弟弟和梅女建立了统一战线，有意无意地冷落了一旁的小姐姐。宗璞噘起小嘴，很不高兴。这些恰巧被爸爸看见了。平时不大过问家事的冯友兰把女儿招了过去，问明了缘由，然后教她背白居易的《百炼镜》："百炼镜，熔铸非常规……太宗常以人为镜，鉴古鉴今不鉴容。四海安危居掌内，百王治乱悬心中。乃知天子别有镜，本是扬州百炼铜。"一边教一边解释，唐太宗曾说："以铜为镜，可以正衣冠；以古为镜，可以知兴替；以人为镜，可以明得失。"就是说，从别人身上，自己应该学习领悟一些东西……

父亲的意思是要通过这件事，让小女儿找到玩耍失利的原因。然而，他那浅显明晰的讲解和抑扬顿挫的朗诵声却深深吸引住了小宗璞，使她对古诗词产生了浓厚的兴趣。冯友兰也及时发现了这种兴趣，以后每有时间就教她背古诗词。到上小学的时候，宗璞已养成了一个良好的习惯：每天早晨上学离家时，先背着书包到父母床前，把刚学会的诗词背诵一遍。当年，冯友兰用他刚刚学到的"黄调"激发了妹妹学习古典诗词的兴趣；而今，又用这种调子激发了女儿学习古典诗词的兴趣。在这两代才女的成长道路上，他起了重要的开启作用。

父亲逝世的时候，宗璞跪在床前，痛哭失声。虽然有丈夫仲德扶着，可她仍然觉得异常地沉重和孤单：

在这茫茫世界中，再无人需我侍奉，再无人叫我的乳名了。

这几年，他坐在轮椅上，不时会提醒我一些极细微的事，总是使我泪下。我的烦恼，他无需耳和目便能了解。现在再也无法交流。天下耳聪目明的人很多，却再也没有人懂得我的有些话。

今天，当我们回过头来再看看"冯友兰的女儿"几个字时，个中的意味繁复得足以写个小册子。

兰气息，玉精神

宗璞已作为"一位风格卓异的女作家"定格在中国文学史上。关于她的创作风格，文学界也已多有论述。李子云在《净化人的心灵——读〈宗璞小说散文选〉》一文中，从黄仲则诗句"到死未消兰气息，他生宜护玉精神"中抽出六个字来形容：兰气息，玉精神。这短短六字，于宗璞其人其文均是十分相宜的。

李子云还写道："读宗璞的作品，是一种高度的审美享受。它们不是促发万物生发的骄阳，而是慰藉旅人的闪烁的星辰；它们不是可为大厦栋梁的参天大树，而是令人神怡的秋菊冬梅；它们不是孕育生灵的江河大海，而是滋润人们心田的涓涓溪流。"李子云对宗璞作品风格的把握是十分到位的。

当代作家

近些年来，一个很火爆的名词闪耀于人们眼前：女性文学。在一串"女性文学"作家名字中有两个是冯氏子弟。一个是"冯沅君"，一个是"冯钟璞"（宗璞）。当然，她们并不仅仅是"女性文学"家，而首先还是"无性别"的作家。

在业已出版的形形色色或薄或厚的《中国当代文学史》中都有宗璞的名字。她已作为"当代作家"定格在中国文学史上。"一位风格卓异的女作家"已成为定论。

宗璞写作《红豆》

宗璞的创作是多方面的。有小说，有散文，还有童话。由于她为人严谨，加之自幼多病和"文革"的冲击，与同代人相比，她并不是多产作家。1981年才出版第一本集子《宗璞小说散文选》（北京出版社）。同年出版中篇小说《三生石》（百花文艺出版社）。之后有童话集《风庐童话》（1984年，湖南少年儿童出版社）、散文集《丁香结》（1987年，百花文艺出版社）、《宗璞代表作》（1987年，黄河文艺出版社）、《南渡记》（1988年，人民文学出版社）、《中国当代作家选集丛书·宗璞》（1991年，人民文学出版社）、《宗璞散文选集》（1993年，百花文艺出版社）、《宗璞文集》（四卷）（1996年，华艺出版社）、《三松堂漫记》（1997年，上海远东出版社）、《我爱燕园》（1998年，北京大学出版社）、《中华散文珍藏版·宗璞卷》（2000年，人民文学出版社）、《东藏记》（2001年，人民文学出版社）、《风庐短篇小说集》（2002年，上海社会科学院出版社）、《风庐散文选》（2002年，上海社会科学院出版社）、《野葫芦须——宗璞散文全编（1951-2001）》（2003年，北京出版社）、《霞落燕园》（2005年，作家出版社）、《告别阅读》（2007年，作家出版社）、《宗璞童话彩图本》（2008年，海豚出版社）等。另有译作几种。

宗璞虽然不是高产作家，但却是"高质"作家。她的每一门类创作都获得了广泛好评，荣获了各种奖项。其中，《弦上的梦》获全国首届优秀短篇小说奖，《三生石》获全国首届优秀中篇小说奖，《丁香结》获全国首届优秀散文（集）奖，《总鳍鱼的故事》获全国首届优秀儿童文学奖，《东藏记》获第六届茅盾文学奖。能够获得如此"全能"奖的作家，在中国，恐怕独此一人。

宗璞的童话创作成就很高。王蒙认为，能够把童话写成散文诗而不去靠拢民间故事的作家，除了安徒生外，只有宗璞。不过，在她的创作中影响最大、成就最高的，还是小说和散文。这两方面的成名作分别是《红豆》和《西湖漫笔》。其中《红豆》给她带来了极高的声誉，同时也给她带来了无穷的麻烦。这篇作品初一问世时，掌声和鲜花扑面而来，数月之后（1957年下半年）被打成"毒草"，尘封二十余年后，1979年又突放奇香，被作为"重放的鲜花"捧上殿堂。历史携着"红豆"在翻着奇怪的跟头。

这两篇作品已定下了宗璞创作的基调：清词丽句中散发着清淡、幽雅的芳香，无论写景，还是状情，都使人感到有一股温馨的气息在浅浅地流着。正如孙犁所言："宗璞的文字，明朗而有含蓄，流畅而有余韵，于细腻之中，注意调节，每一句的组织无文法的疏略，每一段的组织无浪费或蔓枝。可以说字字锤炼，句句经营。"孙犁还将她的文字同"五四"时代女作家相比较，认为"宗璞的语言，较之黄、凌、冯、谢，已经有了很大的不同，也就是有了很大的发展"；并感慨，"这样美的文字，对我来说，真是恨相见之晚了"（孙犁《人的呼唤》）。"黄、凌、冯、谢"是"五四"时代一流的女作家。黄是黄庐隐，凌是凌叔华，冯是冯沅君（宗璞的姑母），谢是谢冰心。将她与这些前辈同列，可见孙犁对宗璞的评价之高。

孙犁的赞誉并不为过。她的语言确实达到了很高的水准。以此创作的许多作品也达到了很高的水准。如《红豆》《三生石》《西湖漫笔》《哭小弟》《花朝节的纪念》《霞落燕园》《丁香结》《紫藤萝瀑布》《奔落的雪原》等，都是脍炙人口的精彩篇什，屡屡被选入各种集子和教材；不少作品还被译成英、法、德、意、日、西、捷、马来西亚及世界语等文字，成为不同肤色、不同文化层次人士的可口大餐。

总体来看，宗璞的创作特色及其成就大致表现在三个方面。

其一，以真诚的态度表现中国高级知识分子的生活。在这个领域，她创造了别人无法替代的业绩。

宗璞出身于世代书香之家，又一直生活在高级知识分子圈里。命运之神，自其诞生时起，就将她置于中国最深厚的文化传统之中。所以，以知识分子为题材，就成了其创作固守的土地。她从这里瞭望世界，这里就是她观察社会、了解人生的窗口。有人说，她的创作领域基本上没有离开过燕园。此说固然有些夸张，但也确有几分道理存焉。

成名作《红豆》写的是高等学府中的知识分子生活，表现20世纪40年代末那个大转折时代，一对青年学子的爱情抉择。江玫和齐虹的爱情被作者写得冰清玉洁，但她本意并不是写爱情。处在20世纪50年代那个蓬勃向上的时代，又恰值蓬勃向上年华的宗璞似乎还没有这个闲情逸致。所以，她既相当精彩地展示了二人爱情的甜蜜，写了大学生因为幻想而诞生的略嫌缥缈的情感的美好，又非常真实地揭示了在大动荡的年代里爱情的现实性，写了二者感情的破裂和分道扬镳的必然。旨在告诉人们，人不能提着自己的头发离开地球。站在今天的历史时空，便会发现，《红豆》的突出贡献，是突破了20世纪50年代的创作禁区，从爱情的角度表现了"恋爱不能超越阶级"的主题，从而丰富了50年代的文艺创作，在一定程度上保持了当时文坛的生态平衡。

如果说宗璞从写大学生生活开始切入知识分子题材的话，那么，她后来创作的重心则明显地转向了中国最高级的知识分子阶层。由于身体及照顾父母等原因，她后来基本上一直与父母生活在一起，也就是一直生活在高级知识分子的身边。这样，就有机会观察他们的生活，体悟他们的精神世界。因此，她后来创作了一系列文化散文，便自然地成了北大校园里高级知识分子的生活写照。《霞落燕园》《花朝节的纪念》《一九八二年九月十日》《九十华诞会》《心的嘱托》《三松堂断忆》《风庐茶事》《恨书》《燕园碑寻》及《对〈梁漱溟问答录〉中一段记述的订正》《三幅画》等即这方面的精品。这些文章从不同的角度，表现了中国高级知识分子博大的胸襟，记录了他们的音容笑貌或苦恼沉思，同时表现了中国最高学府鼎盛的人文风情。

如《霞落燕园》，写燕南园十六栋房主的先后辞世。他们或寿终正寝，或死于非命，都是人生聚散、生离死别的大悲哀。但作者并不直接展示悲伤，更不着意煽情，而是在浓淡相宜的文化气韵的流动中，让人感受不可挽回的失落的苦痛。如写到著名历史学家翦伯赞受迫害，夫妇一同自尽。作者不着一句激烈的言辞，而用极冷静的笔墨写出人世的残酷。末了，还加上一句极温和的评述："夫妇能同心走此绝路，一生到最后还有一同赴死的知己，人世间仿佛还有一点温馨。"人间温馨要用惨烈的死亡来印证，这是何等残酷的事情！

其二，崇尚美好的人生，描绘纯洁的心灵、高尚的精神，使漂泊不定的灵魂有一个美丽的"挂搭处"，这是宗璞作品的又一重要特征与追求。在这里，她与父亲处在同一境界。老父一生都在构筑人生的最高境界，但还没有来得及将泥淖中的人安置进去，而她则搬来了梯子，让她笔下的人物爬了上去。她所写的人物大多有良好的教养和较高的文化。他们热爱事业，热爱人生，心地坦荡而柔美，胸怀磊落而高洁。他们并不是生活在澄澈透明的天地里，在他们的周围也有着世俗的污秽、灰尘和阴霾，但宗璞并不把这些污浊看得很重，而是轻轻抹上几笔，勾勒出人物的生活环境而已。她的任务是在淡淡的远景上着力涂画人物的精神境界和性格光辉。

"她现在是和亲人一起走到平坦的路上了，但那完全消她饥渴的甘泉却不知在何方。"《团聚》中的凌绾云从内蒙草原调回北京后，不愿像丈夫那样，把大好时光"随着每天的剩茶倒掉"，而仍然痴心地寻找"人生的无限"。这"无限"，是一种精神境界，一种人生目标和灵魂寄托。它与还有许多缺陷的尘世遥遥相对。《团聚》与谌容的《人到中年》和戴晴的《盼》题材相近，但表现的层面却不相同，反映了三位女作家不同的人生探求。《人到中年》和《盼》直面人生，表现出作者干预生活的强烈激情；《团聚》则旨在干预灵魂，表现了宗璞对精神美的探寻。两相比较，前两篇热烈尖锐，后一篇则优雅清纯。

《米家山水》中的米莲予性格恬淡、纯净得如写意山水画。在十年浩劫中，她曾因先父米颠和自己的绘画而横遭批判，甚至连自己姓米因而会牵扯到宋代的米家父子与清代的大米小米而感到痛心，以至想到"生在姓米的人家真是不幸"。但是，她并不消沉，更不颓废；粉碎"四人帮"后，政治遭遇陡然好转，父亲的画在国外又时兴起来，她也并不陶醉，依然以那种宁静自得的心态，思考着"宁愿化作山水中的泥土，静悄悄地为人铺平上天的道路"。这是一种博大的献身精神。

《三生石》是宗璞的代表作，在新时期的文坛上产生了强烈的反响。人们为她那精美而又神秘的"三生石"所陶醉，有人甚至向她打听"三生石"在哪里，好去寻梦。"三生石"凝聚着爱情故事，但它远不止于爱情，而更主要的是友情的见证。宗璞旨在通过它，歌颂在浩劫岁月里摧不垮的人间友情，让人们看到了人性的光辉。

在空前的大劫难面前，菩提、方知、陶慧韵三个文弱的知识分子没有被击垮。他们从梅、兰、竹、石等中国哲学和艺术所追求的理想人格象征中吸取"骨"和"志"的力量，同时又从老庄和禅宗中寻求旷达和超脱，以图保持内心的坚贞和自信，建立起抵御暴力的心灵大厦。菩提和方知的爱情是这一"大厦"的重要支柱。方知的爱使菩提这只飘荡的小船（她此时政治上受打击，又身患癌症），从此依傍在三生石上，获得了生活的勇气和力量。同样，由于得到了菩提的爱，即使身陷囹圄，方知也不感到痛苦和孤独。菩提和慧韵的友情是这一"大厦"的另一重要支柱。"菩提和慧韵做邻居不久，便常暗自庆幸。在那残酷的、横卷着刀剑般的世界上，她们只要能回'家'，就能找到一块绿洲，滋养一下她们那伤痕累累的心。"心与心的沟通，能划破黑夜的沉幕，释化严寒的冰冻。这或许就是作者所要告诉我们的"天地境界"之所以美丽的原因。

在人生的道路上，每个人都不断经过一个又一个的十字路口。这本小书，若能为徘徊在十字路口的人增添一点抉择的力量，或仅只减少些许抉择时的痛苦，我便心安。

这是《宗璞小说散文选》中的一段话，她把它写在扉页上。这是来自宗璞灵魂深处的声音，是她的创作宗旨。从这里，我们可以体会出两层意思：第一，她竭力地将其笔下的人物安置在高洁、美好的人生境界之中；第二，她力图将其身边的凡夫俗子朝那里运送。

其三，以现实主义为创作方法，融进中国写意画的神韵，建造诗化的艺术境界。

1982年，在给友人的一封信中她曾谈道："这两年我常想到中国画，我们的画是不大讲究现实的比例的，但它能创造一种意境，传达一种精神。"其实，深受中国传统文化熏陶的宗璞，在创作中早就融进了中国画的神韵。所以，我们在读其作品时，总觉得有深厚的意蕴存焉，同时还能感觉到有如古代诗画那样的性情和空灵弥散其中。从而读她的小说和散文，也便有了一种读抒情诗的感觉。她的作品并不急于作时代的号角，更不在客观纪实上下工夫，有时甚至故意绕开细节本身而作写意式的涂抹，将平实的事件升华到一种哲理意趣。往往简淡萧疏的几笔，即能产生意想不到的效果。特别是她的散文创作。如果说，她的小说创作偶尔对传统有新质的突破的话，那么，其散文随笔基本上没有更改和超越中国散文传统固有的艺术方法和审美规范。可以说，她是真正吸收了传统散文的艺术精髓。

如《紫藤萝瀑布》，其实只写了两个意象，一是宏观总体的，就是盛开的紫藤萝一串串聚拢一起，仿佛形成瀑布：

……只见一片辉煌的淡紫色，像一条瀑布，从空中垂下，不见其发端，也不见其终极，只是深深浅浅的紫，仿佛在流动，在欢笑，在不停地生长。紫色的大条幅上，泛着点点银光，就像迸溅的水花。

另一意象是微观个体的：

每一穗花都是上面的盛开、下面的待放。……每一朵盛开的花像是一个张满了的小小的帆，帆下带着尖底的舱。船舱鼓鼓的，又像一个忍俊不禁的笑容，就要绽开似的。

紫藤萝开得如此洒脱风流、璀璨夺目，而又端庄淑雅、寂寞恬静。很显然，在这幅恢宏的紫藤萝的画卷上，景和意是融而为一的。眼中的景心中的意化成了这精美的文字。宗璞写了许多花，有丁香、二月兰、玉簪、藤萝、木槿等。这些花朴实中透露着灵秀，平凡里透露着高贵，洁白、高雅、温馨、坦诚，是一种人生境界的写照，体现出浓厚的传统文化精神和人格力量。

这是宗璞的审美追求。

本色人生

宗璞是一位严谨、认真而又心存高远的作家。她为人宽容、低调，从不搅弄是非，炒作自己，更不会为了"升迁"而蝇营狗苟。这在浮躁的商业主义时代，是一种十分难得的高贵品质。王蒙曾说，在中国作协第六届代表大会前后，有些作家为自己的"一官半职"而辛苦奔走；有些作家为打掉与自己不是一个圈子的候选人，而使出了浑身解数。对于这些，宗璞竟然浑然不知，大家似乎也忘记了她。然而，选举的时候人们还是想起了她：宗璞当选了中国作协第六届主席团委员。对此，王蒙感叹道："忘了也罢，浑然也罢，她还是榜上有名。谁说作代会没有什么文学的民主呢？至少宗璞的当选主席团委员给人们带来了民主的希冀。"（王蒙《兰气息，玉精神》，《时代文学》1998年第6期）

她的宽容、低调，不搅是非，并非没有原则，不论是非，而是追求宁静、和谐，追求一种精神的清洁、人格的脱俗。这是一种更高的是非观。

2004年本书作者赵金钟访问宗璞

对此，王蒙说："她带棱带角，有自己的见解，决不苟同从俗。"

宗璞十五岁时有一副自撰联：

简简单单　不碍赏花望月事

平平凡凡　自是顶天立地人

从这里，我们已经能够感受到宗璞的真性情：平凡处世，独立不移——尘世生活追求简单平凡，精神世界则看重卓尔不群。她做事严谨、执著，写作求真、求诚，从不人云亦云，更不随波逐流。所以，文坛热闹处从不见她的身影，她甘于寂寞，乐于守候属于自己的那份高洁与清净。正因如此，我们觉得，她是一位豪气与大气的人，柔其外、刚其内，骨子里有一种百折不摧、顶天立地的豪情。

有人说宗璞是一位"本色作家"。她的文字似乎总是远离时尚，然而它们又总是那样耐人寻味；她的作品似乎总是远离时代，然而它们却又总是那样摄人心魄。这也许正是她的独特魅力所在：不蒙蔽眼睛，不忽悠良知，不追求喧嚣，一切从自己的真感受出发。宗璞也很认同"本色作家"的说法。她说，我写作品时，不是自己给自己规定一个什么原则，只是很自然的，我要写我自己想写的东西，不写授命或勉强图解的作品。和宗璞打过交道的编辑都知道，如果有什么命题作文请她写，就很难约到稿子。但如果是她自己送来发表的，无一例外地都是能上头条的好文章。这即宗璞为文的风格。

这种为文的风格，也决定了她在创作上的精益求精和不断追求。

宗璞的创作始于20世纪40年代。第一篇作品是短篇小说，名为《A.K.C》，发表于1947年8月13日和8月20日天津《大公报》文艺副刊。发表时用的笔名"绿繁"。宗璞当时在学法语，"A.K.C"的法文意思是"打碎"。小说讲的是，法国女房东向"我"讲述她少女时代的往事：心上人送给她一个精致的小瓶，她沉醉于小瓶外在的精美，却没能领悟送瓶人的心意。心上人走了，一去不返。多年来，她一直沉浸在百思不得其解的哀思中。直到有一天，小瓶无意中被打碎，她发现瓶子里装有一封求爱信，这才注意到瓶壁上写着的字："A.K.C"！心上人希望她打碎小瓶，看到自己的心。然而她发现得太迟了。她一生中唯一的爱情，就这样因为没有"A.K.C"而"A.K.C"了。

这个故事虽然写得凄迷、美丽，但宗璞并不满意。她曾对施叔青说："这是一个瞎编的故事，没有什么时代意义。"它只能算是宗璞出道前的一次试笔。她心中还有更高的追求。

1950年，"抗美援朝、保家卫国"的大幕拉开，全国人民都投入到这一波澜壮阔的运动之中。宗璞当时正在清华大学读书，也和同学们一起参加了这一运动，到工厂宣传抗美援朝。她根据在玻璃厂与女工接触的感受，写作了短篇小说《诉》，借用一个女工的口述，控诉了新中国成立以前的旧社会。

那时候，文坛上公式化、概念化的风气越来越重，写作的题材也越来越窄，除了工农兵，其他题材几乎不能涉猎。宗璞觉得，写那些公式化的东西，还不如不写。于是，停止了新的创作。1956年，中央提倡"百花齐放，百家争鸣"，文艺界的风气有所松动。宗璞根据自己的思考，写出了《红豆》。这篇小说由于写法的新颖，语言的优美，特别是由于突破了题材上的禁忌，很快在文坛上引起了轰动。掌声和鲜花纷至沓来。然而，很快又遭到了批判。原因是"爱情被革命迫害""挖社会主义墙脚""在感情的细流里不健康"等。其实，作品表现的是"爱情诚可贵，甘为革命抛"的主题。它通过女主人公江玫的经历，表现了一个小资产阶级知识分子怎样在革命中成长。这是一个积极的主题。那个时代这样的爱情很多，宗璞也是从真实性的角度出发写作的。

1958年，宗璞走出书斋，下放到河北省涿鹿县一个叫温泉屯的村子，同农民一道劳动，并进行思想改造。这里就是丁玲《太阳照在桑干河上》中写到的地方，桑干河从村旁流过。河水结着冰，如一条发亮的银带，蜿蜒远去。宗璞当时曾写作一篇短文，题目叫《第七瓶开水》。写她的房东老大娘，在她到别的村子劳动时，每天为她换新的开水，换到第七瓶，她才回来。开头第一句话就是"天下的母亲都是慈爱的"，写下来一看，吓了一跳，这不是宣扬"人性论"吗？赶快删去。左删右删，想写的不能写，能写的不想写，干脆搁笔了事。

这一搁就是十多年。1978年，宗璞发表短篇小说《弦上的梦》。这才拉开了其创作高潮的序幕。这是宗璞以"文革"为题材创作的第一篇小说。它属于当时业已形成的"伤痕文学"大潮。然而却与"伤痕文学"的流行风有着明显的不同。它没有血淋淋的揭示和声嘶力竭的控诉，而是本着宗璞一贯的蕴藉、幽婉的抒情风格，表达其对"文革"的谴责与愤怒。这篇小说没有直接表现"文革"对人们的残害，而是重在揭露它所造成的"后遗症"。梁遐一出场，似乎就是一个"心死"的形象。她的脸上总是一副"冷漠的、嘲讽的神气"，她竟能以幽默的口气，带着"一丝微笑"述说自己家庭的遭遇，甚至谈到被"四人帮"迫害致死的亲生父母，也"像是说着什么和自己无关的事似的"。对于今后的生活，她的态度是"过一天算一天"，她的处世哲学就是"人活着，不就是那么回事"。什么个人前途、国家命运、民族希望，对她来说都是无所谓的。她是一个不同于谢惠敏（刘心武《班主任》）、王晓华（卢新华《伤痕》）的文学形象，然而却是十年动乱期间许许多多受害青年的真实写照。他们受迫害，他们想反抗，然而又找不到出路，看不到希望，只好游戏人生。这是"文革"对他们造成的最大伤害。作者也正是借此表达了对"文革"的更为深刻的批判。

"写下去是我的责任"

前面说过，宗璞是一位有主见、有抱负，既不误"赏花望月事"，又要做"顶天立地人"的作家。写作，营造一个"艺术世界"，是其做"顶天立地人"的具体目标。为此，她付出了常人难以想象的代价，套用屈原的一句话，为了创作，她"虽九死其犹未悔"。

早在20世纪50年代，宗璞就想写一部反映中国读书人在抗日战争时期的生活的长篇小说。但由于种种原因而没有动笔，这种想法在她的大脑里贮存了三十多年。直到80年代，中国的政治气候发生了巨大变化，宗璞自己也进入了熟练驾驭长篇小说的创作阶段。历史的、个人的气候均已成熟。

1984年，人民文学出版社在烟台召开长篇小说座谈会，邀请宗璞参加，再一次向她约稿。当时，宗璞在社科院外文所工作，还有研究任务，并计划写一本伍尔芙评传。然而，窖存了三十多年的"酒"业已飘香——一部长篇小说已在宗璞心中形成。"野葫芦"的种子"发了芽，长了枝叶"，小说中的人物跃然心中，若再不把他们落在纸上，他们会窒息、干枯而死。研究和创作是两种不同的思维活动，两项工作同时进行，对于体弱多病的宗璞来说显然是不可能的。考虑再三，她决定放弃研究课题专攻长篇小说。她认为："我不做研究，还会有别人做，研究的毕竟是别人的东西，而小说是作者灵魂的投入，是把自己搅碎了，给小说以生命。"这时，宗璞身上那股高贵的豪气和执着又上来了："我要表现的不只是我自己，是一个群体，一个时代。我不一定成功，但不试一试我是不甘心的。"（《我与人民文学出版社》）

1985年，她展纸提笔，开始了《野葫芦引》的创作。这部长篇共为四卷——《南渡记》《东藏记》《西征记》《北归记》。从此，她便常常云游于"野葫芦"中。她自己有个解释："葫芦里装的什么药，谁也不知道，更何况是野葫芦。"她要徜徉于自由的时空之中。

小说主要是写抗战期间中国知识分子的生活状态和精神风貌。《南渡记》从一个独特的角度反映"七七事变"对北平知识阶层的巨大震动，刻画了他们在亡国之际表现出的气节和品格；《东藏记》继续《南渡记》的故事，描写了明仑大学南迁昆明之后师生们艰苦的物质生活和乐观昂扬的精神面貌；而计划中的《西征记》和《北归记》则分别描写西南联大学生投笔从戎、在滇西战场抵抗日寇和抗战胜利、返回家园的情景。四部作品既是一体，又各自独立。它们都被宗璞用"野葫芦引"贯串着。既是"野葫芦"，为何又用一"引"字呢？这里装的有宗璞对历史的看法。她认为，历史是个"哑巴"，靠别人来说话。她写的这些东西是有"史"的性质的，但里面还是有很多错综复杂的不知道的东西，那就真是"葫芦里不知卖的什么药"了。"人本来就不知道历史是怎么回事，只知道写的历史。但是写的历史，要尽可能是那么回事，要是完全不是那么回事，那当然也是太悲观。把人生还是看作一个'野葫芦'好，太清楚是不行，也做不到。那为什么要个'引'呢？因为本人不能说这是个野葫芦，只能说是一个引子，引你去看到人生的世态。"

原来如此。

宗璞是一个"向病余讨生活的人"。《南渡记》开工后，她常常挣扎于"野葫芦"与现实世界之间。创作需要全神贯注，最好是完全沉浸在作品的情境之中，忘掉现实世界。然而，对于宗璞，上有高堂要侍奉，下有童稚需抚养，又要吃饭，还有生病，现实世界不允许她在艺术世界里久留。因此，她常在这种"被分割的痛苦"中游走。如此，她用了近三年时间写成了《野

倚树听流泉——唐河冯氏家族文化评传

葫芦引》的第一卷——《南渡记》。

这部作品出手不凡。它一问
世就获得好评。老作家韦君宜说它
是一部严肃的、"给历史和生活留
下影像的"好作品；冯至和卞之琳
两位大诗人不约而同地想起《红楼
梦》，认为它继承了《红楼梦》的
笔法，显示出极大的艺术功力。
更为难得的是，它被评选入"百
年百种优秀中国文学图书（1900—
1999）"。20世纪的一百年里，中

2007年11月，与铁凝在"冯钟璞先生八十寿
辰，宗璞文学创作六十年座谈会"上

国原创的文学图书（含台港澳）可谓汗牛充栋。经过权威机构组织当今数
十位文学权威披沙拣金，优中选优，确定了一百种"上品"，供读者品
尝。能够入选此"百年盛宴"，端的是入选作家的一份荣耀。

卞之琳在盛赞《南渡记》的艺术成就时（认为它在题材上填补了抗日
战争小说的"一个重要空白"；在艺术上，"开出了一条小说真正创新的
康庄大道的起点"），对宗璞的艺术功底赞叹不已。他动情地写道：

说来惭愧，我曾在西南联合大学复员北返，在南开大学外文系一年级
班上教过宗璞同志英文诗初步，现在才知道原来她中国古典文学根底这么
好。你看《南渡记》的序曲多首和间曲一首，哪一句不是平仄合律，谐韵
合辙，功力之深令我从小也偷偷小戏学写过旧诗词的大为吃惊，而且使我
猛然憬悟了旧曲牌抑扬顿挫的节奏以至旋律的非凡功能。

——卞之琳《读宗璞〈野葫芦引〉第一卷〈南渡记〉》

如果说《南渡记》的写作还算顺利，那么《东藏记》的写作就没有那
么顺利了，它几乎是在逆境中诞生的。

《南渡记》于1985年动笔，1987年底脱稿，1988年出版，用了近三年
时间。《南渡记》问世以后，宗璞放下写作，全部精力用于侍奉老父。然
而，用尽心力也无法阻挡死别。1990年11月，冯友兰驾鹤西去，接着宗璞
大病一场。1993年身体有所恢复，开始试着写几个短篇，下半年才动手写

作《东藏记》。然而，病魔并没有放过宗璞，隔几个月她就要生一场病，几乎成了规律。再加上莫名其妙的干扰，写作便如百岁老人赶集，走走停停，停停走走。

最要命的还是眼疾。由于宗璞自幼读书如饥似渴，大概又未科学用眼，以至60余年来，从未离开过眼镜。这是读书人的伤痛。而到了老年，又患上了白内障，眼更看不清了。亲友们从她的健康考虑，劝她不要写了。但她坚持要写。"我不能停，写下去是我的责任。"她坚定地说。

好不容易走到2000年，《东藏记》的主体也已成型，宗璞的身体又出了岔子。

这一年是阴历龙年，宗璞的第六个本命年。有人提醒她准备一条红腰带系在身上，宗璞一笑而过。春节前，她还能看到各种颜色鲜艳、印刷精美的贺卡，看到街上挂着的红灯、摆着的花篮，觉得生活灿烂无比。谁知临近除夕，突然眼前一黑，她的左眼仿佛遮上了一层黑纱帘。这是她平时依靠的一只眼睛，因为右眼早已不大管用。眼前一片朦胧，宗璞心里一紧。

龙年第一件大事就是去医院，诊断的结果让她大吃一惊：视网膜脱落！为此，她两个月内做了三次手术。第三次手术后，时间一天天过去，眼睛却不见好转，"无论怎样睁大眼睛，眼前还是一片黑暗，无边无际"。这时，她感到是那样的恐惧、那样的无助。她害怕自己变为盲人，害怕告别阅读，害怕告别写作："我怎能忍受那黑洞里的生活，怎能忍受那黑暗，那茫然，那隔绝。"（《蜡炬成灰泪始干》）她埋怨起了上帝。他老人家造人造得太不完美，好好的器官，怎么能够擅离职守？

一天夜晚，宗璞披衣坐在床上，觉得自己是这样不幸。她知道，自己当然不会死，可是以后再也无法阅读和写作了。这对于视阅读与写作如生命的宗璞简直太残酷了。她曾说过："文字给了我多么丰富，多么美妙的世界"。然而，这个世界竟要离她而去——"模糊中似乎有一个人影飘过来，他坐在轮椅上，一手捋须，面带微笑，那是父亲。'不要怕，我做完了我要做的事，你也会的。'我的心听见他在说。此后，我几次感觉到父亲。他有时坐在轮椅上，有时坐在书房里，有时在过道里走路，手杖敲击地板，发出有节奏的声音。他不再说话，可是每次我想到他，都能得到指点和开导。"（《蜡炬成灰泪始干》）

这是一种至高的心灵对话。手术终于做完了，宗璞又想到父亲，想起他磐石般的毅力，这毅力给了她无穷无尽的力量。有了它，似乎什么样的困难都能战胜，什么样的厄运都能踩在脚下——

> 我做了手术，出院回家，在屋中走来走去，想倾听原来的父亲卧房里发出的咳声，但是只有寂静。我坐在父亲的书房里，看着窗外高高的树。在这里，准盲人冯友兰曾坐了三十三年；无论是否成为盲人，我都会这样坐下去。
>
> ——《蜡炬成灰泪始干》

最终，宗璞还是与父亲走上了相同的路：用口述的方式继续写作。

2000年，荷花盛开的时候，宗璞交上了她的第二份答卷：《东藏记》完成。2001年，人民文学出版社出版。掐指一算，这一部书写了近七年时间！七年中，写写停停，停停写写，停的时间多，写的时间少，宗璞忍受了怎样的折磨！

这部作品再次为宗璞赢得了殊荣：它于2005年荣获第六届茅盾文学奖。这是我国长篇小说的最高奖项。1981年3月，茅盾自知病将不起，便写信给中国作协，表示将自己的25万元稿费捐献出来，设立一个文艺奖励基金，以奖励每年出版的最优秀的长篇小说。于是，中国有了茅盾文学奖。评奖活动成了文学界的一件盛事，作家们也以获得它为至高荣耀。

《东藏记》写得十分感人。作家蒋丽萍说，在阅读的时候，自己时常被书中人物的高贵所打动，心中经常被一撞一击，眼眶经常湿润。令她难过的是，我们只能在这不可多得的作品中遇到这群主人公了，而在现实生活中，我们再也没有机会结识到这样一群人。

它是宗璞用生命书写的。她说："我写得很苦，实在很不潇洒。但即使写得泪流满面，内心总有一种创造的快乐。我与病痛和干扰周旋，有时能写，有时不能写，却总没有离开书中人物。一点一滴，一字一句，终于酿成了野葫芦中的一瓢汁液。"（《东藏记·后记》）

风庐冷暖

宗璞选择了父亲的书房做书房。冯友兰失去目力听力之后，就在这间房里慢慢地写，最后完成了七卷本《中国哲学史新编》。而今，他的女儿坐在这里，延续着他生命不已、奋斗不止的精神。所不同的是，她把这里的住所更名为"风庐"。

关于"三松"与"风庐"，冯友兰在《三松堂自述》之"自序"中有过解释：

> "三松堂"者，北京大学燕南园之一眷属宿舍也，余家寓此凡三十年矣。十年动乱殆将逐出，幸而得免。庭中有三松，抚而盘桓，较渊明犹多其二焉。余女宗璞，随寓此舍，尝名之曰"风庐"，谓余曰：已名之为风庐矣，何不即题此书为风庐自序？余以为昔人所谓某堂某庐者，皆所以寄意耳，或以松，或以风，各寄所寄可也。宗璞然之。

看来，父女俩所寄不同，只好各自命名了。父亲喜园中三株松树，遂以命名，其志寄松。而女儿则更喜风意，取典先哲，得意"风庐"："庄子云：'夫大块噫气，其名为风。'风庐中得些自然噫气，当是好事。"（《风庐童话》后记）

近年来，《风庐童话》（1984年，湖南少年儿童出版社）、《风庐故事》（1995年，对外翻译出版公司）、《风庐缀墨》（1998年，上海远东出版社）、《风庐短篇小说集》（2002年，上海社会科学院出版社）、《风庐散文选》（2002年，上海社会科学院出版社）陆续推出，"风庐"的字号已经打出。

"三松"也好，"风庐"也罢，这里是耕耘的舞台，是出产精神的圣殿。

父亲去世后，宗璞和先生蔡仲德住在这里，各自为自己的理想忙碌着。宗璞忙着培育她的"野葫芦"，仲德忙着他的音乐美学和冯学。"风庐"里充满着丰收的喜悦，不时还洋溢着浪漫与温馨。尽管有时这"浪漫"夹杂着苦涩。

"风庐"里常有音乐飘起。宗璞素好音乐，喜欢听，也喜欢唱。在清华读书时听了许多迷人的音乐，还常和同学们一起到美国教授温德先生家听音乐。温德是个有趣的人。他曾告诉宗璞，他读书常常是从一页的左上角一眼看到右下角，这叫做"对角线读书法"。他教宗璞他们英诗和莎士比亚，没有家，以文学和音乐为伴。清华音乐室很活跃，学生中音乐爱好者也很多。那年夏天，有人在林中办起音乐茶座，宗璞凭窗而立，音乐从林中传出，好像从绿色中涌出来，把乙所包围了，把宗璞也包围了。宗璞觉得，"每当音乐响起时，小树林似乎扩大了，绿色显得分外滋润，我又有了儿时往一个梦境深处飘去的感觉"（《风庐乐忆》）。在这里，她常常听到舒伯特的《未完成交响曲》，贝多芬的《田园》，莫扎特的《弦乐四重奏》，柴可夫斯基的《悲怆》等。

音乐是"上界的语言"，宗璞特别喜欢。父亲仙逝后的几年里，心情稍微稳定，她便常偕先生去参加音乐会。有好几次，发现满场只有他们两个头染银霜。夹杂在后生们中间，他们一点也不觉得别扭。因为大家都为了心中的那股旋律。1991年严冬，她刚刚结束近一年的病榻生活，即不顾家人的反对，"远征到北京音乐厅听莫扎特的安魂曲"。"莫扎特"似乎有一种奇效，这三个字一出来，宗璞就感到了莫大的安慰。

音乐对于宗璞还有一种特殊的功用，那就是"下药"，有如喝酒的人喜欢以牛耳下酒。宗璞出院回家以后，服药成了家常便饭，最难服的是中药。中药很苦，对付那苦汁，最好的办法就是听音乐，似乎边听音乐边服药，药的苦味也就轻了。宗璞说，听的曲目颇广，贝多芬、柴可夫斯基、肖邦、拉赫玛尼诺夫等，还有各种歌剧，"都曾助我一口（不是一臂）之力。便是服药中听勃拉姆斯，发现他的《第一交响曲》很好听。但听得最多的，还是莫扎特。"她写了一篇颇为有趣的文章，叫《药杯里的莫扎特》，结尾道：

热气从药杯里冉冉升起，音乐在房间里回绕，面对伟大的艺术创造者们，我心中充满了感激。我觉得自己真是幸运而有福气，生在这样美好的艺术已经完成之后——而且，在我对时间有了一点自主权时，还没有完全变成聋子。

看了这样美好的文字，你可能觉得连生病都是艺术。

"风庐"里更有书声缭绕。宗璞眼疾严重之后，她和老伴最大的快乐，就是每天晚上一起读书。其实是蔡仲德念给她听。仲德声音浑厚有力，通过这声音，宗璞得到了书的内容，眼睛似乎也变得明亮起来。书房中有一副对联："把酒时看剑，焚香夜读书。"他们也焚香，不过不是龙涎香、鸡舌香，而是普通的蚊香，以免蚊虫骚扰。

宗璞早年读过一首《四时读书乐》，现在只记得了四句，是写春夏二季读书之乐的："读书之乐乐何如？绿满窗前草不除""读书之乐乐无穷，瑶琴一曲来熏风"。前两句是说，读书之乐，仿佛春风拂面，绿满双眼；后两句是说，读书之乐，恰如炎炎夏日清风袭来。《四时读书乐》的后四句是写秋冬的，因为记不得了，宗璞便补将起来，道：

> 读书之乐何处寻？秋水文章不染尘。
> 读书之乐乐融融，冰雪聪明一卷中。

读书之乐可见一斑。

"风庐"是温暖的家。在这里，宗璞和蔡仲德侍奉过高堂，又演绎着相助相爱的伉俪情谊。他们结缘始于《红豆》。1957年，蔡仲德在大学里读到宗璞的《红豆》，深深地被主人公的精神追求和宗璞的优美文笔所打动，从此对作者产生了爱慕之情。1969年9月，二人结婚。当时冯友兰正在受审查，被批判，冯家尚在劫难之中。所以，人们说，他们的婚姻是高度的精神结合，超越了一切世俗的考虑。婚后的第二年，蔡仲德下放，宗璞即从城内迁回燕南园与父母同住。从此，没有离开"风庐"。

蔡仲德说宗璞是一个好女儿、好妻子、好母亲。好女儿是指对父母的孝敬，好母亲是指对孩子的慈爱，而好妻子则是仲德发自内心的自豪与感激。他们的婚姻是经过了风雨考验的。"文革"期间仲德受到了冲击，结婚之前他被隔离审查，结婚之后他被打成"五一六分子"，宗璞都没有对他失去信任，都没有离开他。宗璞对于他，不仅是贤妻，还是诤友。他们一起切磋学术、体悟人生，对于他的人本主义思想，宗璞也报以理解和支持。特别是仲德生重病的两年时间里，宗璞一边同自己身上的病魔作斗争，一边放弃视为生命的创作，为治疗先生的病而四处奔走，联系最好的医院、医生，和医生们商量治疗方案，还不忘为他精心调理一日三餐。

在宗璞心中仲德自然也是个好丈夫。他和她一起孝敬父母。宗璞曾感激地说："对于我的父亲，他不只是一个研究者，而且也远远超过半子。幸亏有他，父亲才有这样安适的晚年。他推轮椅，抬担架，帮助喂饭，如厕。我的兄弟没有做到和来不及做的事，他做了。我自己承担不了的事，他承担了。从父母的墓地回来，荒寂的路上如果没有他，那会是怎样的日子。"他是她的图书馆长，用引文懒得去查时，便去问他，他会仔细地查好；他是她的第一读者，为她的草稿挑毛病；他是她的编辑助手，在繁忙的教学、研究之余，为她编辑了四卷本《宗璞文集》；他是她的营养师，在她生病时，为她调理可口饭菜按时送去。甚至为了改善她的伙食，他还让弟弟寄来旧书《粥疗法》……

值得一提的还有，他是她的"暖气工"。燕南园与北大的其他住宅区一样，有统一的供暖系统。可能是因为房子年久、高大，不很暖和。宗璞说她受了凉，就会犯气喘病。仲德便为老房子装上土暖气，为她亲燃人间烟火。他自任"暖气工"，穿起工作服，戴上工作帽，上下台阶，填煤铲灰，忙得不亦乐乎。仲德一介书生，本无心俗务，但为了妻子的健康，他"务"了，而且"务"得快乐。

他们的爱情就像宗璞的文风，温婉含蓄、内涵丰富，不暴热、不鲜红，却甜丝丝、绿茵茵，沁人心脾。宗璞说："生活最丰满处是因为有了我，我有了他。世上有这样的拥有，永远不能成为过去。"

1992年金秋，他们相偕来到杭州，在灵隐寺边的孟庄小住。孟庄在一片茶园之中。每天清晨，一行行茶树吸了一夜的露水，微微发光，格外精神，伸手一碰，湿漉漉的，煞是可人。二人款步来到灵隐寺，但见香云缭绕，人头攒动，信徒们烧香磕头，十分热闹。穿过这番热闹，他们来到罗汉堂边，在山石上坐着休息。刚坐不久，仲德忽然拉着宗璞离开，走了数步才告诉她石旁有蛇。待宗璞看时，那蛇正在缓缓游动。仲德拾起石子欲砸，宗璞忙笑着制止，说那或许正是白娘子呢，如此晴明时节，她大概也来赶赶热闹。

他们从导游书《灵隐逸话》上看到杭州有三生石，十分惊喜。宗璞很喜欢三生石的传说，并以之为名写了一篇优美的小说。却没想到，世间真的有此石头，便决定前去寻找。问了数人均言不知，后经一老者指点，才走上了正确的寻石之路。他们来到飞来峰东侧，从山脚到山顶，循阶而上，穿林浴风，到得一处，问人石在何方，答曰茶地边便是。"再往上走不远，果然见一片茶地。山坡上翠竹千竿，山坳尽处突出一块大石。我们快步走近，心上一分是惊，二分是喜，似是猛然间见到了故人"。宗璞兴奋地写道，"这石约有三人高，横有七八尺，轮廓粗犷，显得端凝厚重，不是玲珑剔透一流。石色灰白与黝黑杂陈，孔隙里生有小植物，有的横生，有的下垂，成为大石的好装饰。向茶地的一面赫然写着一篇文字，题目是‘唐圆泽和尚三生石迹’，记载了圆泽和士人李源转世不昧的友谊”。（《孟庄小记》）

三生代表着"前生、今生、后生"，"三生石"承载着人性的美好，友谊的纯真。传说唐富家子弟李源，因为父亲在变乱中死去而体悟人生无常，发誓不做官、不娶妻、不吃肉食，把自己的家业捐献出来改建惠林寺，并住在寺里修行。寺里的住持圆泽禅师，很会经营寺产，而且很懂音乐，李源和他成了挚友，常常在一起谈心，一谈就是一整天，没有人知道他们谈些什么。有一天，他们相约共游四川的青城山和峨嵋山。李源想走水路，沿江而上；圆泽却主张走陆路，取道长安入川。李源不同意，圆泽只好依他，但心里颇不舒服，感叹道："一个人的命运真是由不得自己呀！"船到了南浦，靠在岸边，此时，一个穿花缎衣裤的妇人正到河边取水，圆泽看了，不禁泪流，对李源说："我不愿意走水路就是怕见到她呀！"李源吃惊地问他原因，他说："她姓王，我注定要做她的儿子，因为我不肯来，所以她怀孕了三年还不能分娩。现在既然遇到了，就不能再逃避。请你用符咒帮我速去投生，三天以后洗澡的时候，请你来王家看我，我以一笑作为证明。十三年后的中秋夜，你来杭州的天竺寺外，我一定来和你见面。"李源一方面悲痛后悔，一方面为他洗澡更衣，到黄昏的时候，圆泽死了，河边的妇人顺利生产。三天以后李源去看婴儿，婴儿果真对他微笑。李源把一切告诉王氏，王家便拿钱把圆泽埋葬在山下。李源再也没有心思入川游山了，便掉头急行，回到惠林寺。

十三年后，他如约来到天竺寺外三生石旁，见一牧童骑在牛背上，拍着牛角歌道：

三生石上旧精魂，赏月吟风不须论。

惭愧故人远相访，此身虽异性长存。

李源听了，知是故人，忍不住问道："泽公，你还好吗？"牧童说："李公真守信约，可惜我的俗缘未了，不能和你再亲近，我们只有努力修行，将来还有会面的日子。"随即又唱一歌。歌罢掉头而去。

这是一个感人的故事，人们为故事中散发的高贵友谊所陶醉，不再追究其真假曲直、浪漫与现实，甘愿沉浸在这堆石头所附会的迷人的虚假中。宗璞和仲德来到这里，他们"走到三生石上，见三石一块接着一块，如波浪前涌，到茶地边忽然止住。茶地下面远处有村舍，牧童大概就是从那里来了"。三生石上头还有山，山上的风景似正在向游人招手。但宗璞和仲德已不想再高攀，访得了三生石，是他们杭州一游的大收获。他们在石头旁坐下，满足的笑纹爬上额头。

宗璞与蔡仲德在南京

　　游山玩水的时间毕竟太少。"风庐"是挥汗耕耘的场所，也是同病魔斗争的港湾。2001年秋，仲德得了重病。生病住院后，他还在关心着家里和学校的事情。生病后的第一个冬天，他在病房里惦念着家里的暖气，认为来暖气时应该打开暖气上的阀门，让水流出来，水才会通。他在病床上用电话指挥着宗璞她们，让她们依次打开各个房间，不能搞乱。家里几个女流之辈，拿着水桶，被他指挥得团团转。其实她们认为这是不必要的。但宗璞还是领头依令而行，眼泪却不自主地滴在水桶里。

　　人人都以为，宗璞晚年必定有仲德陪伴，他会为她安排好一切。可谁也没有料到，他竟然一病不起，于2004年2月13日走完了他的人生历程。宗璞简直不敢相信这是事实。"有时我觉得，他正在院中的小路上走过来，穿着那件很旧的夹大衣；有时在这边说话，总觉得他的书房里有回应，细听时，却又没有。他已经消失了，消失在蓝天白云、青山绿水、树木花草之间。也许真的能在火星上找到他，因为我们这里的事情，要在多少多少光年以后，才能到达那里。他是一个怎样的人，在那里可以重现。""火星"是宗璞童年时候的"王国"。在云南的时候，她和哥哥、弟弟每次到昆明上学来回的路上都要讲故事，故事中他们每个人都有一个自己的王国，弟弟的王国在海底，宗璞的王国在火星。那时，她用稚嫩纯净的心灵憧憬火星的神秘美妙。现代科学让她在六十多年后的今天，真的看到了火星，火星上荒袤的红土地让她联想到云南的红土地，倍感温暖亲切。仲德活着的时候，他们曾开玩笑说，在那里有一个家。

　　"风庐"经历了太多的生离死别。母亲去了，父亲去了，先生也去了，他们再也不会帮助她，再也不会提醒她了。宗璞曾悲壮地对人说："现在就靠我个人奋斗了！"

蔡仲德，1937年生，浙江绍兴人。1960年毕业于华东师范大学中文系，中央音乐学院音乐学系教授、音乐美学史家、博士生导师，著名的冯学专家，全国音乐美学学会理事，冯友兰研究会理事。著有《中国音乐美学史论》《中国音乐美学史资料注译》《中国音乐美学史》《〈乐记〉〈声无哀乐论〉注释与研究》《解读冯友兰·亲人回忆卷》（与宗璞合作）、《音乐与文化的人本主义思考》《音乐之路的探求》等。由于在建立音乐美学学科、从事音乐美学教学与研究中作出过重要贡献，1993年获高校优秀教学成果国家级一等奖（与教研室同人合作）。代表作《中国音乐美学史》1996年获中国图书奖，1998年获高校人文社会科学研究成果奖艺术类二等奖；《冯友兰先生年谱初编》获"冯友兰学术奖"一等奖。仲德是一位精进的学者，从治中国音乐美学史和音乐理论，到搞通了"冯学"，并在最后几年进入对中国"士人格"的研究，一路凯歌高奏、成绩斐然。遗憾的是，上苍不公，正当他的研究成果汩汩泉涌的时候，却掠其西归，令人哀叹不已。

仲德仙逝后，宗璞精心为他设计了墓碑，碑上简单地刻着：

蔡仲德（1937-2004）人本主义者

宗璞觉得，这是他想要的。寥寥几字，表达了妻子对丈夫的相爱相知。

斯人虽去，但该做的事情却不能停。"风庐"不是让时间挥霍浪费的地方。宗璞还有很多事情要做，读者在等着她，历史在等着她。她还要"西征"，更要"北归"，现在"日本鬼子"还没有打出去呢，若停下来，怎能甘心？还有，"野葫芦"里的人物还在等着，他们也要生存，他们也要发展。

"路还长着呢，只不知命有多长。"人们觉得，这命，将和脚下的路一样长……

第七章

曲未终：
祁仪望族走天涯

◎

20世纪90年代初，为纪念冯友兰诞辰一百周年，唐河县组织人马收集有关冯氏家族的史料，在祁仪乡东南古山下，找到了冯玉文的墓碑。碑的顶部已经残损，但墓文的字迹尚清晰可辨。碑的背面镌刻着铭文。铭文是其三子汉异根据云异所撰墓志修改加工而成的。获知玉文墓碑重现，国内冯氏为之雀跃。他的独守故邑的曾孙子钟隽立马拍了照片，抄了碑文寄往台湾地区及美国等地。墓碑使人们再次想起了苍翠的石柱山、龙山和清澈的清水河所环抱、萦绕着的祁仪冯家大院，想起了院内那棵参天挺拔的银杏和那簇雍容华贵的腊梅。冯玉文当年忍着羞辱栽种它们的时候，期冀的是有朝一日子孙们能够振兴门庭、显赫一方，不再受人欺侮。一个半世纪以后，当人们再次站在白果树和腊梅花下，仰望苍穹的时候，所感受到的已远远不是驱散屈辱、显赫一方了。

故国"冯"字

二世珽玙曾竭力建立"祁仪望族"的梦想在玉文时代已经实现了；而到了台异晚年，则客观上已将之推出了祁仪，开始在一个较大的范围内产生影响；至友兰以后，这种影响波及海内外，在不同肤色的人群中间赫然地亮出了"冯"字。

从此，这个祁仪最大的望族已不在祁仪繁衍生息，而是生机勃勃地向外发散。带着对大槐树的遥远的记忆，带着对古银杏和腊梅花的精神依恋……

兰字辈为第七世，这是迄今为止影响最大的一代冯氏子弟。唐河"三冯""三兰"自不必说，其他诸"兰"也都在文化上作出了自己的贡献，释放过独特的芳香。玉文的长子云异，有培、瀛、湘、崧四子，良、壮等四女（长女、三女早夭）；玉文的三子汉异，有劲、祺、恒、丰四子，让、惠、静、茹四女。培兰，字国香，清末开封优级师范地理专科毕业，善理财务。当年清华大学管理庶务的人一度空缺，友兰曾向校方推荐他就任。然他不愿离开其就职的南阳宛中，此事遂寝。毕其一生，主要精力用在家乡的教育事业上，为唐河早期的教育事业作出了重要的贡献。中华人民共和国成立后，曾被选为县人大代表，政协副主席。瀛兰，字海芬，清末开封中州公学法政专科毕业，民国初年曾任河南修武县法官和淅川、方城县承审，为人公正廉洁，为百姓所爱戴，惜天不假年，四十二岁而卒。丰兰，东北工学院毕业，任长治钢铁公司高级工程师。湘兰、劲兰、祺兰、恒兰，亦均颇有才华，且受过良好的教育，可惜含蕊未吐，即兰摧玉折，最大的只活了二十三岁。女子中间，让兰、静兰、茹兰最为有名。其中，让兰，北平女子师范大学国文系毕业，曾执教于天津南开中学。其夫君张岱年为我国现代著名的哲学家和哲学史家，北京大学教授。静兰，南阳女中高中部毕业，郑州冶金设计院干部。夫君许兆瑞毕业于中央大学土木工程系，高级工程师。茹兰，昆明医学院毕业，昆明铁路医院医师。

在冯府里有一个别致的印章，上面刻着"叔明归于冯氏"几字。这个"叔明"，就是友兰的夫人任载坤。她字叔明，是冯氏第七世中身份特殊的一员。1918年毕业于当时女界的最高学府北平女子师范学校，至河南女子师范学校执教。同年与友兰结成伉俪。人们常说，一个成功的男人背后站着一个伟大的女性。她就是这样的女性。她的子女们都说她有才，"有一双外科医生的巧手，还有很强的办事能力"。但她没有去发挥，而是心甘情愿地把自己的一切默默地奉献给了丈夫的事业，使其一辈子安心学问，不染庖厨之事。这令张岱年羡慕得要命，他曾说：

"冯先生做学问的条件没有人比得上。冯先生一辈子没有买过菜。"宗璞也说老父的生活基本上是水来湿手，饭来张口。她曾感慨道：父母"真像一个人分成两半，一半主做学问，一半主理家事，左右合契，毫发无间"。在西南联大时期生活困难，为了让友兰能安心著书立说、传道授业，任载坤毅然架起油锅炸麻花卖；"文革"期间，友兰蹲"牛棚"，她定期到"黑帮大院"给他理发，并天天站在远处的一块石头旁眺望。她病重时用力握着小女儿的手，嘱她照顾爸爸……凡此等等，令友兰感激不尽。他为自己有这样的贤妻而自豪。1982年访美时，他在机场上即兴吟了一首打油诗道：

早年读书赖慈母，中年事业有贤妻。

晚来又得女儿孝，扶我云天万里飞。

友兰一生得力于三位女性：母亲、夫人、女儿。1977年10月，任载坤辞世时，他曾痛作挽联悼念：

在昔相追随，同荣辱，共安危，出入相扶持，黄泉碧落君先去；

从今无牵挂，断名缰，破利锁，俯仰无愧怍，海阔天空我自飞。

1978年以后，中国实行改革开放政策，国门大开，与世界的交流空前增多。冯氏子弟在这洪流激荡的大时代，再一次扯起了奋进的风帆，成为弄潮儿。纵向比较，他们施展才华的领域，比先辈们宽广得多，航天、地质、水利、通讯、机电、电子、绘画、政治等行业都闪耀着冯氏子弟的身影。文学和教育依然是他们从事的主要职业，而在这方面出现的人才也远远多于上几代。钟字辈为第八世，男女共计三十六人（含殷甲后裔四人）。其中，鄂、寅、华、广、隽、燕、越、彦、睿、凰、芸、琏、潜、璞、潮、慈、瑶、珞、粒、粟等都受过高等教育。此辈子弟，都能遵循家风，刻苦攻读，以求服务社会，后来果然均有所成。除钟隽一人，郑州师范专科学校毕业后，于故邑唐河"南阳第三师范学校"任高级讲师之外，余者均远走高飞，散居于北京、咸阳、长治、郑州、孝感、贵阳及台湾地区、美国等。

冯钟越是冯友兰次子，中共党员，1931年12月31日生于北京。先后在

冯钟越 (1931—1982)

昆明、北京完成了小学、中学到大学的全部学业。他没有走父辈的哲学之路，而是选择了航空，成为飞机结构强度专家。长期从事飞机结构设计与强度研究工作，在新型歼击机结构强度计算与试验，航空结构分析系统(HAJIF)的开发研制和航空结构静、动、热强度试验现代化等方面作出了重要贡献，是我国飞机结构强度工作的开创者之一，有限元法应用研究的开拓者之一，开创了结构分析系统——中国计算力学的里程碑，等等。

小时候在昆明，经常遇到日本的飞机轰炸。他当时就想，长大后一定要造很大很好的飞机，把鬼子的飞机打走。于是，上大学时他选择了航空专业。1952年，钟越从清华大学航空系毕业。当时正值中华人民共和国成立不久，历经战乱、满目疮痍的祖国百废待兴，航空工业作为一个新兴的工业部门也开始起步建设。钟越当时正值年少，志趣高远，作为一个年轻的共产党员，他要洒热血于祖国最需要的地方。于是，放弃了留校和在北京工作的机会，毅然报名去西南，结果被分配到了东北——沈阳飞机制造厂。从此，成为一名活跃在我国航空战线上的"放鹰人"，为让我国的"雄鹰"——战斗机搏击长空尽心尽力。起初在东北，然后是西南，最后是西北，为了航天事业，钟越不断被调动。地点在变动，职务在变动，成就在扩大，不知不觉间他成了强度专家，不知不觉间他又成了总工程师……成功的鲜花，一路绽放。

尤其值得提出的是：1958年夏，冯钟越冒着酷暑到南昌飞机制造厂参加我国自行设计制造的初教6飞机的强度复查工作。同年，我国开始设计两种超音速歼击机——东风107和东风113飞机，钟越又参加了设计工作。1964年，我国开始自行设计第一架高空高速歼击机——歼8飞机。年轻的钟越又一马当先，负责全机的结构强度和试验工作。

由于他是歼8飞机研制的主要参加者，在歼8飞机设计中作出了重要贡献，因此，1987年6月，国家科学技术进步奖评审委员会授予他特等奖光荣册。1970年以后，冯钟越参加了歼9飞机设计方案的论证工作。1973年以后，他又组织领导了水轰5飞机、运7飞机、运8飞机、运10飞机的全机静力破坏试验。所有这些试验项目都做到了一次成功，满足了设计生产单位的定型要求。1978年3月18日，全国科学大会在北京召开。此时，冯钟越光荣地出席了大会……

正当钟越踌躇满志，意气风发，带领着他的团体，雄赳赳、气昂昂"攻城陷阵"、抢占航空科技高峰的时候，一个可怕的杀手盯住了他：结肠癌逼使他停止了呼吸！时间为1982年10月28日。其时他刚过五十岁，正值年旺，且学识渊博、经验丰富，心中有美好的设计，手头有未竟的事业。然而，天公悭吝，人力何为？

国内子弟，除钟璞（宗璞）、钟越外，钟广、钟燕、钟芸、钟潜、钟潮的影响最大。钟广、钟燕是景兰的次子、三子，钟芸、钟潜、钟潮是景兰的长女、次女和三女。或许是为了完成父亲的地质愿，除钟芸外，景兰的儿女们都从事着与地质、矿物有关的工作。钟广北京大学地质系毕业后，成为我国著名的地质学家，任中国地质情报所所长；钟燕亦于北京大学地质系毕业，任北京大学地质系教授、矿床学教研室主任；钟潜西南联大物理系毕业，中科院高能物理研究所研究员；钟潮清华大学机械系毕业，中科院金属研究所研究员（景兰长子钟豫为台湾水利专家，后文叙述）。这使我们想起了他们的爷爷台异，他曾从事过铁路勘测工作。他的这种与地质勘测相关的工作经历，或许对子孙们产生了潜在的影响，而他在文学方面的修养，则对子孙们产生了另一方面的影响。

冯钟芸是全国中小学教材审定委员会委员，民盟中央委员会委员，全国妇联执委会委员，中国古代文学专家，北京大学教授。西南联合大学中国语言文学系毕业，曾在中国的两个最高学府——清华大学、北京大学执教多年（毕业后先在清华大学中文系执教，清华文科并入北大后随往）。新中国成立后，教育部决定统一编写中学各科教材，著名作家、教育家叶圣陶主持其事，并通过教育部抽调一些大专院校的教师参与编写工作。钟芸便被抽调到人民教育出版社，参加编写新中国第一部教材。三年后返回北大，但仍兼作其事。从20世纪50年代到90年代，冯钟芸长期参与中学语文教材的编撰、审定及教学指导工作。香港回归后，还参加了香港中学语文教材的审定工作。离休后，仍参加教育部委托的中学语文教材审定工作。为中学语文教学作出了重要贡献。

1951年，冯钟芸与任继愈、女儿一起

21世纪初，新世界出版社出版了一套丛书——"名家心语"丛书，编辑出版一些老学者的学林随笔。入选作者"都是饱学之士，文章为能手，术业有专精。各人有各人的专门研究领域，都可以说是成绩斐然，蜚声士林"（季羡林《"名家心语丛书"序》）。冯钟芸的《芸叶集》入选其中。同入的还有季羡林的《千禧文存》，侯仁之的《晚晴集》，周一良的《郊叟曝言》，金开诚的《文化古今谈》，钟敬文的《婪尾集》，张岱年的《晚思集》，任继愈的《竹影集》等。

在《芸叶集》的"自序"中，钟芸结合着书名，谈了她一生读书的体会，并以此勉励青年人处理好读书与实践的关系：

芸是一种香草，叶片可用来防止蠹鱼。想想一辈子与书本打交道，钻书本太久，有似蠹鱼。读书是好事。只有"四人帮"时代，才把读书看成罪过。一个不读书的民族是可怜的，也是可悲的。但是读死书，不知尊重事实，"唯上、唯书"也很可怕。古人早已指出"尽信书不如无书"，是至理名言。读书是好事，钻进书中出不来，成了书蠹，就不好。芸叶有防蠹的作用，可用以防书蠹。既以书名，又以自警。弁以数言，与青年读者共勉。

钟芸的夫君任继愈更是当代文化名人。他是著名的哲学史家和宗教史家，曾为国家图书馆馆长。若将张岱年、任继愈也列入冯门，则冯府除出了友、景、恭三大家外，又有了三大哲学家。现代中国哲学史领域堪称大家者如今几人？而冯氏已独占其三矣！况还有沅君（恭兰）之夫陆侃如、钟璞夫君蔡仲德等，冯氏子弟成名成家者可谓众也！

镇字辈为第九世，人数与八世大致相同，散居海内外，目前亦各有所成。

据统计，冯氏子弟自第七世冯友兰一辈起，至第九世"镇"字辈止，具有大学学历的六十余人，博士学历的十余人。其中四十人毕业于北京大学、清华大学、巴黎大学、哈佛大学、哥伦比亚大学等世界著名大学，二十余人留学海外，二十余人成名成家。旧时"祁仪冯氏有三十六博士硕士、七十二学士"的说法，虽然有些夸大，但从上述数字看，南阳冯氏已确实是个人才济济、显赫一时的大家族了。

大洋彼岸

1964年的一天，冯培兰在故邑突然接到一封来信。这封信是用挂号寄的，它的内容惊得冯培兰几乎不敢相信自己的眼睛，令他与老伴数日神情恍惚，仿佛置身梦中。

信是六弟友兰自北京寄来的，信上说钟鲁（瀛兰的次子）自台湾赴美国观光，见到了旅居美国的钟辽（友兰的长子），托他转告国内：十五弟钟彦和十六弟钟睿均在台湾。这消息不啻平地一声雷，惊得培兰老两口半边脸笑、半边脸哭，全家人一会儿雨、一会儿晴。钟彦和钟睿是培兰的七子和八子，失踪已经十六年了。十六年来，家人一直在四处寻找，终是杳无音信，以为他们已羽化西归了。可怜老伴清泪流尽，培兰亦整日悲伤。

这封信自然地将我们的目光牵向远方，眺望海峡对岸，并纵目向洋，极目大洋彼岸。因为那里还有许多冯氏有作为的子弟。

钟鲁和钟凰（舫溪）最先到台湾。二人均为云昇的次子瀛兰的子女。他们是带着老母魏氏去台湾的。钟鲁在钟字辈男子中大排行老四，钟凰在钟字辈女子中大排行老二。钟鲁毕业于中央大学航空系，后成为航空工程师，曾任台湾"国立中央大学"地球物理研究所秘书、荣民工程处工程司主任等职。钟凰毕业于南京晓庄师范幼儿专业，后嫁给了温兰的儿子赵守忠。钟彦、钟睿初到台湾时尚年幼（彦大概十四岁，睿大概十二岁），上无片瓦遮天，下无寸土立锥，全靠这两位兄长和姐姐。当时钟鲁的房子也很紧张，就让老母和女儿合睡一床，腾出一个床位让两位小弟弟睡；二姐钟凰更是心疼两位弟弟，初一见面，看到他们饥饿寒冷的样子，就痛哭失声，以后便慈母般地关心他们。兄妹俩还缩衣节食，联手供应两位小弟上学，帮助其成家立业。钟彦毕业于台湾政工干校通讯系，成为无线电工程师；钟睿毕业于台湾政工干校美术系，成为知名画家，"四海画会"创始人、"五月画会"成员。

这其间，景兰的长子钟豫也到了台湾。钟豫清华大学土木系水利专业毕业后，曾留校任教。1946年被派往美国，参加由美国工程师萨凡奇博士领导的中国三峡工程的初步设计。1947年美国垦务局三峡工程设计停止后，回到中国。1948年冬天，又奉当时国民党政府资源委员会水力发电工程总处的派遣，前往台北，协助台湾电力公司修复被战争破坏的电力设施。当时以为去三两个月就可以回来，没想到这一去竟是四十年的漫长岁月。1988年，台湾当局放宽在台人员赴大陆探亲的限制后，他才得以回家探亲。当他风尘仆仆地从台北来到北京，拜见昔日的师长也是派他去台的领导张光斗老先生时，张老先生百感交集："当时说三个月就把你们接回来，哪儿知道……"望着当年风华正茂的英俊青年，如今已变成了两鬓苍苍的耄耋老人，张光斗哽咽得难以成声。

钟豫后来成为台湾有影响的水利专家。两岸往来开禁以后，他不顾年迈，积极致力于海峡两岸的水利交流，为中华民族的两大母亲河——黄河与长江的治理与开发出谋献策。关于黄河，他说，我们治理的黄河不仅是现在的黄河，还是未来的黄河，现在黄河的研究已走到世界的前列，如果想掌握更多未来黄河的变迁，需要我们加强前瞻研究，这就需要借助现代技术，吸收新的研究方法，认识黄河新的规律，让黄河造福中华民族。

他更有着解不开的三峡情结。20世纪40年代，他就参加过三峡工程的设计工作，90年代，他又三次来到让他魂牵梦绕的三峡。其间，还受三峡总公司总经理之邀，与当年参与三峡工程设计的十七位老一代水电专家一道，访问了三峡工地，亲眼目睹了三峡工程建设在新中国所发生的巨大变化。老先生们还共同完成了一本名为《长江三峡工程圆梦》的书，记录了老一代水电专家与三峡工程的不解情缘，以及他们对三峡工程的深刻理解。钟豫对三峡工程有很深的感情。他说，三峡工程经过了多年的考虑和长达几十年的论证，今天能够施工建设，是国家的经济力量增强的结果。"以三峡工程的规模及所需投入之巨大，其完成对国民利害影响之深远，其计划执行时所遭遇技术与移民之困难，使我认识到，决策与执行之责任，真是非常沉重。十年来，工程能以预期之进度推进，实在不简单。我想，这些所凭借的应是社会的组织、财力与决心，人才与技术的水平，尤其是领导人的卓越才能。"

钟豫去台湾以后，冯氏子弟在台已初步形成了一个小家族。小家族象征性的首领是冯魏氏，实际的核心是钟鲁。每年农历除夕，三弟一姊均携家带口到四哥家团聚。祖孙三代人，围坐在热气腾腾的火锅旁，一边品尝着独具风味的"南阳饺子"，一边听四哥讲说家史，在融融和睦的天伦之乐中，梳理着如烟如缕的思乡之情，咀嚼着祖先们创造的辉煌业绩。

后来，钟彦、钟睿双双移居美国，钟豫的妻子又离开了人世。台湾的冯氏子弟即夕阳挂梢，不比朝霞了。钟鲁每每念及，即生无限感伤情怀。

冯氏子弟中，最早在美利坚"开垦"扎根的是友兰的长子钟辽，在钟字辈男子中大排行老九。

1943年，抗日战争进入决战阶段。战地服务团举办译员训练班，为美国军事顾问培训翻译人员，钟辽报名参加培训。后来，随盟军西征，打击日寇。冯友兰因此而颇为自豪。他在《祭母文》中，记叙过这件事情，并意欲把这种自豪传达给母亲：

> 应盟军之东至，辽从军而远征。渡怒江而西进，旋奏绩于龙陵。继歼敌于遮放，今次师于畹町……虽名位之微卑，亦告慰于尊灵。

1945年3月，钟辽由国民党军事委员会外事局派往美国，进修有关空军翻译的知识。几个月后，日本投降，外事局认为这批人没用了，就每人发给一份回国的路费，让其自行回国。若不回国，在美的生活自理。钟辽得知父亲要来费城宾夕法尼亚大学当一年客座教授，就没有回国。以后便与父亲一起，在闻名世界的苏美尔学专家克雷默教授家住了一年。这是他涉足社会后，同父亲一起生活最长的一段时间。这期间，他考入宾夕法尼亚大学，毕业后成为美国的电机设计专家、工程师。

钟辽天资聪慧，并继承了能诗善文的家风，且诗、书、印三者兼治。小时候还会演戏，曾与西南联大同学一起演过巴金的《家》。他扮演觉新，汪曾祺扮演老更夫。高老太爷过世后，高家长辈令觉新的老婆瑞珏出城生产。钟辽穿一件烟色长衫，站在一排"长辈"面前，一派诚惶诚恐的样子，把剧中人觉新当时的神情活灵活现地演了出来，引得在台下观看的小妹妹宗璞一阵伤心，而且以后常常回忆起那令人伤心的情景。

后来钟辽虽然长期生活在竞争激烈的商业国度，却仍保持着从其父那儿继承来的心平气和、雍容大度的气质。20世纪80年代末，他曾用英文译

冯家故宅原来的建筑物已被"现代"掉了，但幸好还有银杏树在，它和腊梅花一起昭示着冯氏家族曾经的生活痕迹

了一首南北宋之交的隐逸词人朱敦儒的《西江月》寄给妹妹。该译作十分清晰地表露了其追求逍遥舒放、悠然自得境界的心态：

日日深杯酒满，朝朝小圃花开，自歌自舞自开怀，无拘无束无碍。青史几番春梦，红尘多少奇才，不消计较与安排，领取而今现在。

20世纪70年代，钟睿赴美国举办个人画展，一下飞机，就见九哥钟辽在机场等候。画展期间，钟辽给了这位十六弟无微不至的关怀。后来他和十五哥钟彦一起移居美国。兄弟三人互相关心爱护，身居异邦而不感孤独。

"江山代有才人出，各领风骚数百年。"冯氏家族真可谓代有才人出。当年台异定的不希望代代出翰林，但希望代代出秀才的目标，在每一代人的身上都达到了。七、八世之鼎盛自不必说，刚出茅庐的九世也是风头正健。除中国大陆之外，国外和台湾有作为的还有十余人。如：镇宇（钟睿长子），美国加州大学毕业，工艺美术家；镇岱（钟越之子），美国匹兹堡卡内基梅隆大学人工智能博士，现为自动控制专家；镇遥（钟睿次子），美国加州大学毕业，曾留学维也纳，从事电脑绘画；允棣（钟豫之子），美国宾州州立大学机械工程系毕业，博士；镇凡（钟鲁长女），台湾大学经济系毕业，台湾银行总行国外部副经理；钟怡（钟鲁次女），台湾"国立中央大学"地政系毕业，中广公司编审；镇蓝（钟睿之女），美国伊利诺大学物理硕士；涵棣（钟豫之女），美国芝加哥大学心理学博士；冯恺（久丽，钟辽长女），美国堪萨斯大学电机系毕业，德州大学电机硕士，现为工程师；冯崃（雯棣，钟辽次女），美国哈佛大学毕业，法律博士，律师……

而今，海外的冯氏子弟多数居住在美国，逐渐在那里生根繁衍，成为南阳冯氏家庭的一个重要分支，与国内的祁仪和北京遥相呼应。

　　他们虽身在异域，心却无时无刻不在思念故国、思念亲人。1982年，冯友兰访美，孙儿冯岱用小车推着他去观赏世界最大的瀑布群——尼亚加拉大瀑布。在感受大自然的雄奇玄妙之时，祖孙两代人的精神世界也水乳般融在了一起。宗璞在游了大瀑布之后，写了一篇颇有气势的散文——《奔落的雪原——北美观瀑记》。她写道：

　　水色碧绿，到悬崖边时，忽然变作了大块的雪，轰然落下，溅起无数水花，使得瀑布下部宛如在云雾中。大雪块不断崩落下来，云雾不断升起……啊，奔跑而崩落了，崩落了还继续奔跑着的雪原！……大瀑布不管灯光怎样变换，只顾奔跑着，跌落着，跳跃着，夜以继日地给人忘却一切的喜悦……辉煌的激昂慷慨的乐章结束了，这里是一段慢板，徐缓悠扬。湖水从山羊岛分开，流过各种形状的石头，水清见底，从容不迫。到三姊妹岛时水面很宽，却越流越急。下面便是马掌瀑布了。绿浪时起，汹涌的水波似乎比我们站的地方还高，它们准备着，准备加入到奔落的雪原中去。

　　而今是全球化的时代，中华民族正以奔跑的姿态加入到全球化的滚滚"雪原"之中。而冯氏子孙，无论海内海外，也正在"准备着，准备加入到奔落的雪原中去"。

　　在上篇文章的结尾，宗璞还说："生活中美好的事物是没有穷尽的。叹为观止的景色还没有止。留着让人向往，让人期待，让人悬念。"那好，就让我们带着这种信念，收拾好我们一路走来时的心绪，悄悄地与冯氏的子孙们挥手作别吧！

结语

冯氏家族家教启示录

◎

南阳冯氏家族之所以人才辈出，在许多行业都取得了骄人成绩，原因固然较多，但有一个原因则显得更为重要，那就是冯氏家风。这一家风像一条无形的红线，贯穿于冯氏子弟的心中，形成一种强大的助推力，推动着他们奋力拼搏、创造佳绩。冯友兰说他们的家风是"耕读"。纵观冯氏家族，真正意义上的"耕读"时间并不长久，概三世左右而已。前几世经商，兼及"耕种"，但基本不"读"。自七世一辈开始即转入治学为仕为主，至八世一辈以后，几乎无人再"耕"了。"耕读"也就变成了只"读"不"耕"。然而，这只是冯氏家族生存方式的改变，并不意味着"耕读"家风的消亡。生存方式的改变，虽然为冯氏家风注入了新的内涵，但其精神内核并未改变。按照冯友兰"抽象继承法"的说法，"耕读"家风被冯氏弟子"抽象"地继承了下来。所谓"冯氏家风"实际就是一种精神，其基本内涵是：注重子弟的启蒙教育；鼓励子弟以一种积极、开放的姿态，投身社会，勤奋工作，在各自的领域建功立业。它是冯氏子弟奋斗不息的一面旗帜。

倚树听流泉——唐河冯氏家族文化评传

玉文办学

冯氏先祖南下河南唐河是为了经商的。然而，在经商发达之后，他们却将谋生的重心转向了"耕田"。转向的深层原因自然是社会大环境的影响。我国是个重农抑商的国度，商人再有钱在社会上也没有地位。南阳一带更是如此。这里自古即有"耕读"之风，清中叶以后更盛，光祁仪小镇的各种学馆私塾就有许多。冯氏虽然是祁仪镇经济上的"巨人"，然而在人们心目中的地位却并不"高大"，五世祖玉文幼时还常受镇上恶棍的欺负。这也便促使冯氏子弟痛下决心，购置土地，培养明事理、能做官的学子，从而实现生存方式的转变：由"商"而"耕"，进而形成"耕读"家风。"耕读"是古时一般殷实之家所尊崇的一种家风。它强调"耕"，也重视"读"，以"耕"持家，援助读书，然后又以"读"博取功名，荫翳门庭，加重"耕"的砝码。两者相辅相成。

冯玉文是这一家风的奠基人。

幼年的遭遇使玉文意识到，必须有一个取得功名的人出现，方能荫佑门庭，摆脱恶流的欺凌。于是他痛下决心，不惜血本，教育子弟。他在宅院里专门辟出一个家塾院，俗称"学屋院"，然后重金聘请当地名师执教。"祁仪人称冯友兰先生家为'复盛馆'冯家。至清末，冯玉文公在祁仪镇酿酒致富，始延师教其三子读书。……三兄弟皆中秀才。树侯于中秀才后，连中举人，在县城作教谕。复进京会试，中进士，作湖北崇阳县知县。故复盛馆冯家成为祁仪之望族首富。"（黄子瑞《祁仪镇与冯友兰》，引自《冯友兰与故乡》，河南人民出版社1995年版，第3页）"至五世祖讳玉文始重文，延请名师教育子弟，进入书香门第、耕读传家之列。"（冯钟粒《读〈三松堂自序〉家事部分随笔》，引自《冯友兰与故乡》，河南人民出版社1995年版，第7页）冯玉文对聘来的老师非常尊重，每天早上总是早早起床，穿好长衫，到老师床前施礼，恭请老师起床就餐。每顿饭他都要亲自作陪。家里人吃饭十分简单，而对老师的饭食却从不马虎，总是想方设法进行招待。对待赵一士，最能反映冯玉文延师重教的虔诚。

在子女教育方面，玉文规定：男孩子七岁上学，到"学屋院"听先生授课；女孩子七岁以后，也同男孩子一起上学，但过了十岁就不准上学了。读书的顺序也有讲究：先读《三字经》，再读《论语》，接着读《孟子》，最后读《大学》和《中庸》。一本书要从头背到尾，才算 "读"完，这叫做"包本"。有些私塾读"四书"，不仅要学生背诵正文，还要背朱（朱熹）注。不过，冯家并没有这样要求。"四书"读完之后，就读经书。首先读《诗经》，因为它是韵文，读起来容易上口，能够引起学生们的兴趣。当时一般的私塾，要求学生读一些记诵典故和辞藻以备作八股文、试帖诗之用的书，如《幼学琼林》《龙文鞭影》之类，冯家没有这样要求。冯友兰说："在我们家的私塾中倒读过一本新出的书，叫做《地球韵言》，这是一种讲地理的普及读物。地理在当时也算是一种'新学'。我们家的那个私塾，也算是新旧兼备了。"（冯友兰《三松堂全集》第一卷，河南人民出版社2001年第2版，第7页）

这是知识教育。除此之外，冯玉文还要对子弟进行"思想"教育。告诫他们要艰苦朴素，不忘稼穑，立德修身。玉文晚年时，冯家已经是大家族了，家里经常有二三十口人吃饭。为了管好这个大家庭，他集其一生的经验，制定了一些办法，形成了一套家规。

玉文没能活到儿子考上进士即撒手西归了。然而，台异的成功，毕竟是他奠定的基础，既包括经济基础，也包括教育基础。人的成才少不了这些基础。没有物质的支持难以培育英才，没有科学的教育方法也难以培育英才。玉文的成功，在于其为子女提供了这两种"基础"保证。

云异、台异、汉异和士均等便是玉文教育理念的直接受益者。他们长大以后又延续了这一家风，并有新的发展。云异撰写了《训子侄四章》；台异和夫人清芝，在对子女进行教育的过程中，结合着家族的传统经验，形成了一套相当科学的教育方法，成功地培养出了冯友兰、冯景兰、冯沅君三位驰名海内外的子女。

冯友兰说："我们这一门有一种作诗的家风。"冯玉文又是这一家风的奠基人。"祖父曾经去考过秀才，本来是可以录取的，不知道怎么跟当时的县官闹了点别扭，有人劝祖父去疏通，祖父不肯，就没有录取。祖父从此就不再去应试了，一生没有取得任何功名。可是他的诗作得很好，他作的不是应付科举的试帖诗，而确实是一种文学作品，传下来的几十首诗，编为《梅村诗稿》。他的诗有一种冲淡闲适之趣。"（冯友兰《三松堂全集》第一卷，河南人民出版社2001年第2版，第5页）

玉文的这一天赋与爱好对其家风影响很大。三个儿子都能作诗。其中，长子云异有《知非斋诗集》存世；次子台异有《复斋诗集》存世；三子汉异除能作诗还擅长书法。女儿中也有会吟诗作赋的。其中士均的诗艺最精，有《梅花窗诗草》存世。士均为南阳冯氏家族的第一代才女。她之后，冯氏又出了两代才女。一是玉文的孙女，"五四"红极一时的作家沅君；一是玉文的曾孙女，驰名中外的当代著名女作家宗璞（冯钟璞）。再往后，宗璞的侄女、钟辽的次女冯峎也能作诗。为此，冯友兰专门为她赋诗一首，赞道："我家代代生才女，更出梅花四世新。"（"梅花"暗示士均《梅花窗诗草》）这些才女的卓然业绩，更增添了南阳冯氏"书香门第"的分量。

云异立规

　　云异一生淡泊名利，热衷于吟诗作赋，自得逍遥。然而对子弟教育，却丝毫不肯含糊。

　　前文已论及，冯府至云异主持的时候，已是规模空前的大家族了。人口多，家庭事物繁累。针对这一情况，他觉得必须立家规，加强家风教育。为此，他结合着自己的人生经验，以韵文的形式撰写出了《训子侄四章》，系统提出了家风、家教主张，以作为子孙们的行为规范：

> 读书万卷道无穷，扼要一言执厥中。
> 莫学浮华新习气，谨遵纯朴旧家风。
> 但能遏欲斯存理，若不徇私即大公。
> 寄语儿孙须记取，自来本色是英雄。
>
> 燕山丹桂五枝芳，训子谆谆守义方。
> 物朴偏能延岁月，花娇多不耐风霜。
> 绮罗华丽寒难御，黍粟虽粗味却长。
> 寄语儿孙须记取，此中甘苦我亲尝。
>
> 性情优劣在遗传，最易迁移是少年。

自古有为先有守，此心无欲即无偏。

辛勤稼穑食恒足，孝友家庭子自贤。

寄语儿孙须记取，读书且莫弃耕田。

无论守旧与维新，到底男儿贵立身。

有势利心难免俗，知诗书味不骄人。

无源沟浍流终涸，不义金银富易贫。

寄语儿孙须记取，欲知后果看前因。

　　《训子侄四章》开宗明义，告诫子弟："莫学浮华新习气，谨遵纯朴旧家风。"这里的"新"是作为下句的"旧"对举而用的，并非指"新鲜""新进"之意，它强调的是"浮华之气"。遏制贪欲，追求本真，力避浮华，是弟子们所必须坚守的，"自来本色是英雄"。

　　第二章仍然强调"本色"（它的对立面就是"浮华"）的重要，它是子弟需要坚守的"义方"。认为只有守此"义方"，才能抵御各种诱惑，守住眼前的幸福，求得未来的发展。以"物朴"能延岁月与"花娇"不耐风霜对举，"绮罗"难御严寒与"黍粟"韵味悠长对举，告诫子弟，朴实无华能绵延不绝，华而不实则难以长久。

　　第三章继续谈"守义""守心"，依然强调要守住"本色"。但这一节有了新的拓展："辛勤稼穑食恒足，孝友家庭子自贤。寄语儿孙须记取，读书且莫弃耕田。""辛勤稼穑""孝友家庭""读书耕田"的概念提了出来——这不仅谈论了"立身"之道，也谈论了"立家"之本。"读书且莫弃耕田"是旧时代大家族的"立家"之本，是"耕读"家风得以传承的重要保证。云异在这里予以强调，除了它反映了大家族普遍的生存愿望和传家方略之外，还与冯家自身的经历有关。云异的爷爷殿吉公立家时，家里本还有18顷土地，日子过得还算不错。但此公生性好游，荒于稼穑，以致家道衰弱。他死后，留下孤儿寡母，倍受乡间恶少欺凌。后来，虽经遗孀苦干苦熬，儿子勤奋操持，冯家最终得以走向"复盛"，然而，这一段痛苦的记忆却铭刻在后辈的心中。云异的苦心是告诫子侄，勿忘前车之鉴，不学浮华之气，本真做人，勤于稼穑，既读书又耕田，以保冯氏基业世代永昌。可以说，云异对冯氏的"耕读"家风作了具体解释。

第四章继续前三章的思路，联系当时的社会现实进行立论，指出："无论守旧与维新，到底男儿贵立身。"当时情况，中国正处于激烈的转型期，各种思潮交汇、碰撞。冯家作为新崛起的封建大家族，思想并不守旧，但也一样面临着应对与抉择的现实，所以"守旧"与"维新"的问题就尖锐地摆在了面前。在"新""旧"问题上，冯氏基本持开放的态度，但仍然强调"立身"。靠什么来"立身"？依据仍然是守住"本色"，坚持"耕读"："有势利心难免俗，知诗书味不骄人。无源沟浍流终涸，不义金银富易贫。""本色"做人即能免贪脱俗，知书达理便可去掉骄横；坚持耕读源远流长，投机取巧虽富易贫。做人靠本色，传家凭耕读。舍此，一切终将是无源之水，无本之木。

通观《训子侄四章》，可以看出冯氏对"德"的重视。他们始终把"德"放在首位，"立人""立家"首要靠它。这里面清晰地体现了中华民族的传统美德，也折射出了冯氏家族越来越旺、冯氏子弟人才辈出的深层原因。

《训子侄四章》是云异为给子孙们建立行为规范而作的。它从"养习""守义""耕读""立身"四个方面，谈了云异的教育见解和人生体会，有理有据，情理兼备；每一章均以"寄语儿孙须记取"作结，又彰显其苦口婆心、谆谆教诲之意。其实，云异谈的根本问题有两个：一是"立身"。这是最为关键的。"立身"自然从"养习""守义"开始；二是"耕读"。"立身"是"耕读"的重要前提，但"耕读"又是"立身"的可靠保证。"立身"讲的是为人之本，而"耕读"则更多的是讲生存之根。二者的完美结合，才是"立家"之宝。

需要指出的是，《训子侄四章》虽然出自云异之手，但却应是冯氏几代人教育经验的总结，是冯氏集体智慧的结晶，具有"冯氏家训"的性质。

除云异之外，台异夫妇也非常重视子女教育，并提出了一些好的教育理念。台异告诉妻子，在孩子学习新知识之前，一定要把中文学好。他的"打好中文底子"的理念获得了巨大成功，使冯氏后世子孙受益无穷。台异去世后，妻子吴清芝继续按照这一理念对三个子女进行教育，使得他们都有很深厚的文学造诣，友兰兄弟颇善诗文，淑兰成为著名的文学家。他们又继续贯彻这一方针，教育自己的子弟，使下一代又出现了一个著名作家冯钟璞（宗璞）。其他如钟豫、钟辽、钟越们，虽以理科名世，但诗词写得颇精。钟芸为大学中文教授，全国中小学教材审定委员会委员，中国古代文学专家。可以说，从冯玉文朦朦胧胧地延师教子，到冯台异力主"打好中文底子"，冯氏教育子弟的方向越来越明确，办法也越来越科学。吴清芝是冯氏教育理念的出色执行者。她的注重孩子学习习惯养成、"恒心"教育、思想品性与心理健康教育以及重视学习内容的考究等都是颇有价值的教育理念与办法。

以冯友兰兄妹为代表的冯氏子弟，纷纷献身文化、科技、教育事业，崇尚质朴，不慕浮华，克勤克俭，追求卓越，是冯氏家规与教育理念结下的硕果。

友兰论教

冯友兰曾多次说，一个人的成功有三个条件：天赋、勤奋和机遇。其中勤奋是决定因素。不勤奋，良好的天赋无从发挥，天赐良机也不能很好地利用。他们兄妹一生勤奋，成就斐然。这与母亲早年的教育是分不开的。这一传统他们一直延续下来，成为家风的组成部分。宗璞曾说，父亲平常没有什么休闲娱乐，唯一的爱好就是读书，所以我们也就养成了喜欢读书的习惯。正因如此，家里也就没有麻将牌、扑克牌之类。

冯友兰平时忙，没时间管孩子。但闲暇的时候，也喜欢与孩子们交流，给他们讲笑话，笑话里常常蕴含着哲学知识或道理。如讲柏拉图买面包的故事。说一天早上，柏拉图与学生论学，突然觉得饿了，就叫前排的学生到街上去给他买个面包，学生迅速跑出去，一会儿又空着手跑了回来，禀告柏拉图："老师，街上没有'面包'，只有'大'面包和'小'面包！"柏拉图告诉学生："要大的！"学生一溜烟跑了出去，一会儿又空着手回来了，说："老师，街上只有'大的圆的'面包，'大的方的'面包，没有'大面包'！"老师说："请你赶快给我买一个'大的圆的'面包来，我已经很饿了！"学生再次跑出去，一会儿又两手空空地回来，气喘吁吁地说："商店里只有'大的圆的白色的'面包、'大的圆的黄色的'面包和'大的方的白色的'面包、'大的方的黄色的'面包，没有'大的圆的'面包"……喜欢讲抽象的"面包"的柏拉图最后饿死了。

这是坊间流传的讽刺柏拉图理念论的笑话，名叫"柏拉图的面包"。

据说是冯友兰最先在中国讲这个故事的，宗璞他们有幸，小时候就有机会当面聆听"最先讲述者"的讲述。

冯友兰教育子女喜欢采用启发式。宗璞小时候，他用白居易的《百炼镜》启发她要善于从别人身上学习一些好东西，找到自己玩耍失利的原因。他那浅显明晰的讲解和抑扬顿挫的朗诵深深吸引住了小宗璞，使她对古诗词产生了浓厚的兴趣。冯友兰也及时发现了她的这种兴趣，以后每有时间就教她背古诗词。到上小学的时候，宗璞已养成了一个良好的习惯：每天早晨上学离家时，先背着书包到父母床前，把刚学会的诗词背诵一遍。

与前辈们不同，冯友兰关于教育问题的论述已不再局限于家庭内部，甚至可以说，主要的已不再针对自己的子弟，而是针对社会大众的子弟。他不再是以冯氏家族的一员或冯氏晚辈的长者身份，为冯氏子弟立规、说教，而是作为教育家、公众人物，对大众子弟进行施教。冯友兰是一位大哲学家、哲学史家，也是一位大教育家，他在教育方面取得的成就也已经得到了学界的重视。

关于冯友兰对教育事业的贡献，有学者归结为三点：一是教学六十余年，培养了一代又一代的哲学与哲学史专家学者。二是作为清华大学校秘书长、校务会与评议会成员，协助罗家伦、梅贻琦促成清华教育独立，并对清华大学的建设、发展与教授治校、思想自由、兼容并包传统的形成有所贡献。作为校务会议主席，在罗家伦辞职、梅贻琦离校后两次代理校务，艰苦支撑，使清华教学得以照常进行，不致中断。此外，冯友兰还通过其他几件事，为清华作出贡献。三是担任清华大学文学院院长近二十年，倡导并促成在全国高校中独树一帜的清华学派。

对于清华学派的形成与发展，冯友兰所起的作用，除在文学院具体工作中加以倡导以外，还突出表现于两个方面："一是通过《中国近年研究史学之新趋势》(1935年5月)、《近年史学界对于中国古史之看法》(1935年5月)、《〈古史辨〉第六册序》(1937年1月)明确提出'释古'主张，……将清华文科共同的学术风格上升到了理论形态，这种理论形态的出现是清华学派成熟的突出标志。二是写出《中国哲学史》两卷本、《中国哲学简史》，写出《新理学》《新事论》《新世训》《新原人》《新原道》《新知言》等'贞元六书'，为清华学派提供了'释古'与创新的范本，也向世人显示了清华学派的辉煌业绩。"（蔡仲德《论教育家冯友兰》，《浙江社会科学》2001年第6期，第148—159页）

冯友兰一生从事教育事业，对中学和大学教育都有论述，尤其是大学教育。他认为，大学不是教育部高等教育司的一个科，它有自己的职能，"严格说，一个大学应该是独立的，不受任何干涉。"大学"有两重作用：一方面它是教育机关，一方面它又是研究机关；教育的任务是传授人类已有的知识，研究的任务则在求新知识。……它对人类社会所负的任务用一句老话说就是'继往开来'"；"大学不是职业学校，不只在训练职业人才。""人类所有的知识学问对于人生的作用，有的很容易看出来，有的短时间甚至永远看不出来。就世俗说有些学问是有用的，有些学问就没用；可是一个大学就应该特别着重这些学问，因为有用的学问已有职业学校及工厂去做了。'红'的、有出路的学问大学应该研究；而'冷僻'的、没有出路的学问，大学更应该研究"；"大学不是宣传机关"，大学教育出来的是"人"而不是"器"，"器是一种工具，别人可以利用它达到某种目的"，而"人"则"除了有专门才能贡献人类外，……对于世界社会有他自己的认识看法，对已往及现在所有有价值的东西——文学、美术、音乐等都能欣赏……所以大学教育除了给人一专门知识外，还培养成一个清楚的脑子、热烈的心，这样他对社会才可以了解、判断，对已往现在所有的有价值的东西才可以欣赏。有了清楚的脑、热烈的心以后，他对于人生、社会的看法如何，那是他自己的事，他不能只在接受已有的结论"。（冯友兰《论大学教育》，引自《三松堂全集》第十四卷，河南人民出版社2001年第2版，第160—162页）

冯友兰的教育思想较为丰富，我们这里不想全面论述，只简单谈谈他在教育学生时所形成的一些方法或理念。

对学生的要求既严格又自由，鼓励他们独立思考、探索创新。1949年中华人民共和国成立之后，直至1990年，冯友兰先后在清华大学、北京大学专任哲学系教授，开设中国哲学史、中国哲学史史料学等课程，指导研究生。他给学生讲课，总是采用"循循善诱"的方法，从不把自己的观点强加于学生。对不同观点甚至与己对立的观点，也不"针锋相对""口诛笔伐"，而是"摆事实，讲道理"。只要是学术问题，他对它们都一律予以尊重。蒙培元回忆说："我逐渐感觉到，先生对学生的要求既严格又自由。所谓严格，是指在学业上，在知识的掌握上，必须按计划进行，不可有丝毫放松，不可有任何'躐等'，学风要严谨，功夫要扎实。……所谓自由，是指研究方法、范围和观点方面，先生给学生以充分的自由，并无任何限制，更没有'门户'之见。他所关心的是分析能力、学术水准、理论水平，而不是观点本身。只要你'言之成理，持之有故'，他并不在乎你的观点与他相同还是不同。他要求学生要独立思考，有独创精神，即使是提出'非常奇怪之论'，如果有事实依据和理论价值，他也是很赞赏的。"蒙培元在理学研究方面，观点与老师并不一致，每向老师请教，冯友兰都欣然作答，并支持他的探索。后来，他由理学研究进入中国哲学史专题研究，第一个课题是"心性论"。考虑到老师冯友兰先生过去对中国哲学心性问题不像理气问题那样重视，而且同熊十力的观点有分歧，心里有些顾虑。但冯友兰知道他的打算之后，不仅不反对，而且立即予以支持。"在先生的鼓励与支持下，我完成《中国心性论》一书。这本书多与先生以前所论不合，但值得欣慰的是，冯先生是支持我写这本书的第一位哲学家。"（蒙培元《回忆与断想》，引自单纯、旷昕主编《解读冯友兰·学人纪念卷》，海天出版社1998年版，第136—137页）

读书求"融会贯通"。冯友兰告诉弟子陈战国："我读书从来不做笔记，只求融会贯通。"陈战国回忆说："我跟先生学的虽说是哲学史，但体会最深、收获最大的却不在哲学史之中，而在哲学史之外。其中，先生教我的读书方法，就够我一辈子受用无穷。……先生把他教我的读书方法概括为四点：(1)精其选；(2)解其言；(3)知其意；(4)明其理。……以我理解，先生为我指定的书目，就是'精其选'；让我逐字逐句解释《老子注》，就是'解其言'；'读书得间'即是'知其意'；'融会贯通'即是'明其理'。"老师告诉他，读书仅至于得其意还不行，还要明其理。"明理才不会为前人的意所误，才会有自己的意。有了自己的意之后，再读书时便可以把自己的意和前人的意互相比较、互相补充、互相纠正，就能明了前人的认识是对是错，是深是浅，是偏是全，就能把哲学家们之间的隔阂打通了，就能把自己与前人的思想打通了。读书读到这个程度就能把书为我所用，把死书读活，这才算把书读到家了。"（陈战国《先生教我读书——纪念冯先生诞辰一百周年》，引自单纯、旷昕主编《解读冯友兰·学人纪念卷》，海天出版社1998年版，第172—176页）冯友兰教陈战国读书时已经八十余岁高龄了，他所谈的读书方法，是其一生的读书体会，颇有使用价值与研究价值。

冯友兰兄妹一生致力于文化教育事业，在执教、治学方面都有一套好的方法，都有值得借鉴、研究的价值。冯沅君有一句名言："做学问，功夫要死，心眼要活。"所谓"功夫要死"，就是要肯下苦功，博览深钻，不能玩花架子；所谓"心眼要活"，就是要肯动脑筋，勤于思考，有所创见，不能人云亦云。她一生作了大量的读书笔记，遗留下来装订成册的多达几百万字。仅写《古优解》《汉赋与古优》《古优解补正》三篇论文，就引用了古今中外的文献资料达一百多种。而这三篇论文，连同引文在内也不过十万字左右，真可谓"博观而约取"。

后记

◎

　　中华民族的祖先曾经创造了光辉灿烂的古代文明，引起了千万代子孙的自豪。然而，漫长的封建社会与封建意识制约下渐趋疲沓与闭锁的国民性格同时又在吞噬着这种文明，尤其是吞噬着创造文明的活力，使得我们的民族渐渐趋向封闭、衰弱，以致被动挨打。1840年鸦片战争，帝国主义的大炮轰开了中国紧闭的大门。古老的中华文明被迫与西方文明交锋，几近一败涂地。一种亡国灭种的感觉猛袭着一些有识之士，促使他们惊醒。他们开始反思，在祖先传递下来的文明后面打上重重的问号；他们开始求索，向一向为自己看不上眼的"夷人"寻觅富国强兵之道。起初，这种反思与求索在认识上还是颇为表面的，只是为了改良我们的武器，引进西方的科技，以图"以夷制夷"。之后，才一步一步地加深，认识到封建专制政体的腐败是一切衰败落后的根源。随着资产阶级革命的开展与封建复辟丑剧的接连上演，他们又进一步认识到封建意识和封建思想是社会前进的最大障碍，不彻底清除这些残渣余孽，中国就无法自强，现代化也根本无从谈起。于是，爆发了一场空前猛烈的思想解放运动——扫荡封建思想的思想革命运动，史称新文化运动。这是反思与求索的质的飞跃，也是我们中华民族不断奋进求变精神的新的体现。

自鸦片战争之后，中国实际上已被迫开始了现代化（近代化）的进程。时势造英雄。在这横跨两个世纪的大反思与大求索的过程中，诞生了许许多多的社会文化变革的先行者。他们为治疗民族"病体"所开的"药方"与投入的劳作虽不尽相同，然而却均以各自的追求与创造，加入了这一大的历史洪流，成为民族文化与民族精神建设的精英。

冯友兰、冯景兰、冯沅君、冯钟豫、冯钟越、冯钟广、冯钟燕、冯钟芸、冯钟潜、冯钟璞（宗璞）、冯钟潮以及陆侃如、张岱年、任继愈、蔡仲德等便是其中的翘楚。

中华民族自古就有一种奋进有为、不断求索的精神。"失落自我"的时间是短暂的（这短暂的失落又在孕育着新的转机）。这也是我们这个民族之所以历久弥新、屡摧不垮，并最终成为世界上唯一一个文化传统没有中断的古老民族的根本原因。这种精神经过鸦片战争后一百年的打击与洗礼，又滋生了新的内容，焕发了新的活力。新中国成立之初，印度代表团访问中国，代表团中一个德里大学的哲学教授告诉冯友兰，印度所缺少的就是中国这种朝气蓬勃的气象和奋发有为的精神。他认为，这是中国经历了革命而印度没有经历革命造成的。冯友兰晚年还在掂量着这句话的含量。他在《三松堂自序》中说："在五十年代，在中国人民中，无论男女老少，无论哪个阶级、哪个阶层，都有他所说的这种精神。只要共产党一声令下，全国的人都是同心同德，全力以赴。……十年动乱，表面上打着革命的大旗，实际上是打击了这种精神，挫伤了这种精神。因为这种精神是一种理想，一种信念鼓舞起来的，一鼓作气，势不可挡。经过十年动乱，有些人的理想幻灭了，信念动摇了。气可鼓而不可泄，要是泄了气，再想鼓起来，就不会像泄气那么容易，这是十年动乱给中华民族的最大的创伤、最大的后遗症。"冯友兰一直很重视这种精神，认为这是中国的国风养育出来的。早在抗日战争全面爆发的第三年（1939年），他就在《赞中华》中坚定地写道："在这些方面世界上没有一个民族，能望及中国的项背。在眼前这个不平等的战争中，我们还靠这种国风支持下去。我们可以说，在过去我们在这种国风里生存，在将来我们还要在这种国风里得救。"

在写作《三松堂自序》的最后几段文字时，冯友兰已经八十九岁了。他再一次谈到对中华民族与中国文化的信心，并表示要为振兴中华作出新的贡献。他说自己1946年去美国讲中国文化觉得有些自卑，心里很不舒服。而1982年再去美国感觉就不同了。"这次我到美国，虽然讲的也是中国的东西，但是心情完全不同了。自卑感变成了自豪感，不舒服变成了舒服。中华民族的古老文化虽然已经过去了，但它也是将来中国新文化的一个来源，它不仅是过去的终点，也是将来的起点。将来中国的现代化成功，它将成为世界上最古也是最新的国家。……在振兴中华的伟大事业中，每一个中华民族的成员，都应该尽其力之所及做一点事。我所能做的事就是把中国古典哲学中的有永久价值的东西阐发出来，以作为中国哲学发展的养料。"这段话令张岱年很感动。他说："这是一个爱国主义哲学家出自肺腑的心声""读起来令人亲切，感受到一个不断追求真理的哲人的爱国的赤心"。而一个青年学者则告诉他："我读了冯先生这段文章，不禁要落下泪来。"

这就是冯友兰的精神。正是这种精神，促使他无论在怎样艰难的情况下，都不放弃追求，都要有所作为——抗战时期，在国难当头，居无定所，生活极其艰苦的情况下，创作"六书"，建立自己的哲学体系；新中国成立以后，面对空前强大的政治压力，一边检讨、反思，一边又不弃作为，时时发出令时人惊异的新论；尤其是晚年，在耳目失其聪明，生活难以自理的情况下，以九十五岁高龄完成巨著《中国哲学史新编》。没有这种精神，这一切都是不可想象的。这是一种罕遇的奇行，一种精神的极致。唯大智者方能如此。

其实，本传中有作为的冯氏子孙都有这种精神，只是程度不同而已。这也是中国的国风所养育的。冯氏家族的这种前赴后继、奋进求索的精神，也深深地感染了我，坚定了我克服困难、完成写作的信心。为写好此书，2004年12月4日，我专程到北京采访宗璞。在那里，我再一次受到这种精神与气韵的感染与熏陶。当时已是初冬，北京的天气较冷，但在三松堂里却倍感温暖，浑身被一种浓浓的文化暖意所包裹着。其时，蔡仲德先生新丧，偌大的三松堂只有宗璞先生一人"镇守"，其状不免有些凄凉。但我丝毫没有感受到这种凄凉。我当时很受感动，便写了篇随感式的采访记——《燕园访宗璞》，发表在2005年2月22日《人民日报》上。在这篇文章的最后，我写道：

我是带着感奋的心情离开"三松堂"的。宗璞先生站在门口向我们挥手作别，带着慈祥与安逸的神情。

在"三松堂"，我再一次感受到了精神的力量。这里是生长精神的殿堂。当年，八十多岁的冯友兰先生，忍着耳聋目盲、老伴谢世等多重困苦与打击，以常人难以想象的毅力，写作了整整七册、洋洋一百五十万言的《中国哲学史新编》。而今，他的女儿宗璞先生，又忍着体弱多病、痛失夫君的困苦，写作她的《野葫芦引》第三部《西征记》。《野葫芦引》的前两部《南渡记》和《东藏记》以及她的大量优美的散文，也是伴随着作者父母去世、夫君患病等诸多痛苦而诞生的。这些困苦只在先生心中，而当她形成文字时，却又总是散发着清淡、幽雅的芳香，流动着柔和、温馨的气息。她极善于以淡妆浓抹总相宜的笔调，描述一种美好的人生，一种纯洁的心灵，一种高尚的精神，创造一个和谐境界，使漂泊不居的灵魂有一个美丽的"挂搭处"。在这里，她同父亲有着极强的一致性。父亲一生都在构筑人生的"最高境界"，只是没有来得及将泥淖中的人们安置进去，而宗璞则用语言的花环织成梯子，让她的人物爬将上去。这便是哲学和文学的特殊功用。它们不直接生产物质，但它们为灵魂充电，给精神滋养，有了这种至高的呵护，人类才真正从黑暗里走出，在光明中徜徉。古人曾感言："天不生仲尼，万古长如夜。"精神的创造者是困苦的，但他们的价值却是永恒的。在宗璞家中，我几乎没有看见多少现代性的器具，她的简朴的情状，使你无法与其显赫的名字相联系。然而，她所守护着的智慧之光，她所延续着的精神之火，她所编织的艺术之花，却比世面上任何现代性的器具都更具有现代性的意味。

这是一种异常可贵的精神，一种令人景仰的境界。越是在经济大潮奔涌的今天，越值得提倡这种精神。它能力避浮躁，促人奋进，让人清纯。冯友兰先生喜欢书写元遗山的论诗绝句赠人。其诗云："眼处心生句自神，暗中摸索总非真。画图临出秦川景，亲到长安有几人？"诗是谈论艺术真谛的。但在振兴中华、实现民族伟大复兴的今天也同样具有现实意义。时代要求的是实干真干，"亲到长安"，而不是坐而论道，务虚清谈。这是我在追索冯氏家族的文化史迹时，所再次深深体味到的人生真谛。

2011年冬于广东湛江祥和夕照室

南阳祁仪冯氏族谱

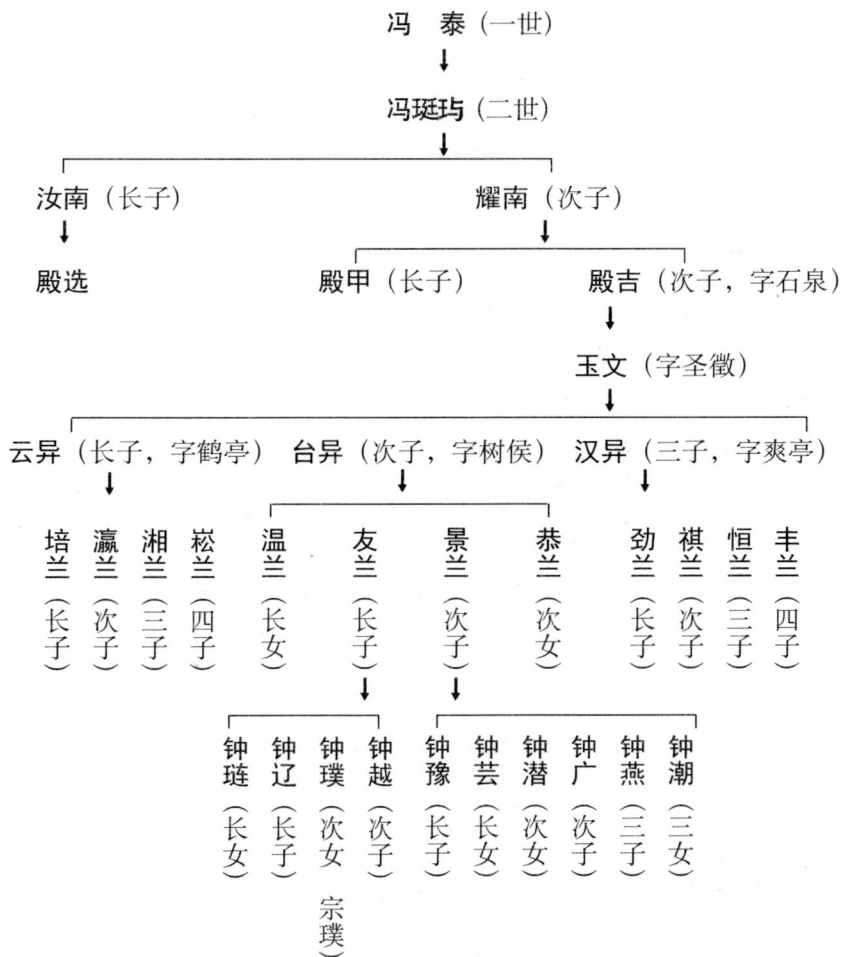

冯　泰（一世）
↓
冯琎玙（二世）

汝南（长子）　　　　　　　　耀南（次子）
↓
殿选　　　　　殿甲（长子）　　　殿吉（次子，字石泉）
↓
玉文（字圣徽）
↓

云异（长子，字鹤亭）　　台异（次子，字树侯）　　汉异（三子，字爽亭）

培兰（长子）　瀛兰（次子）　湘兰（三子）　崧兰（四子）　温兰（长女）　友兰（长子）　景兰（次子）　恭兰（次女）　劲兰（长子）　祺兰（次子）　恒兰（三子）　丰兰（四子）

钟琏（长女）　钟辽（长子）　钟璞（次女 宗璞）　钟越（次子）　钟豫（长子）　钟芸（长女）　钟潜（次女）　钟广（次子）　钟燕（三子）　钟潮（三女）

主要参考文献

[1] 尚世英.中华人民共和国地名词典（河南省）[M].北京：商务印书馆，1993.

[2] 于克珍.冯友兰与故乡[M].郑州：河南人民出版社，1995.

[3] 冯友兰.三松堂全集[M].郑州：河南人民出版社，2001.

[4] 冯友兰著，单纯选编.三松堂小品[M].北京：北京出版社，1998.

[5] 范鹏.道通天地——冯友兰[M].济南：山东画报出版社，1998.

[6] 李振霞、傅云龙.中国现代哲学人物评传[M].北京：中共中央党校出版社，1991.

[7] 蔡仲德.冯友兰先生年谱初编[M].郑州：河南人民出版社，2001.

[8] 单纯、旷昕.解读冯友兰·学人纪念卷[M].深圳：海天出版社，1998.

[9] 湘人.冯友兰[M].武汉：湖北人民出版社，2002.

[10] 宋志明、赵德志.现代中国哲学思潮[M].北京：中国人民大学出版社，1992.

[11] 任继愈.中国哲学发展史[M].北京：人民出版社，1988.

[12] 河南大学校史编写组.河南大学校史[M].开封：河南大学出版社，1992.

[13] 徐玉坤.河南教育名人传[M].郑州：河南教育出版社，1989.

[14] 吴士英、卢连章.中州古今科教文化名人[M].郑州：河南教育出版社，1989.

[15] 胡世厚.历代诗人咏中州[M].郑州：河南人民出版社，1985.

[16] 辞海编辑委员会.辞海·历史分册（中国现代史）[M].上海：上海辞书出版社，1984.

[17] 中国近现代史编委会.中国近现代史大事记[M].北京：知识出版社，1982.

[18] 何泌.中国革命史[M].武汉：武汉大学出版社，1993.

[19] 毛泽东.毛泽东书信选集[M].北京：人民出版社，1983.

[20] 宋琼、田济民.党员手册[M].北京：华夏出版社，1987.

[21] 新华月报编辑部.新中国五十年大事记（上、下）[M].北京：人民出版社，1999.

[22] 赵家璧.中国新文学大系 小说二集（中国现代文学资料丛书〈乙种〉）[M].上海：上海文艺出版社，1935.

[23] 严家炎.中国现代文学史（三卷本）[M].北京：人民文学出版社，1980.

[24] 朱东润.中国历代文学作品选[M].上海：上海古籍出版社，1979.

[25] 冯沅君著，袁世硕.冯沅君创作译文集[M].济南：山东人民出版社，1983.

[26] 许志杰.陆侃如和冯沅君[M].济南：山东画报出版社，2006.

[27] 阎纯德.20世纪中国著名女作家传（上、下）[M].北京：中国文联出版公司，1995.

[28] 盛英.20世纪中国女性文学史[M].天津：天津人民出版社，1993.

[29] 宗璞.宗璞小说散文选[M].北京：北京出版社，1981.

[30] 宗璞中国当代作家选集丛书·宗璞[M].北京：人民文学出版社，1991.

[31] 宗璞.铁箫人语[M].沈阳：春风文艺出版社，1994.

[32] 宗璞三松堂漫记[M].上海：上海远东出版社，1997.

[33] 人民文学出版社.宗璞文学创作评论集[M].北京：人民文学出版社，2003.

[34] 宗璞.宗璞自述[M].郑州：大象出版社，2005.

[35] 宗璞.南渡记[M].北京：人民文学出版社，1988.

[36] 宗璞.东藏记[M].北京：人民文学出版社，2001.

[37] 冯钟芸.芸叶集（冯钟芸自选集）[M].北京：新世界出版社，2002.